역사 교육 탐구

역사 교육 탐구

이 영 효 지음

전남대학교출판부

■ 머리말

이 책은 한국 역사교육의 이론과 실제를 진단하고 검토한 글 11편을 모은 것이다. "역사를 가르치는 것은 무엇이며, 역사를 왜 가르치며, 역사를 어떻게 가르쳐야 하는가?"라는 근본적인 질문에 토대하여, 역사교육을 통해 함양하고자 하는 역사인식과 역사적 사고의 내용과 방법 그리고 실제 역사수업의 현장인 역사교실에 대한 관찰을 정리한 글들이다. 또한 자국사 중심의 역사교육을 극복하기 위해 강조되어 온 '세계사교육'을 어떤 방향에서 실현할 것이며, 과연 글로벌시대에 타당한 세계사교육의 모습은 무엇인가에 대한 고찰도 담았다.

역사 교과는 단순히 과거에 대한 '사실'만을 가르치는 과목이 아니다. 과거에 대한 이해를 통해 '역사적으로 인지하고 사고'하는 능력 및 올바른 역사의식과 가치관을 함양하는 것을 목표로 한다. 특히 '역사적 사고'는 역사교사들이 추구하는 핵심적인 교육목표이며, '영역고유 인지이론(domain-specific cognition theory)'에 따르면 '역사적 사고'는 수학이나 과학 영역의 인지기능과 달리 역사내용지식의 양과 구조의 영향을 크게 받는다고 한다. 따라서 '영역고유인지이론'에서 말하는 '역사적 사고'의 특징과 함양 방법을 1장에서 살펴보았다.

2장은 역사학의 목적과 방법론에 대한 포스트모더니즘의 비판에 토대하여 '역사학습'의 목적과 방향을 재검토한 글이다. 포스트모던 역사이론가들은 서구의 근대화이론, 고대－중세－근대의 삼분법, 진보사관 등 역사학의 주요 이론의 토대가 되었던 가정들에 문제를 제기했다. 역사학이란 과거 사료를 실증적으로 분석하여 '객관적인 사실' 구조를 구축하는 학문이라는 정의에 내포된 허구와 신화를 해체하는 작업을 했다. 그렇다면 '과거에 대한 정설'의 실제를 가정하고 그 습득과 이해를 추구해 온 역사학습의 목표는 과연 타당한 것인지, 포스트모던 역사인식이 역사교육에 시사하는 바를 비판적으로 검토했다.

3장은 '내러티브'라는 독특한 역사서술체제 및 텍스트 이론에 대한 주된 논의를 검토하고 역사학습에서 '비판적 읽기와 쓰기'를 활용하는 실천을 제안한 글이다. 역사교과서를 비롯한 역사서사의 읽기 방식이 기존의 '정전(canon) 독해' 방식에서 벗어나 '저자의 죽음, 독자의 탄생'이라는 텍스트 독해 방식으로 전환할 필요성을 제기하고, 더 나아가 독자가 내러티브의 독특한 특징을 활용한 '쓰기'를 통해 저자로 재탄생하는 궁극적 지향점을 제시했다.

4장은 역사수업의 가장 바람직한 모델로 수십 년간 여겨져 온 소위 '탐구식 역사수업'의 추구 방향을 재점검한 글로서, 학생들의 역사적 사고 증진을 추구하는 탐구수업이 결코 역사 사실에 대한 기본적 이해를 도외시하지 않는다는 점을 강조했다. '역사적 이해'와 '역사적 사고'가 상호 배타적인 과정이 아니라, 오히려 사실적 역사지식에 대한 이해를 통해 궁극적으로 '역사적으로 인식하고 사고하는 능력'이 함양되는 상호 보완적인 과정임을 확인했다.

5장은 실제 중학교 역사교실에서 이루어진 역사수업을 관찰하여 어떠한 역사지식이 어떤 방식으로 교실에서 다루어지고 있는가를 검토한 글이다. 역사적 개별 사실들을 단순 암기식으로 교사와 학생이 주고받는 방식부터, 교사가 학생들에게 역사사실의 의의와 평가를 묻지만 교사가 생각하고 있는 답으로 유도하는 '제한적 사고유도형' 방식에 이르기까지 현장 역사교실 수업에서 다루는 역사지식의 내용과 형식 그리고 그 한계를 분석했다.

6장은 현장 역사교실에서 교사들이 한국사와 세계사를 가르칠 때 역사 속에 등장하는 '우리'와 '타자'를 어떻게 다루고 있는가를 분석한 글이다. 특히 한국사 수업에서 고려와 조선 시대 이민족과의 전쟁, 일제 시대의 식민 정책 등을 다룰 때 지나치게 자국사, 자국민 중심의 언급이나 인종적인 편견을 심어줄 수 있는 교사 발언 등을 문제로 지적했다. 세계사 수업에서도 외국의 역사를 공정한 비교의 관점에서 다루지 못하고 은연중에 서유럽 국가들과 중국의 역사를 우위의 관점에서 다루고 있는 역사수업 현장을 관찰했다.

7장은 한국 역사수업의 문제점으로 지적되는 '학생의 질문이 없는 교실' 풍경을 개선하기 위한 현장 실천연구를 보고한 글이다. 교사의 일방적인 주입식 수업 대신에 '학생들 질문 중심으로 꾸려지는 역사수업'을 구안하여 실험했다. 중학교 2학년 학생들을 대상으로 유럽 고대사와 중세사를 다루는 사회수업을 2달간 진행하면서, 학생들에게 용어의 의미를 비롯한 자유로운 질문을 하게하고 질문에 대한 추가 질문을 유도하는 등 학생들의 질문이 수업의 중요한 부분을 구성하게 했다. 이 과정에서 학생들의 수업 동기와 흥미가 유발되고, 시간이 지날수록 학생들의 질문 횟수도 크게 증가하는 효과를 측정했다.

8장과 9장은 한국 중·고등학교에서 세계사 교육이 거의 사장 상태에 이른 문제 인식에서 출발하여, 세계사교육의 필요성과 의의를 강조하고 세계사교육의 올바른 방향과 그 가능성을 진단한 글이다. 근대 역사교육의 출발과 함께 민족주의, 국가주의 의식함양이 주된 교육목표로 자리 잡아 온 한국의 역사교육 현실을 되돌아보고, 애국심과 민족정체성 및 자긍심 함양 못지않게 세계 다양한 지역민의 역사와 문화 이해를 도모하는 세계사교육과 다문화 인식의 중요성을 강조한 글이다.

10장은 서구중심의 세계사교육의 문제점을 지적하고 역사교육을 통한 올바른 '타자 이해'의 가능성을 모색한 글이다. 국가-민족 중심의 역사 이해 모델에 대해 제기된 비판적 논의들을 검토하고, 세계 각 지역 간의 교류와 영향을 중심으로 세계사를 구성하는 간지역적 모델(inter-regional model) 등을 소개한다. 또한 세계의 다양한 역사를 비교하는 척도로 사용되어 온 시대구분, 제국과 영토 확장, 기술문명 등의 비교기준을 다변화함으로써 다극적 세계사 이해의 방향을 검토했다.

11장은 전(全)지구화 시대, 글로벌 시대의 역사인식을 살펴보고 새로운 세계사 서술의 가능성을 탐색한 글이다. 역사와 기억, 정체성과 민족사, 그리고 역사교과서의 사례를 통해 역사의 전유(專有)와 충돌이 전개된 양상을 고찰하고, 최근의 역사학계와 역사교육 현장에서 일어나고 있는 역사의 과잉과 남용을 비판했다. 즉 협애한 민족사의 시각을 넘어서고 동시에 서구중심주의를 극복한 세계사 교육의 구축을 위해, 기존 세계사 서술의 가설들을 비판적으로 검토하여 새로운 세계사 패러다임의 토대를 제공하고자 했다.

이 책은 '역사교과교육'에 대한 다양한 이론적 논의 및 교실 현장 수업을 분석한 글들을 모은 것이다. 역사교실에 대한 직접 관찰과 참여를 통해 역사수업에 대한 생생한 분석기를 담고 있기 때문에 역사교사의 길을 준비하거나 역사교육의 현장에 몸담고 있는 사람들에게 도움이 될 것이라고 생각한다. '역사를 가르친다는 것이 무엇인가', '역사를 어떻게 가르칠 것인가'에 대해 그 기본부터 검토해 보는 기회를 이 책이 마련해 줄 것을 기대한다. 특히 현장 역사교사들이 각자의 역사수업 장면을 다른 시각에서 되새겨보고 그 개선방안을 생각해 보는 계기가 될 수 있다면 좋겠다.

2012. 11.

이영효

■ 차례

1장

역사인식과 역사적 사고

1
영역고유 인지와 역사적 사고

1.

역사적 사고와 이해는 본질적으로 인지 과정이며, 사고력을 함양하기 위한 역사 교수 방안 모색은 사고, 학습 등의 인지 능력과 기능에 대한 이해와 연구를 바탕으로 한다. 인지 이론은 인지 기능이 모든 지식 영역에 적용될 수 있는 일반적인 특성을 지니고 있는가 아니면 영역 고유의 독특성을 갖는가에 대해 입장이 나뉘었다.

피아제의 인지 발달 단계론은 사고 과정이 지식의 내용에 따라 달라지지 않는다고 보았으며, 학습자가 어느 발달 단계에 있느냐에 따라 인지 활동이 결정된다고 보았다. 사고의 발달은 성숙의 결과로서 하위 단계의 사고를 습득해야 상위 단계의 사고가 가능하므로 사고 발달 단계의 순서가 바뀌거나 사고 발달의 도약이 불가능하고, 따라서 교수-학습 활동을 통해 학습자의 사고를 촉진하는 데는 한계가 있다고 보았다.

반면 영역 고유 인지 이론(domain-specific cognition theory)은 모든 학문 영역에 적용될 수 있는 일반적 사고 법칙이나 학습 원리가 존재하지 않는다고 보고, 사고와 학습에서 사전 지식의 역할을 강조한다. 각 지식 영역이 지니고 있는 고유의 특성이 사고 과정과 전략에 영향을 미치며, 학습자가 어느 발달 단계에 있느냐 보다 특정 지식 내용에 있어서 어떤 개념이 어떻게 구조화되고 조직되느냐가 학습을 결정한다는 것이다. 곧 인지 발달은 특정한 개념 체계와 그 통합 여부에 달려있으며, 이러한 조직화된 사전지식 체계를 스키마(schema)라고 부른다. 사고는 기술(skills)이 아니라 스키마(schema)의 재구성이며 특정한 지식 영역의 조건 내에서 일어나므로, '일반적인' 사고 기술을 개념화하고 명료화하여 독립된 교육 대상으로 가르치는 것은 효용이 없고 다른 지식 영역에도 쉽게 전이되지 않는다고 본다. 문제 해결 과정에서도 역시 일반적인 문제 해결 기술보다는 특정한 종류의 문제에 대한 특정한 지식과 연습이 중요하며, 특정한 문제 해결 경험이 누적됨으로써 일반적인 문제 해결 능력을 가질 수 있게 된다는 것이다.

또한 인지 능력은 타고나는 것이 아니며 성숙의 단계에 의해 결정되는 것이 아니라 각 영역별 지식 체계의 형성 여부에 달려 있으므로, 해당 영역 지식의 습득과 구조화를 용이하게 하는 수업 방법을 사용하면 특정 교과의 문제 해결에 필요한 사고 발달을 촉진할 수 있다고 본다. 동일한 연령에 도달하면 교과목에 상관없이 비슷한 수준의 인지 및 사고 발달을 경험하는 것이 아니라, 오히려 학습 과제와 관련된 지식이 학생들의 사고 능력 차이를 더 잘 설명한다는 것이다. 새로운 학습은 이전의 지식 체계에 의존하며 각 지식 영역에서의 고유한 사고 형태에 따라 이루어진다.

이처럼 영역고유 인지이론은 행동주의 심리학과 인지 발달 단계론에 대한 대안으로 각 지식 영역에 따른 인지 과정의 차이를 강조했다. 그러면 영역고유 인지 이론의 주된 내용을 살펴보고 역사 교수 및 역사 교사 교육에 시사하는 바를 알아보자.

2.

학습에 내포된 인지 과정은 다양하지만 영역 고유 인지 이론은 그 중에서도 반성적 사고, 비판적 사고와 같은 중심적인 인지 활동에 대한 잘못된 인식을 지적한다. 먼저, 비판적 사고는 일정 단계를 거쳐 순서에 따라 일어나는 일련의 보편적 인지 기술이나 전략으로 구성되는 것이 아니라 상황에 따라 적합한 지식이나 사고 방법을 적용하여 일어난다고 본다. 사고 과정의 절차와 기술에 집착할 경우 오히려 비판적 사고 능력을 저하시킬 수 있다. 실제 인지 과정에서는 절차적 사고 요소가 상호 연관을 맺으며 복합적으로 일어나기 때문이다. 비판적 사고는 독립된 개별 인지 기능을 가르쳐서 일어나는 것이 아니라, 주어진 명제나 진술에 의문을 제기하고 그 해결을 추구하는 데 필요한 지식 구조를 활용하여 일어난다.

따라서 사고 기술과 전략은 학문 지식 및 학습 내용에 의존적(content-dependent)이다. 사고 과정은 지식 체계, 교과 내용, 교수 상황과 독립해서 일반적인 기술이 전 지식 영역에 통괄적으로 적용되는 것이 아니며, 비판적 사고 역시 문제가 제기된 지식 영역에 대해 알지 못하면 불가능하다. 다양한 종류의 지식이 있는 것처럼 그 지식을 구축하는 다른 종류의 추론 및 사고방식이 있으며 학문의 탐구 양식 및 패러다임에 차이가 있다. 비판적 사고는 그 기반이 되는 지식의 복합성과 다양성 및 방법론에 따라 달라진다. 여러 지식 영역에 걸친 공통적 사고 유형으로는 해결할 수 없는 영역별 특정 문제가 존재한다.

동일한 발달 단계에 있는 학생들이라고 해도 특정한 학습 과제의 요구에 관계없이 비슷한 인지 활동을 수행하는 것은 아니다. 인지 발달의 단계가 교과목이나 관련 지식 체계의 차이에 관계없이 비판적 사고를 결정하지 않는다. 특정한 인지 전략을 사용하는 것은 단순히 성숙이나 발달의 기능이 아니라 관련 내용 지식의 양과 구조 그리고 사고 기능과의 상호 관계의 결과이다. 더 나아가 학생들의 인지 유형은 교과목의 특성, 학습 과제의 성격뿐만 아니라 교수 방식, 교수 및 학습 환경 등의 영향도 받기 때문에 상황 의존적(context-dependent)이라고 할 수 있다.

그렇다면 비판적 사고의 본질은 무엇인가? 비판적 사고는 문제를 제기하고 그 문제와 관련된 정보나 자료를 수집, 분석하여 추론의 과정을 거쳐 대안을 제시하는 사고 과정이며 그 본질은 회의 즉 의문 제기에 있다. 다시 말해서 주어진 명제나 진술을 수동적으로 수용하지 않고 능동적으로 질문을 던지고 사고하는 역동적인 과정이다. 사고 과정을 통해 의문을 제기했던 정설을 수정하거나 폐기하는 결과를 초래할 수도 있으나 동시에 그 주장의 더 확고한 기반을 확인할 수도 있다. 또한 비판적 사고 과정에서 제기되는 모든 질문에 반드시 정답이 있지는 않으며 소위 '정답' 제시가 바로 학생들의 사고의 증거도 아니다. 대부분의 정답들은 단순한 사실 암기와 기억을 묻는 문제들에 대한 답이며, 의문을 제기하고 회의할 것을 요구하는 비판적 사고에 '정답이 있다는 신화'는 지극히 해악적이다.

비판적 사고의 본질은 문제를 창출하고 의문을 제기하는 것이므로 주어진 진술을 문제 있는 것으로 인식하지 않으면 작동할 수 없다. 즉 비판적 사고는 논리적 모순을 의식하는 조건에서 발생한다. 그런데 학습자가 다른 방향에 집중하고 있을 때는 진술이나 내용의 모순을 문제로 느낄 수 없으므로, 사고의 가장 중요한 본질은 사고의 대상과 목표물에 대한 의식의 '의도성'과 '지향성'이다. 즉 학습자는 학습 대상이나 주변 세계에 대한 개입(engagement) 방식을 통해 문제의 본질을 생각하고 모순된 진술을 분석하는 반성적 과정을 갖게 된다. 비판적 사고는 학습자의 '주의'와 '의도'가 학습 대상에 '개입'할 때 일어나는 것이다. 하지만 학습자가 수동적인 관찰자에 머물러 있고 사고 대상과의 의사소통 과정에 연루되지 않으면 대상의 문제점에 반응을 보이지 않게 된다. 흔히 사람들은 비논리적인 자극(광고, 음악 등)과 같은 외부 자극에 주의를 뺏기기 쉬우며, 이해하기 어려운 용어로 구성된 진술과 대면했을 때 자신감을 상실하고 사고 전개를 포기하게 된다.

이처럼 비판적 사고의 기본 조건은 주의 집중과 개입 여부에 달려 있는데, 개인의 정보 처리 용량은 한정되어 있어서 수많은 외부의 자극들 중에 일부만 학습자의 주의를 받고 의식되어 인지구조에 수용된다. 기억 체계는 외부로부터의 자극을 여과시켜 의미 있는 정보로 변화시킨 뒤 저장하며, 이러한 정보 처리 과정은 의식적이고 의도적으로 행해진다. 주의를 받은 외부 자극 즉 새로운 정보가 기억 체계구조와 맞지 않으면 기존 경험 체계의 재구축이 이루어진다. 새로운 정보가 잘못되었거나 혹은 기존 경험의 이해가 잘못되었을 때는 반성적 검증을 거쳐 스키마를 수정한다. 따라서 주어진 진술의 문제점을 발견하려면 새로운 자극을 기존의 스키마 구조와 연결시키는 과정에 개입해야 한다. 학습자들이 각기 정보의 다른 부분에 주의를 집중하는 이유는 각기 다른 스키마 구조를 갖고 있기 때문이다.

영역 고유 인지 이론은 영역별 지식 내용에 관련된 사고 발달이 특정한 개념 통합 체계, 사전 지식 체계인 스키마의 영향을 받는다고 본다. 스키마 즉 지식 구조는 경험적, 개념적 지식뿐만 아니라 추론 전략과 같은 과정 지식을 포함하며, 학생들은 개념적 지식과 과정적 지식의 상호 관계 속에서 역사적 사고를 체험한다. 지식 획득은 정보의 단순한 전달과 저장이 아니라 그것을 구체화하고 의미를 구성하여 스키마를 조직하는 상호 역동적인 과정이다. 학습은 새로운 정보를 기존의 스키마에 융합하거나 수정하는 과정인데, 기존 지식과 일치하는 새 정보는 쉽게 획득되지만 기존 스키마의 대체나 재구축은 힘들다. 이처럼 과거 지식이 후속적인 지식 획득과 그 조직 및 추론에 영향을 미치기 때문에 비판적 사고는 사전 지식에 의존적이다. 그리고 얼마나 아느냐가 아니라 무엇을 알고 어떻게 그 지식을 조직하느냐가 더 중요하다. 비판적 사고는 새로운 정보를 기존 지식과 관련지어 그 상호 관계를 파악하고 스키마를 수정, 조율하여 재구성하는 과정에서 일어난다.

비판적 사고 능력이 뛰어난 학습자와 초보적 사고 단계에 있는 학습자의 인지 구조를 비교한 연구들은 이들이 서로 다른 종류의 지식과 지식 체계를 보유하고 있다고 밝힌다. 전문가는 일단 방대한 양의 관련 정보를 보유하고 있으며 구체적 사실들이 추상적인 개념, 원리, 일반화, 이론과 연결되어 있어서, 주어진 문제를 일반 범주의 한 예로 인식하고 관련 요소를 연관 지어 해결 방안을 모색한다. 즉 이들은 영역에 따른 특정한 경험적, 개념적 관련 지식뿐만 아니라 그 지식을 문제 해결에 적용하는 방법지식도 갖고 있다. 사고력이 뛰어난 학습자는 자신이 무엇을 알고 있으며, 그 지식을 어떻게 사용할 것인가를 아는 메타 인지적 지식도 갖추고 있다. 인지 활동을 인식하고 통제하는 메타 인지는 해당 영역에 대한 지식 및 사고 기능이 발달되어 있어야 가능하다. 반면에 초보적 사고가의 인지 구조는 개별 사실들이 개념들 간의 관계를 포함한 원리들의 사례로 조직되어 있지 않고 개별적인 정보의 나열에 그치고 있어 문제 해결에 유용하지 못하다. 초보자의 인지가 뒤떨어지는 것은 그들의 사고 전략 자체의 결과가 아니라 지식 기반과 재구성 패러다임이 비판적 사고에 부적절하기 때문이다. 새로운 문제 상황에 대한 지식과 경험 부족 때문에 인지 활동 및 인지 과정에 대한 전략도 부족하다.

3.

역사적 사고는 역사학이라는 지식 영역에 내포된 독특한 사고 양식으로서 역사의 본질 및 역사적 증거와 그 해석의 특성에 기인한다. 즉 역사 지식 영역의 개념 체계와 논리 구조 및 방법론의 영향을 받는다. 역사적 사고는 상상력, 직관적 사고, 감정 이입 등을 통한 역사 이해, 그리고 역사적 문제를 추론하는 인증적 사고와 같은 역사적 설명을 내포한다. 영역 고유 인지 이론은 이러한 역사적 사고의 독특성과 역사 해석의 주관성에 근거한다. 역사적 이해와 설명은 모든 지식 영역에 적용될 수 있는 일반적 사고에 기반 하기보다 역사학에 고유한 사전 지식의 재구성인 스키마의 형성에 달려 있다. 각 지식 영역에는 각 학문의 본질과 관련된 고유한 사고 형태가 있으며, 역사적 사고는 역사 개념과 역사 지식의 획득에 달려있다. 역사적 사고 능력을 증진시키는 것은 사전 지식 체계(schema)이며, 역사 이해가 어려운 것도 해당 영역에 있어서의 지식이 부족한 결과이다.

영역 고유 인지 이론은 역사적 사고와 지식 내용과의 불가분성을 강조하고, 역사적 사고를 위한 수업은 역사 지식 기반의 구축에서 시작된다고 본다. 주어진 역사적 진술에 문제를 제기하고 역사적 자료로부터 정보를 추출하여 과거 사회에 대한 새로운 해석을 이끌어 내는 역사 학습 과정은 과거 사회에 대한 풍부한 사전 지식과 배경 지식을 필요로 하며, 다양한 역사 개념 지식간의 관계를 파악하여 문제 해결에 활용할 수 있는 지식의 조직과 구조화를 요구한다. 예를 들어 '사실과 견해를 구분할 수 있는 능력', '과거 사람들이 왜 그렇게 행동했는가의 이유를 아는 것', 혹은 '여러 형태의 역사적 자료를 비교하여 해석하는 능력' 등과 같은 사고 기술과 전략은 교과 내용과 별도로 가르쳐질 수 없다. 역사적 사고는 역사 지식과 관련지어 발달하므로 사전 지식과 역사 개념의 획득이 중요하지만 단순히 많은 내용을 학습함으로써 사고 발달이 가능한 것이 아니다. 개별 역사사실들의 축적이 아닌 의미 있는 연계망으로 구축된 내용 지식이 유용하다.

역사적 사고의 독특성은 역사 이해 특히 그 대표적 방식인 이야기(narratives)에서 두드러진다. 역사는 기본적으로 과거에 대한 이야기이며, 이야기의 구성 요소인 시간, 장소, 사람, 사건은 역사 이해의 기본 요소들이다. 역사 이야기는 행위자의 의도와 행동이 특정한 시간, 장소, 환경에서 일어나는 것을 다루며 관련된 사건들을 인과적으로 이해할 수 있게 한다. 이야기 형식의 역사 서술은 역사적 사실들의 단순한 집합체가 아니라 시간과 원인을 통해 사건들의 관계를 보여줌으로써 인간의 행동과 동기 그리고 그 결과를 이해하게 한다. 이러한 '이야기 이론(theory of narratives)'에 의하면 역사적 사고는 적절한 사전 지식에 기반 하여 상상력을 구축함으로써 '설득력 있는 이야기'를 재구성하는 과정이다. 특히 아동의 경우, 내러티브는 그들의 일상 현실을 초월하는 인간 경험에 흥미와 호기심을 갖게 하고 전혀 생소한 시대와 사회에 대해서도 상상력을 동원하여 이해하는 것을 돕는다. 초등학생에게는 그들 주변의 생활과 관련된 익숙한 내용으로 학습을 시작해야 한다는 주장은 아동의 역사적 사고와 상상적 이해에 대한 잘못된 인식이다.

4.

역사적 사고에서 사전 지식체계의 중요성을 강조한 영역 고유 인지 이론은 역사 교사의 교과 지식 기반을 중시한다. 역사적 사고 발달에 적절한 관련 지식의 선행적 이해가 중요하고 문제 해결에 유용한 지식의 조직과 구조가 필수적이라면, 역사 교사 역시 사전지식체계인 스키마의 구축과 사고 능력이 필요하다. 교사는 교과 내용에 대한 풍부한 지식과 이해뿐만 아니라 중요한 역사 해석이나 이론에 대해 비판적 논의를 전개할 수 있는 능력이 필요하며, 학생들의 비판적 사고와 토론을 유도하기 위해서는 논의 주제에 대한 배경 지식과 다양한 해석의 내용을 알고 있어야 한다. 학생의 사고와 인지 활동을 향상시키기 위해서는 교사 자신이 탐구적인 사고를 하는 모범이 되어 학생들의 질문을 유도하고 그들의 사고와 참여를 자극할 수 있어야 한다. 즉 역사적 사고력을 함양하기 위한 교육은 교사의 교과 지식과 사고 능력을 요구한다.

교사의 교과 지식은 먼저 교과 내용 지식 즉 역사적 사실, 개념, 원리 등에 대한 지식을 말한다. 또한 내용 지식과 함께 학문 구조 및 방법론적 지식도 필요하고, 교사의 교과 내용 지식을 현장 수업에 적용한 경험을 통해 얻어진 교수내용지식(pedagogical content knowledge)도 중요하다. 교사의 교과 지식은 학생들의 특성 및 교과 자료와 교수 상황 등을 고려하여 가르치기 적합한 지식으로 변형되며 그에 적절한 방법으로 제시된다. 또한 교과 학문에 대한 교사의 가치 평가, 교과 교육 목적에 대한 교사의 신념 등도 교사의 교수내용지식에 영향을 미친다.

그런데 수업 실행은 교수 과정에 대한 이론적인 계획의 표현이나 단순한 절차적 행동의 연속이 아니고, 주어진 교수 조건에서 교수 자료를 가르치기 적절한 형태로 구조화하고 다양한 표현 방법으로 구안하여 실행하는 과정이다. 즉 다양한 교수 상황과 학습자의 특성에 따른 교수 과정의 불확실성과 개별성 때문에 교수는 순서적으로 실행되는 교수 지식 실천행위가 아니라 현장에서의 판단, 지혜, 경험이며 다분히 상황 지배적이다. 교수 행위는 측정 가능하고 평가 가능한 객관적, 과학적, 기술적 용어로 서술될 수 없는 인간의 행동과 동기를 포함하므로 미리 예측한 결과의 산물이 아니다. 교사의 경험과 지혜는 규칙이나 전략의 집합체가 아닌 학생들과의 상호 관계에 따른 즉흥적이고 복합적인 것으로서 사고와 행동이 현장에서 접합되어 표출된 것이다. 교수 모형과 교수 모델은 교수 상황에 의존적이다.

교사의 수업 활동의 복합성은 교사가 의도하고 계획한 수업 과정, 실제로 수업에 적용된 구체적 실행, 그리고 학생들이 경험하고 학습한 교과 과정간의 불일치 현상에서 극명하게 증명된다. 계획 단계에서 교사가 정한 수업 목표는 실제 실행에서는 주어진 특정 상황의 요구에 맞추어 운영된다. 교사가 수업 계획 단계에서 역사 정보에 의문을 제기하는 역사적 사고 함양을 사실 내용 암기보다 중요한 수업 목적으로 설정했다 하더라도, 실제 수업 과정에서 사고하게 하는 것과 교과 내용을 섭렵하는 것 사이에 갈등이 생기면 주어진 시간에 나가야 할 범위의 진도에 맞추어 수업을 진행함으로써 계획에서 멀어지고 만다. 특히 교실 질서를 유지하려는 목적은 사고를 증진하는 교수 행위를 억제하고 대신 단조롭고 기계적인 역사 수업을 강화하는 결과를 초래한다.

교수 활동의 이러한 속성은 수업이 계획, 실행, 교수-학습의 일치된 단계를 거쳐 일어나지 않는다는 것을 말해준다. 공식 교육과정이 교과의 영역과 교수 순서의 대략을 결정하지만 개별적으로 주어진 상황에서 그 교과 과정을 적용하는 최종 의사 결정권자는 교사이다. 교육과정의 개혁이 주로 교과서와 교수 자료의 개발에 그치고 실제 교실에서 교수와 학습의 변화를 가져오지 못한 것은, 교사들이 기존 수업 방식을 쉽게 바꾸려 하지 않았던 것도 한 원인이다. 따라서 새로운 교육 과정을 만들고 새로운 교재를 개발하는 제도의 변화보다는 교사가 무슨 내용을 강조하고 어떻게 그 내용을 다루며 무엇을 평가하는가라는 실제 실행교육과정(operational curriculum)에 대한 이해가 더 중요하다.

교사 수업의 효율성에 관한 수업 관찰 연구들(Teacher Effectiveness Research)은 교수 과정의 복합성과 그 지식 기반에 대한 고려가 부족했다. 이들 연구는 교사의 교과 지식, 교실의 상황적 특성, 학생들의 특성 등 중요한 교수 요소들을 고려하지 않고 '효율적인' 교사들이 보여주는 일반적 행동 경향을 추출했다. 즉 교과목에 상관없이 효율적인 수업을 가능하게 하는 '교실 운영'과 관련된 일반 법칙과 교사 행동 및 전략을 열거하는데 주력했다. 하지만 실제 현장에서 교사들이 사용하는 교수 행동과 방법은 실로 다양하고 복합적인 특성을 지니며, 특히 가르치는 교과 내용과의 관련 없이는 수업에 대한 올바른 평가를 할 수 없다. 따라서 교사의 외적 행동에 대한 평가만이 아니라 '교과 내용별로' 특정한 교수 전략과 수업 원리를 분석하여 좋은 수업의 내용 기반과 교수 방식에 대한 고찰을 병행하는 것이 바람직하다. 교사들 역시 교과 지식과 함께 다양한 교수 상황에 따른 교수 지식을 갖출 필요가 있다.

2
포스트모던 역사인식과 역사학습

1. 역사와 역사학습에 대한 인식 전환

20세기 후반 구미의 역사학은 연구의 관점과 영역을 일상사, 심성사, 문화사, 미시사 등으로 확대해 왔다. 일상사가 및 심성사가들은 사회경제적 결정론을 거부하고, '구조'에서 구체적이고 세분화한 '경험'으로 관심을 옮겼다. 현실 자체보다 '인간이 인식하고 경험한 현실'에 관심을 둠으로써 개인의 결정과 행위가 모순과 불일치를 내포한 다면적인 것임을 보여주었다. 이들의 연구주제 또한 민중의 의식, 결혼과 성, 가족과 공동체, 신화, 축제, 집단심리, 종교의식 등 이전에 주목받지 못한 것들이었다.[1]

> 지난 날 인류의 삶의 궤적을 거칠고 황량하게 재단해버리는 거대 이론, 현란한 수치 조작 앞에서 왠지 속고 있는 게 아닌가 하는 느낌을 받곤 하는 계량사와는 달리 일상사에는 살과 뼈를 가진 실제의 사람들을 만나는 즐거움이 있다. 메마른 추상의 세계가 아니라 구체성을 가진 세계 속에서 인간을 이해할 때 더 큰 힘을 가지리라는 것은 자명한 사실이다.… 사회의 모든 측면을 분석하고 그것을 종합하는 그 방식이 과연 가능한가?… 그런 방식을 통해서는 더 이상 이 세계와 인간을 섬세하게 이해할 수 없다는 근본적인 패러다임의 문제였다.… 이 세상은 단순한 추상화의 대상이 되기에는 너무나 불확실한 곳이다.… 작은 세계 내지는 '하찮은 것들'로부터 단서를 잡아내어 인간을 포착하라: 이제 역사가들은 셜록 홈즈가 되어야 한다.[2]

한편에서는 근대 역사상에 대한 근본적인 문제를 제기하는 역사인식이 대두했다. 이 새로운 지적 조류는 소위 포스트모더니즘, 탈구조주의, '언어로의 전환'(linguistic turn), 해체주의 등으로 불리었으며, 언어분석, 문학비평, 철학, 인류학 등의 논의에서 비롯되었다.[3] 이들은 각기 그 지적인 맥락과 기원을 달리 하지만, 랑케 이후 뿌리내려 온 근대 역사연구의 목적과 방법을 본질적으로 회의하고 비판한다는 점에서 유사성을 보여주었다.

소위 포스트모던 역사이론을 주창한 이들은 역사와 사회의 현실을 하나의 틀로서 일률적으로 설명하려는 시도, 그리고 역사를 통일되고 일관된 체계로 파악하는 접근방식을 비판한다. 대신 역사 현실의 다양성과 차별성, 불투명성과 불확실성 그리고 모순성에 대한 인식을 강조했다. 역사 인식에 있어서 사회과학적 지식의 모델과 방법론을 비판하면서 거대구조와 과정에 초점을 맞춘 역사 서술을 거부했다. '과학으로서의 역사'가 아니라 역사서술의 수사학적인 전통으로 복귀할 것을 주장한 것이다. 이러한 그들의 주장은 세계의 객관적 질서, 그 질서를 파악할 수 있는 인간의 이성, 그리고 이성과 질서의 상응을 전제로 하는 합리주의에 대한 도전이었다. 그것은 곧 과학, 이성에 근거한 서구문명 전반에 대한 경험과 인식의 변화를 의미했으며, 동시에 서구인들의 자기 문명사에 대한 반성이자 비판이었다.[4]

역사와 역사연구에 대한 인식의 전환은 '역사를 가르치고 배우는 행위'의 의미와 과정을 새롭게 정의할 필요를 제기했다. 소위 '보편지식'에 대한 회의는 곧 인식의 주체와 대상을 구분하는 이분법적 사고로부터의 탈피를 의미했으며, 그것은 곧 교수와 학습의 본질에 대한 근본적인 문제 제기로 이어졌다. 역사 연구에서 '객관적 역사기술'의 관점과 총체성을 거부하고 경험과 이해라는 새로운 종합을 추구하는 포스트모던적 역사 인식은 비판적 역사 교육에 대한 지각을 일깨웠다. 이 글은 소위 포스트모던 역사학이 제기한 역사 인식의 문제와 함께 교수-학습에 대한 새로운 관점이 역사교육에 시사하는 바를 검토하고 '비판적 역사 읽기'와 '역사 쓰기'의 가능성을 모색하고자 한다.

2. 포스트모던 역사인식

소위 근대 역사학에서 역사 연구의 목적은 '과거 사실의 이해'에 있었다. 역사는 과거의 '실제(reality)'에 대한 진실을 탐구하는 것이었다. 과거는 현재와 미래를 만드는 것이었고, 역사가들은 과거를 규정하고 곧 현재를 규정했다. 역사가들은 신뢰할 수 있는 타당한 지식을 추구하는 사람들로서, 애매모호한 이중성을 경계했으며 신화를 역사로 대체하고자 노력했다. 역사가의 임무는 곧 역사적 기록으로부터 모든 신화의 흔적을 없애는 것이었다. 역사가들은 과학과 이성이 지배하는 '보편 역사'를 기술하고, 민족국가(nation-state)를 중심으로 일관된 목표를 향해 나아가는 통일 체계로서의 '역사(History)' 개념을 발명했다. "19세기 초 독일의 이상주의 철학가들에 의해 만들어진 역사라는 개념은 신의 손을 대신하여 '역사의 의지'라는 세속 종교를 만들었다."[5]

역사학은 인과관계의 시간적 계기성에 기초하여 객관성을 추구하는 전문적인 학문으로 발전했다. 역사가들이 사실과 가치 그리고 역사와 허구를 구분하는 근거는 사료 고증에 있었다. 엄격한 사료 비판이 역사연구의 기본방법으로 자리 잡으면서, 20세기 초에 역사학은 더 이상 문학의 한 분야가 아니었고 역사학은 과학 이상도 그 이하도 아니었다. 역사가들은 역사연구의 수사학적 전통을 따르기보다 과거의 현상들을 '설명'하기 위해 '구조'와 '이론'을 상정했다. 역사적 현상이란 그 자체로서는 이해할 수 없으며 '필연'의 사유와 이론을 통해 비로소 이해된다고 보았다. 또한 역사학의 조망이 정치에서 사회로 확장되면서 사회 구조와 사회 변혁의 과정이 연구 주제로 부각되었다. 이제 역사는 '서사적 역사', '이야기로서의 역사'가 아니라 '문제중심의 역사'로 나아갔다. 그리고 전통적 역사 연구는 사회과학적 역사 연구라는 새로운 형태로 대체되었다.[6]

> 정확한 역사 지식은 반드시 필요하다.… 사회는 가능한 한 '완전하고 객관적인 역사'를 필요로 한다.… 그러한 역사는 사회의 건전함(sanity)을 지키는 기능을 한다.… 역사가의 작업은 소설을 쓰는 것과 다르다.… 역사가는 항상 과거에 그 일이 실제로 일어났다는 생각을 하고 글을 쓴다. 즉 우리의 인식으로부터 독립된 참다운 세계(a real world)가 있으며… 역사가의 임무는 그 세계를 기술하고 분석하는 것이다.[7]

그러나 최근 20여년간 서구 역사학계에서는 '과학적 역사'에 대한 믿음이 무너지고 객관주의(objectivism)가 자리를 잃어 가고 있다. 여러 학문 영역과 다양한 이론적 바탕 위에서 제기된 새로운 역사 인식의 논의들은, '지식이 과연 현실의 생생함을 포착할 수 있는가'라는 '재현(representation)'의 문제를 제기하면서 '진리'나 '객관성'을 보증한다는 과학주의에 대하여 진리의 상대성을 주장하고 역사가의 저술에서 주관성을 강조했다. 진리에 대한 탐구와 객관성에 대한 믿음 그리고 과거를 과학적으로 접근하고자 하는 역사가들의 노력에 대해 제기된 의문은, 랑케 이후 근대 역사학의 세 가지 전제에 대한 회의를 초래했다. 즉 역사는 실제 일어났던 사실이며, 역사가들은 사료를 통해 '역사'라는 객관적 서술을 구성할 수 있고, 역사는 '시간적 연속'에 따라 일어난 것이므로 역사가는 그 시간적 연속으로부터 일관된 인과

관계를 이끌어낸다는 전제들에 도전했다.

먼저 소위 포스트모던 역사이론가들은 과거의 '실제(reality)'에 대한 진실을 탐구한다는 역사연구의 목적에 의문을 제기했다. 헤이든 화이트(Hayden White)는 역사학의 대상은 '실재하는 과거'가 아니라 언어를 통해 존재하는 '텍스트화된 과거'이며 텍스트로 존재하는 역사에 대한 역사가의 해석이라고 했다. 즉 역사 문서는 역사가들 자신의 서술과 다르지 않고, 역사가들은 과거를 연구하는 것이 아니라 역사가들이 그 과거에 관하여 구성한 것을 연구한다는 것이다. 그렇다면 역사와 역사서술은 동일한 것이 된다. 그런데 언어 이론과 문예비평 이론에 토대한 '언어로의 전환(linguistic turn)'에 의하면, 언어는 외부세계를 있는 그대로 표상 하는 것이 아니라 실제와 독립적인 기호체계이다. 즉 언어는 실제를 가리키는 것이 아니라 실제를 구성하는 것이다. 결국 '과거에 실제로 일어났던 사실'로서의 역사를 추구한다는 것은 환상에 지나지 않으며, 과거 현실을 재구성한다는 역사가들의 주장은 일종의 허구에 근거하고 있다. '역사가에 의해 쓰여진 역사'만이 존재할 뿐 궁극적인 역사적 실제는 없기 때문이다.[8]

둘째, 엄격한 사료비판을 통해 객관적 서술을 추구한다는 역사연구의 방법론을 회의했다. 포스트모던 역사이론에 따르면 언어의 의미는 일시적이고 임의적이며 유동적이어서 인간은 자신의 주관 밖의 세계를 언어적 표상을 통해 재현할 수 없다. 따라서 이러한 언어의 속성상 텍스트의 의미는 다양하게 해석될 수밖에 없다. 그런데 역사가의 주된 연구자료인 사료는 하나의 텍스트로서, 통일되고 일관된 의미를 담고 있는 것이 아니라 복합성과 모호성, 다의성과 주관성을 지닌다. 즉 고정된 의미나 내용을 갖는 역사적 사실, 사건 혹은 실제는 존재하지 않으며 다만 과거에 대한 역사가들의 해석만이 존재할 뿐이다. 결국 복수의 의미를 지닌 텍스트인 사료로부터 추출된 어떠한 서술도 엄밀한 과학성이나 객관성과는 거리가 멀다는 것이다.[9]

셋째, 역사 설명에 있어서 '계기적 인과관계' 혹은 '기원'에 대한 탐구를 망상으로 비판했다. 미셸 푸코(Michel Foucault)와 자크 데리다(Jacques Derrida)는 사건의 원형을 선별하여 기원(origin)과 목적(purpose)으로 정의하는 단선적인 설명방식의 오류를 지적한다. 하나의 '기원' 대신에 여러 개의 '출발점'을 발굴하고, 불연속적인 것들을 통해 우연적 현실의 무게를 인정하자는 것이다. 역사는 일사불란한 거대 단일체가 아니라 이질적이고 비연속적인 파열적 복합체이다. 역사는 잠재된 이성의 자기구현도 아니고, 계급의식의 발현도 아니고, 한 생산양식에서 다른 생산양식으로의 단선적 진보도 아니다. 미리 정해진 기원에서 출발하여, 미리 정해진 궤도를 따라, 미리 정해진 목적지에 도달한다는 도식적 역사이해는, 서로 다른 시간대의 복잡한 중층성을 설명하지 못한다. 또한 원인의 개념은 명백히 연속적인 시간개념에 토대를 두고 있지만 그와 같은 시간관은 억압적이고 통제적이며 세계를 바라보는 서구적 방식이라는 것이다.[10]

이러한 역사 인식은, 역사는 역사적 '진리'를 추구하기 위해 '인과관계'의 원리에 따라 과거를 '설명'하는 것이라는 역사 연구와 서술의 본질에 대한 종래 인식을 뒤흔든 관념이었다.[11] 무엇보다 '역사서술은 과거의 실제를 반영한다.'는 근대 역사학의 기본 준거를 부정한 것은 역사 지식의 가능성에 대한 심각한 도전이었다. 지식과 실제간의 관계에 대한 문제는 언어와 담론 연구에서 비롯되었다. 기호학과 언어학의 기반 위에서 역사 서술을 분석한 롤랑 바르트(Roland Barthes)는 '역사'의 연구란 언제나 '언어'의 연구이며 역사 텍스트는 '언어의 구조물'에 불과하다고 했다. 데리다는 언어와 의미의 불일치를 강조하면서 언어로 표상된 세계를 허구로 보았다. 즉 텍스트는 외적 세계와의 관계에서 독립적일 뿐 아니라 저자로부터도 독립해 있다는 것이다. 그들은 객관적인 세계가 따로 존재하며 그 객관적인 세계를 언어와 개념체계를 사용해서 정확하게 표상할 수 있다고 보지 않았다.[12]

결국 우리는 이미 지나간 과거의 현실을 인식할 수 없다는 것이다. 우리에게 남아있는 역사란, 그에 관해서 쓰여진 과거 사람들의 시각이 투영된 기록이지 '있는 그대로의 사실'을 기록한 것이 아니다. 또한 역사 현실을 재구성한다는 것은 현재적 관점과 시각에 의한 과거의 재단에 지나지 않는다. 즉 역사란 실제 일어났던 사건들이나 과거 사람들의 삶을 규정한 구조들의 연관관계가 아니라 단지 담론적 질서인 것이다.

여기서 담론(discourse)은 어떤 의미나 관념을 언술로 바꾸는 행위, 즉 언어를 통한 의미 표상행위를 말한다. 그런데 푸코에 의하면, '담론'은 단순히 의사소통의 메카니즘이 아니라, 기호를 가지고 현실을 표상하는 재현과정에 이미 특정한 의미체계가 작동하거나 이데올로기가 개입된다. 즉 담론이 진실 전달과 동시에 진실을 은폐하는 지식을 재생산한다는 것이다. 이런 맥락에서 푸코는 지식은 곧 권력이라고 했으며, 담론 분석을 통해 보이지 않는 권력의 관계망을 드러내고자 했다. 지식은 인식의 산물이 아니라 권력의 산물이며, "텍스트(소설, 역사서)는 지배담론의 이데올로기적 산물"이라는 것이다. 따라서 어떠한 역사서술도 이데올로기로부터 자유로울 수 없다고 보았다.[13]

담론으로서의 역사 그리고 언어로 표상된 세계가 곧 허구라는 관점은 역사의 본질을 이야기 짓기(narration) 즉 이야기체에서 찾는 논의로 이어졌다.[14] 화이트는 먼저 역사 서술이 갖는 문학성을 강조했다. 그는 역사를 '서사'가 아니라 '과학'으로 바라보도록 훈련받는 현실을 개탄하면서, 신화와 역사 그리고 사실과 허구의 구분을 해체할 것을 주장했다. 화이트는 본질적으로 역사 서술과 창작 사이에 차이가 없다고 보았다. 다만 과거의 사실을 이야기하는 것과 창작한 허구를 이야기하는 것의 차이이며, 역사가와 소설가의 작업의 차이는 종류의 차이가 아니라 정도의 차이라는 것이다. 역사가들은 역사적 의미를 발견하거나 해석하는 것이 아니라 창조하는 일을 하고 있다고 했다. 그에 의하면 모든 역사서술은 비유의 수사학, 구성적 상상력, 플롯을 동원한 이야기로서 '순수역사(history proper)'가 아니라 '메타역사(metahistory)'를 기술한 것이다. 따라서 역사는 사건들의 혼돈에 서사적 질서(narrative order)를 부여하여 이루어진 허구인 셈이다. 화이트는, 그 자체로는 아무런 의미나 관련성을 갖지 않는 '형태 없는' 과거가 역사 서술 즉 내러티브 형식으로 만들어지면서 시작, 중간, 결말에 이르는 인위적인 허구를 만들어낼 수밖에 없다고 본다. 따라서 그는 "과거에 대해 사고할 때 불연속성을 받아들이는 방식"이 필요하다고 보았다.[15]

역사가 나탈리 데이비스(Natalie Zemon Davis)는 『마르탱 게르의 귀향』에서 '이야기(narrative)'로서의 역사 구현방식을 보여주었다. 그녀는 마르탱 게르라는 인물을 통해 16세기 프랑스 농민의 일상적 삶과 사고방식을 하나의 드라마로 재창작했다. 그것은 엄격한 사료비판이나 과학적 해석이 아니라 역사적 상상력을 통해 복원되었다. 데이비스는 '한편의 소설처럼 역사를 씀'으로써 역사(history)와 이야기(story) 사이의 구분을 해소하고자 했다. 이러한 역사서술은 사실적 사건과 허구적 사건 사이의 관습적인 구분에 의문을 제기하는 한편, '여백을 가진 사실적인 소설'의 영역으로 역사의 경계를 확장했다.[16] 그리고 미미한 한 인간의 삶을 세밀하게 들여다보는 '작은 역사의 이야기'에 대한 관심의 증대는, 전체 역사를 하나의 총체적인 발전과정으로 파악하는 '거대 이야기'로서의 역사의 종말과 맥락을 같이한 것이었다.[17]

그런데 역사의 본질과 방법론에 대한 이러한 문제의식과 새로운 시도는 기본적으로 이성과 진보에의 신념에 토대한 근대 문명 즉 '근대성'에 대한 비판에서 비롯된 것이었다. 지난 한 세기 동안 이성, 합리, 구조라는 것이 세계를 거대하게 지배하는 무엇으로 이해되어 왔지만, 이제 '이성을 가진 주체'라고 하는 개념은 보편타당한 것이 아니라는 '주체의 죽음'이 선언된 것이다. 이성적 주체, 주체에 의해 재현(표상)되는 객관세계, 진보적 역사관으로 압축되는 근대의 원리들은 전면적 극복과 성찰의 대상이 되었다.[18]

소위 포스트모던 역사이론가들은 근대적 이성에 대한 회의와 함께, 경제적 근대화, 자유주의적 민주주의로 대표되어 온 '보편 역사'의 뒤에 감추어진 정복과 억압의 실체를 드러내고자 했다. 서구의 지배와 권력의 메카니즘을 지닌 '역사'라는 '거대서사(master narrative, grand narrative)'는 계몽 이래의 '근대'라는 기획이 만들어낸 허구라는 것이다.[19] '거대서사'는 단선적인 역사발전과정을 상정하고 서구에 의해 지배되는 단일한 역사 안에 다른 문화들을 동화시키는 서술을 의미했다. 하지만 그것은 다양한 역사적 경험과 사실들을 극도로 단순화시키고 추상화시키는 '환원주의'로 비난받았다.[20] 결국 서구 역사 중심의 지배담론이 그 중심적 지위를 상실해 가는 한편, 지역 서사(local narratives) 혹은 로칼 텍스트(local text)가 서구의 문화 제국주의에 대한 저항의 내러티브로 등장했다.[21] 한때 '원시적이고 후진적인 관습, 편견, 무지'로 여겨졌던 지역 서사는 이제 더 이상 주변화 되지 않고 다양한 역사 담론의 하나로 자리잡고 있다.[22]

'과학주의'에 대한 반성은 또한 지난 세기 동안 구축하여 온 전문 역사가의 위상과 그 연구 작업에 대한 재평가를 초래했다.[23] 역사서술의 수사적 전통을 되찾을 것을 주장했던 도미니크 라 카프라(Dominick La Capra)는, 질서와 일관성을 추구해 온 역사서뿐만 아니라 전문적인 역사서술을 통해 역사적 지식을 규정하는 권력을 행사해 온 역사가들의 작업을 비판했다.[24] 포스트모던 역사이론가들은 과거를 규정하고 곧 현재를 규정했던 역사가들의 '독단과 지배'를 비난하면서, 역사를 역사가들이 만들어낸 '개념과 일반화의 제국주의(imperialism of categories)'로 일컬었다. 과학적 사료 비판의 방법론에 근거한 역사가들의 전문 지식은 오히려 자유로운 사고와 상상력에 대한 제약으로 여겨졌다. 또한 모든 인식과 지식이 텍스트 안에서 창조되는 것이라면 소위 '과학적' 역사 서술과 글쓰기와의 경계도 존재하지 않는다는 것이다.[25]

이제 역사가 목적 지향적이거나 궁극적인 탈출구를 제공해준다는 것은 단지 희망에 불과한 것처럼 보인다. 세계와 역사를 근본적으로 바꿀 수 있는 이론이나 철학의 존재는 더 이상 인정되지 않는다. 계급 갈등과 소외와 같은 자본주의적 모순에 대한 비판은 구시대의 담론에 지나지 않으며, 보편적 합의를 거쳐 담론을 정당화하려는 시도는 가능하지도 않고 바람직하지도 않다. 오히려 자유로운 상상력을 억압하는 통제 기제일 뿐이다. 결국 우리가 세계에서 발견할 수 있다고 믿었던 보편성, 인과율 같은 것은, 이 세계에 내재하는 것이 아니라 인간이 자의적으로 만들어서 세계에 부여한 것이었다. 소위 진리란 '발견되는 것'이 아니고, 불안정한 현실은 진리의 타당성을 입증해 줄 어떠한 규범적, 논리적 토대도 제공해주지 않는다.[26] 이에 일부 역사가들은 대안의 역사(alternative histories)를 논의하고, 한편에서는 '역사에 대한

대안'(alternatives to history) 혹은 '역사학의 해체'를 이야기하기도 한다.[27]

그러나 '언어로의 전환'에 의한 새로운 역사 이론에도 불구하고, 다수 역사가들은 '실제는 존재하지 않으며 단지 언어만이 존재한다.'는 극단적 입장보다는 '가장 그럴듯한 과거 실제' 구현의 가능성을 믿는다. 포스트모던 역사인식이 객관적 역사 지식의 가능성에 근본적인 도전을 제기했지만, 이미 역사 서술은 항상 문학적 텍스트의 특성을 공유해왔다. 또한 지금 세계가 어떤 예정된 목표를 향해 움직여가며 역사는 그 자체의 목적을 갖고 있다고 믿는 역사가도 많지 않다.[28] 하지만 역사에 방향을 제공하는 거대 담론을 발견하는 것이 더 이상 가능하지 않다는 인식이 곧 역사가 모든 의미를 상실했다는 것을 의미하지는 않는다. 오히려 포스트 모던 역사인식은 역사에 대한 다채로운 접근방식을 자극하는 새로운 패러다임이자 확장된 다원주의를 의미한다.[29]

한편에서는 소위 포스트모던 혹은 탈근대 역사인식이 능동적, 긍정적 사회변동의 가능성을 부정하거나 회의하는 상대주의 혹은 허무주의적 결론에 도달할 수밖에 없다고 비판한다. 인간을 이성과 일관성을 가진 존재가 아니라 모순과 모호함의 개체로 보는 시각은, 변화를 주도할 주체로서의 인간관을 약화시키는 결과를 초래한다는 것이다. 포스트모더니즘에서 말하는 소위 '근대적 주체의 종언'은, 이성적이고 자율적인 행위자로서의 선험적 주체란 하나의 허구이며 다만 상징구조나 미시권력의 산물에 불과하다고 보기 때문이다. 그러한 인식은 '진보적 근대성'을 경험해보지 못한 지역이나 국가의 전근대적인 구성물들을 해체하고 극복하는데 유용하게 쓰일 수 있는 개념들조차도 탈구조화시키고 있다는 비판을 받는다.[30]

포스트모더니즘이 '자율적 주체'에 대해 부정적인 것은, 우리를 구성하는 체제들이 일원적이라기보다는 다양하고 상충적이어서 주체의 고정된 정체성 확립을 어렵게 한다고 보기 때문이다. 하지만 어떤 고정된 위치에 존재하지 않는다고 하여, 때론 돌발적이고 우연적이며 자유롭게 떠돌아다니는 주체의 존재가 부정되는 것은 아니다. 주체는 역설적인 의미에서 '자유로우면서' 동시에 결정되어 있는데, '자유롭다'는 이유는 그 주체가 흐트러진 힘으로 철저히 구성되어 있기 때문이다. 즉 포스트모더니즘은 탈중심화된 자아, 탈구조화된 자아에 관한 이론이며, 곧 자기 결정과 자기 탈중심화를 동시에 포함하는 것이다.[31] 또한 상대주의가 '자유의지'를 가지고 대상을 자기 임의대로 해석할 수 있는 '개별적이고 자유로운 주체'를 상정하는데 반해, 이들은 '해석'을 대상과 주체 사이의 끊임없는 '창조'와 '생성'의 과정으로 봄으로써 그 입장을 달리하고 있다. 즉 우리가 무수한 사건에서 어떤 것들을 선택하고, 그 사건들을 특정하게 계열화하고, 어디에선가 시간을 끊고 하는 행위들은 이미 어떤 원리와 개념을 전제하는 것이다.[32] 따라서 어떤 주어진 상태나 질서, 구조에 고정되고 고착되는 것이 아니라 새로운 해석과 가치를 창출하는 인식 주체의 자각을 통해 '통제를 벗어나는 생성'의 가능성을 찾을 수 있다고 본다.[33]

3. '비판적 역사 읽기'와 '역사 쓰기'

역사와 그 연구 방법에 대한 포스트모던적 인식과 관점은, 역사를 연구하는 행위뿐만 아니라 '역사를 가르치는' 행위와 그 과정의 의미를 다시 생각하게 한다. 역사교육의 현장에서 역사란 과거를 통해 현재를 개선하고 미래에 대한 안목을 갖게 해주는 학문이었다. 역사적 기억은 자기 정체감의 열쇠로서, 시간의 흐름 속에서 개인과 집단의 뿌리와 위치를 알게 하는 역할을 했다. 인간은 역사를 통해 자신을 온전히 자각할 수 있으며 자신과 공존하는 공동체에 대한 인식을 갖추게 된다고 보았다. 더 나아가 역사 지식은 민주사회의 구성원으로서 합리적인 의사결정을 하고 공동의 핵심 가치를 공유하기 위한 것이었다. 학생들은 과거의 결정과 선택을 공부함으로써 현재에 당면하게 되는 문제들에 대처할 수 있다고 믿었다. 그러한 근거에서 역사는 책임 있는 시민의식을 함양하기 위한 학교 교육과정의 중요한 부분을 차지했다.[34]

그러나 포스트모던 역사인식에 따르면 '과거에 실제로 일어났던 사실'은 존재하지 않는다. 따라서 역사 수업에서 '과거에 정확히 무엇이 일어났는가'를 학생들에게 가르친다는 것은 일종의 허구이다. 학생들에게 가르쳐야 할 과거에 대한 객관적인 지식 혹은 '기본 지식'은 존재하지 않으며, 다만 현재의 관점으로 해석된 과거에 대한 담론이 존재할 뿐이다. 인류의 유산을 학생들에게 전수하여 책임 있는 시민의식을 기른다는 역사 교육의 목적은, 그 '유산'이 정의되지 않은 구호에 지나지 않는다. 민주 사회의 구성원으로서 과거의 지식을 통해 현재의 상황을 설명하고 공동 가치를 공유하기 위한 역사 학습이 아니라, 현재의 '지배적인' 관점에 의해 해석된 과거의 나열과 습득이 있을 뿐이다. 그 지배적인 관점은 한 사회의 가치와 규범 및 '지배 문화'를 형성하고, 소위 '보편적'인 관점을 추구하는 것은 그 지배 문화의 유지에 공헌한다.[35]

역사교실은 그러한 지배 메카니즘이 작동하는 현장의 하나이다. 따라서 '보편지식'의 존재에 대한 회의 그리고 거대담론의 해체는 역사

교육을 보는 사고의 전환을 요구한다. 무엇보다 여러 가지 역사 사실과 개념 그리고 다양한 현상과 조직을 일관되게 조직하고 분석하는 규칙체계이자 규범체계로 작동하여 온 역사의 설명 틀에 대한 재고가 필요하다. 세계사를 설명하는데 사용된 근대화 이론이나 기술결정론과 같은 이론은 역사적 지식을 생산하는 문제의식을 제공하며 하나의 신조처럼 소중한 텍스트로 여겨졌지만, 역사의 지속과 변화 그리고 인과관계를 하나의 사고 틀 안에 제한하는 것이기도 했다. 즉 이론은 인간의 다양한 경험과 아이디어를 개념화하여 질서를 구축한 것이지만, 일련의 규칙, 절차, 방법의 체계 내에 사고를 한정시킴으로써 다원적 사고의 가능성을 차단한다. 그러나 사고의 진전은 이론의 구조보다 혼돈, 우연, 무질서, 단절, 상상, 은유, 추측, 통찰, 호기심, 영감에 의해 일어난다. 따라서 역사를 설명하는 이론에 대한 집착보다는 조각난 방식으로의 해체와 담론으로부터의 해방이 요청되고 있다.[36]

이론을 거부하고 직접적인 삶의 경험을 강조함으로써 역사지식의 '해방'을 추구하는 포스트모던 역사학은, 지식과 인지과정에 대한 인식의 전환과 그 맥을 같이한다. 즉 지식은 더 이상 보편 원리를 생산하는 중립적이거나 객관적인 것이 아니다. 인식자의 주관성이 그가 생산하는 지식에 영향을 미치기 때문이다. 따라서 사건은 다층적으로 해석될 수 있고 다양한 관점에서 분석될 수 있는 대상이다.[37] 소위 인식하는 '주체'와 그 '대상'을 구분하는 이분법적 사고는 인지과정에 대한 잘못된 이해에 토대하고 있다. 그것은 지식이 어떤 실체를 가진 것이라는 인식에 근거한다. 지식은 마치 잡혀지고, 저장되고, 조작될 수 있는 어떤 것처럼 논의되며, 그러한 '객관적' 지식은 특별한 지위가 주어진다. 그러나 이러한 '대상으로서의 지식(knowledge-as-object)' 개념과 반대로 '활성화'(enactivist) 인식 모델은, 지식을 '상호작용으로서의 지식(knowledge-as-interaction)' 개념으로 정의한다. 즉 인식이 한 개인의 두뇌나 생각 속에서 일어나는 것이 아니라 '공유된 활동'(shared action) 속에서 일어난다고 본다. 지식은 집단적인 연합 행위(joint action)의 산물로서 인식 주체들간의 상호활동(interactivity) 속에 내재되어 계속 만들어진다는 것이다.[38]

이처럼 인지과정을 주어진 지식의 수용이 아니라 지식 생성의 과정이라고 볼 때 교수(teaching) 역시 보다 복합적인(complicated) 현상으로 재정의 될 필요가 있다. 학습이 자신의 주관적인 경험의 세계를 조직하고 재조직하는 역동적이고 복합적인 인지 과정이라면, 교수와 학습을 미리 예측되거나 통제될 수 있는 것으로 보는 시각은 수정되어야 한다. 학생들은 미리 구축되고 결정되어 있는 어떤 '진리들(truths)'로 인도되는 것이 아니고, 교사 또한 학생의 학습을 결정하는 것이 아니라 학습에 참여하는 존재이기 때문이다. 또한 학습자의 이해는 복잡한 경험의 망 안에 위치하므로 특정한 학습 결과의 직접적인 '원인'을 구별해 내기 어렵다. 따라서 수업계획을 세우고 미리 정해진 결과를 성취하기 위해 학생들을 관리(management)하는 '통제 위주(control-oriented)'의 교육은, 교사의 역할을 극히 좁은 범위에 고정시키는 것이다. 지식을 인식 주체와 분리시키고 교수 행위와 학습과정을 구분하여 본다면, 학교는 복합적인 존재인 교사와 학생을 하나의 논리적 질서체계 속에 맞추려고 하는 무모한 행위의 장소로 남을 것이다.[39]

그러나 학교에서 통사적 역사 과목(survey course)을 담당하는 교사의 관심은 여전히 단순화된(simplified) 역사를 가르치는데 있다. 교실에서의 역사 지식은 학계의 새로운 관점 및 성과와 거리를 유지하기 때문에 학생들은 과거에 대한 여러 방식의 서술 체제에 접해보고 어떤 해석이 가장 설득력이 있는가를 살펴 볼 기회를 갖지 못한다. 학교에서 가르치는 역사 지식은 의심되거나 비판되거나 재구성될 수 없는 사실들의 집합체로 여겨진다. 학생들에게 역사적 사고를 가르치는 것이 비현실적이라고 보는 역사 교사는, 학생들에게 1차 사료를 나누어 주고 새로운 해석을 소개하는 것이 역사를 명확하지 않은 애매하고 복잡한 것으로 인식하게 하여 학생들을 혼돈스럽게 만들뿐이라고 믿는다.[40] 정책 결정자들은 역사 교육의 목적을 사회 변화보다는 문화 전통의 전수에 두고 문화적 현상유지(cultural status quo)를 도모한다. 그들은 학생들이 과거에 대해 배우는 것을 통제하고 '평가'라는 도구를 통해 역사 교육의 내용과 방법을 조종한다. 따라서 주관적인 의미와 해석의 추출을 목표로 하는 역사 수업은 '평가'를 통한 보상을 받지 못한다.[41]

특히 교과서는 교실 역사지식을 구성하는 중심적 지위를 갖는다. 하지만 국가가 가르쳐야 할 역사지식을 정하면 그것이 교과서에 담겨지고, 교과서 지식을 교사가 아이들에게 가르치는 식의 지식배분 방식은 교사와 학생 모두를 소외시킨다. 교과서는 한 사회에서 널리 합의될 수 있는 보편적인 지식 혹은 표준화된 지식을 전제로 하지만, 과연 교과서에 담을 '공적 지식'이라는 것이 존재하는가? 교과서란 우리에게 무엇인가를 설명하고자 하는 그리고 그것을 통해 어떤 문제에 관한 진리를 가르쳐 주려는 특정한 사람의 시도임을 전제하여야 한다. 결국 교과서는 모든 것을 제공하려고 해서는 안되며, 모든 것을 제공할 수도 없다. 과거에 대한 우리의 진술은 항상 임시적(provisional)인 것이며 재해석될 수 있는 대상이라고 볼 때, 모든 역사적 결론은 다른 관점과 시각에 의해 수정될 수 있고 교과서 기술 역시 객관적인 것처럼 보이는 편견의 한 사례일 뿐이다.[42]

> 모든 교과서를 없애버림으로써 당장에 학습의 질을 향상시킬 수 있다고 생각지 않는가? 대부분의 교과서들은 아주 잘못 쓰여져 있기 때문에, 해당 과목들이 지루한 것이라는 잘못된 인상을 주곤 한다.… 거기에는 아무런 '목소리'도 들어있지 않으며 아무런 인격적 특성도 찾아볼 수 없다.… 무엇보다 심각한 것은 교과서들이 마치 논의의 여지도 없어 보이는 기정사실들만을 영구 불변한 것처럼 제시하고 있다는 점이다. 설상가상으로… 누가 그러한 내용들을 확고부동한 사실이라고 주장하였는가에 대한 어떠한 단서도, 또는 그것들이 어떻게 발견되었는가에 관한 언급도 찾아볼 수 없다. 교과서에는 인간이 갖는 판단력의 약점이나 모호함에 대한 언급은 전혀 없으며 오류가능성에 대한 어떠한 암시도 찾아볼 수 없다. 지식이란 우리가 획득해야 하는 생활필수품으로 묘사될 뿐이다.[43]

따라서 '익숙한' 교육적 행동들을 '신선한 낯설음'으로 관조하는 시선이 필요하다. 하지만 '왜'의 의미를 생각하지 못하고 단지 '어떻게'만을 고민하는 것은 교수 행위의 외형적 변화에 그칠 뿐이다. 예를 들어 소위 역사적 주제에 대한 '토론'을 통해 '비판적 사고'를 경험한다는 역사 수업도, 교수의 본질에 대한 반성이 없이는 종래의 익숙한 관행을 넘어서지 못한다. 질문은 인간에게 있어 가장 중요한 지적 도구임에도 불구하고, 토론이 어떤 정답을 찾아가는 또 다른 주입식 방법이 되어버린다면 '색다른 형태로 결국 똑같은 것을 묻는' 것에 지나지 않는다. 교과서도 단순히 수용하여야 할 역사 기술을 담고 있는 대상으로서가 아니라, 하나의 해석 자료로 보고 그 기술에 내재된 역사 인식을 판단함으로써, 교과서를 하나의 '텍스트'로 보는 관점의 전환이 필요하다.[44]

궁극적으로 역사 이해는 역사를 읽고 듣고 보고 느낌으로써 자기 자신의 역사적 내러티브를 '창조'하는 것이다. 하나의 유일한 역사가 존재하는 것이 아니라 역사는 '의미의 구축'이기 때문이다. 즉 역사 지식은 암기의 대상이 될 수 없으며 창조의 대상이다. 따라서 역사가

뿐만 아니라 역사 교사, 그리고 학생들도 각자 나름의 '역사가들'이다. 교사는 역사가의 방식으로 자료를 분석하며 그 역사적 문맥을 고려하여 연구 작업을 하는 존재이다. 이것은 교사가 '지식의 분배자'로서 교실 역사지식의 의미를 결정하는 방식과는 다르다. 학습 또한 학습자 자신이 스스로 과거에 대한 자신의 해석을 구축하는 적극적이고 내적인 과정이다.[45] 교사는 가르치고 학생은 배우는 것이 아니라, 역사를 '하는' 것이며 그것은 비판적인 책 읽기 즉 '해체적 읽기'와 '좋은 글쓰기'를 하는 것이다.

그렇다면 먼저 '비판적 역사 읽기'란 무엇인가? 그것은 텍스트와 서사에 관한 새로운 방식의 사고에 기초한다. 즉 역사가의 주관성을 인정함으로써 독자들이 역사 저술을 비판적으로 읽는데 몰입하도록 돕는다.[46] 독서란 책을 읽는 독자가 저자의 말을 수동적으로 이해하는 과정이 아니라, 책과 그것을 읽는 사람 사이의 대화과정이다. 이러한 대화를 이끄는 것은 궁극적으로 책을 쓴 저자의 생각이 아니다. 왜냐하면 책의 의미는 독자가 책을 '자기 것으로 만들기(appropriation)'를 하는 방식에 따라 결정되기 때문이다. 즉 텍스트의 의미는 텍스트의 저자를 초월해있다. 이것은 텍스트가 저자의 의도로부터 독립하여 갖는 상대적 자율성에서 기인한다. 데리다는 '해체(deconstruction)'라는 용어로 텍스트에 대한 저자의 책임을 부인한다. '해체'란 텍스트가 무엇을 '의미하는가'를 묻는 '해석'이 아니라 그것이 어떻게 '작용하는가'를 묻는 분석이다. 결국 이와 같은 '자기 것으로 만들기'를 통해서 독자는 저자가 책에서 명시한 의미의 수동적인 소비자가 아니라 저자가 명시하지 않고 숨긴 의미까지도 밝혀내는 적극적인 생산자의 위치로 상승한다.[47]

즉 '비판적 읽기'는 텍스트의 수용으로서의 읽기 혹은 독자보다는 텍스트에 중심을 두었던 역사 읽기가 아니라, 주체적인 독자에 의한 해석적 틀과 창조적 자율성을 중시한다. 우리에게 알려진 것은 과거가 아니라 그것을 탐구한 역사가들의 인공적인 창작물인 '역사'일 뿐이다. 과거는 이미 지나가 버렸고 역사가의 '역사'에 의해 굴절되어 버린 상태이다. 따라서 비판적인 읽기 절차 없이는 역사적 사실에 대한 인식이 결코 지식이 될 수 없다. 교과서를 비롯한 모든 역사서는 '비판적 읽기'를 통해 비로소 의미 있는 지식의 창출로 연결될 수 있다. 대부분의 역사 텍스트에서는 '나'를 제거함으로써 역사 서술이 객관적이라는 환상을 심어주고 있지만, 텍스트의 구조와 문체에 숨겨져 있는 기존 해석의 권위를 탈피하는 읽기를 해야 한다. 지식의 생성은 학습자가 텍스트를 출발점으로 삼아 그것을 '질문의 대상으로 삼고,' 그리하여 '수동적 존재로부터 능동적 존재로 변모'하면서부터이다. 교사 역시 더 이상 주석가가 아닌 사색가가 되며, 질의에 대한 나름대로의 해답과 결론은 그의 사색과 창조의 작품이다.[48]

그런데 생산의 과정인 텍스트 읽기는 텍스트 내부에 있는 다양한 '목소리들'을 듣는 작업인 동시에 텍스트 이해는 주어진 언어의 컨텍스트 속에서 이루어진다. 따라서 과거의 인간을 움직였던 근원적 힘으로서의 경험 그리고 그 경험의 총체인 문화가 언어의 의미 결정에 미친 영향을 고려해야 한다. 텍스트 자체에 내재해 있는 의미뿐만 아니라 텍스트 생산의 특정한 '역사조건'을 함께 읽는 것이다. 독자가 역사 텍스트에서 읽어내는 의미 역시 주체와 상관없는 객관적인 대상에 대한 이해가 아니라, 주체가 존재하는 현재의 위치에 의해 부여받은 의미이다.[49] 하지만 독자는 자신의 언어적 전제조건을 뛰어넘어 텍스트 저자의 의도를 발견할 수 없다. 따라서 텍스트 읽기는 상상적이고 주관적인 의미를 만들어내며 일정 부분 자문화 중심의 이해가 될 수밖에 없다. 결국 역사에서의 차이와 반복을, 운동과 구조를 동시에 사유하고, 개별적이고 우발적인 것과 보다 규칙적인 법칙성을 화해시켜 '사건'의 의미를 읽는 것은 개별 독자의 몫으로 남는다.[50]

학생들의 '역사 읽기'는 흔히 과거에 대해 어떤 견해가 제기되었는지를 아는 것부터 시작된다. 하지만 학생들은 과거에 대한 해석들에 접하여도 그 윤곽을 잡지 못하고, 어떤 견해가 종래의 어떤 해석에 대한 의견인지를 알지 못하기 때문에 서로 상반되는 견해를 구분하지 못할 때도 있다. 학생들은 전혀 주변적인 것을 중요하다고 생각하거나 혹은 중요한 것을 주변적이라고 여기기도 하며, 어디까지가 묘사이고 어디서부터 해석이 시작되는가를 구분하지 못하기도 한다. 하지만 거듭된 모색과 사유를 통해 점차 생산적인 책읽기가 가능해졌을 때 그것은 '쓰기'의 작업 과정으로 보다 분명히 그 생성물을 드러내게 된다. 즉 '비판적 역사 읽기'는 궁극적으로 다양한 형식의 상상력에 의존한 창조적인 글 쓰기의 구현을 의미한다.[51]

역사 교실에서 다루어 왔던 '읽기로서의 역사'는 독자보다는 텍스트에 중심을 두는 것이었다. 그러나 독자의 주체성이 강조되면서 그것은 새로운 종류의 쓰기에 이르게 한다. 쓰기에서 채택하는 양식은 언제나 읽기에서 채택하는 양식과 관련을 맺고 있기 때문이다. '쓰기로서의 역사'는 대부분의 역사서에서 보이는 질서와 일관성의 추구를 의문시하는 비판적 역사 서술을 요구한다. 사건을 기술하는 모든 시도는 다양한 형식의 상상력에 의존하므로 사건에 대한 모든 설명에는 허구적, 상상적 차원이 담겨있다고 본다. 따라서 상상력을 특정한 종류의 사료와 특정한 형식의 서술에 국한시키려고 추구해 왔던 '학문으로서의 역사'에 도전하는 것이다.[52]

독자들로 하여금 책읽기에 빠져들게 하고 동시에 비판적인 책읽기를 자극하려면 좋은 글 쓰기가 복원되어야 한다. 글 쓰기는 스스로 사유한 것을 표현, 기술, 논술하거나 또는 논평, 비평, 해설하는 작업이다. 사유는 사고함, 생각함, 독서하고 연구하는 것 전체를 말하며 결국 자신과 세계에 대해 깊고 넓게 이해, 해독하는 작업이다. 따라서 사유한 것을 풀어내는 데에는 다양한 형태의 글 쓰기가 가능하다. 텍스트의 생산 즉 쓰기는 '비판적 읽기'와 또 다른 창조의 행위이며 언어를 통해 의미를 조직하는 고도의 사고 행위이다. 인간은 언어를 통해 세계를 만나고 표상하고 변형시킨다. 우리가 역사의 사건들을 기술하고 해석하는 언어를 통해 한 문장을 만들 때 우리는 하나의 세상을 창조하고 있다. 그러므로 학생들은 역사를 '배우는' 것이 아니라 역사를 '하는' 것이며 그것은 결국 역사를 '쓰는' 것을 의미한다. '읽고' '생각하고' '쓰는' 활동은 곧 생성의 시간이다.

오크쇼트는 '역사를 쓰는 것이 역사를 만드는 유일한 길'이라고 했다. 왜냐하면 과거는 현재 시점에서 계속 다시 말해지는 것이며, 역사가의 주관적, 현재적 자아가 과거와의 대화에 개입하여 쓰여진 역사는 새로운 역사를 구성하기 때문이다. 학생들은 '비판적 읽기'를 통해 '성전'으로 여겨오던 역사 해석과 과거에 대한 기존의 가정들을 다시 생각하고 그들이 읽는 것에 대해 의문을 제기한다. 그리고 그러한 의문에 대한 사유는 역사 쓰기를 하는 창작의 과정을 통해 보다 구체화된다. 글 쓰기 작업은 학생들로 하여금 역사 사실과 새롭게 교감하게 하고 역사가 현재의 렌즈를 통해 걸러진 추체험의 과정임을 경험하게 한다. 각 역사는 곧 역사가 자신임을 알게 되는 것이다. 결국 역사를 읽고 쓰는 것은 과거를 구경하는 것이 아니라 역사를 '하는' 것이며, 이 과정에서 역사는 '완성된 결과'가 아니라 '진행되는 것'임을 깨닫는다.[53]

그런데 전통적으로 당연시되어 오던 저자의 개념을 비판한 바르트 등은 언어를 통해 자신의 내면을 표현하는 주체 대신, 언어가 하나의 사건으로서 세계 안에 모습을 드러낼 수 있도록 해주는 장소로서의 주체를 내세웠다. 레비-스트로스(Claude Levi-Strauss)는 이러한 입장을 단적으로 표명한다.

> 나의 책들은 내가 쓰는 것이 아닙니다. 그것들은 나의 몸 속으로 스며들어 와, 일단 그 곳에서 씌어지고 나면, 내 몸을 빠져나갑니다. 그러면 나는 공허한 기분에 빠져, 내 몸 속에는 아무 것도 남지 않은 듯한 느낌을 받게 됩니다.… 나는 한번도 나의 개인적 정체감을 느껴 보았다는 생각을 해본 일이 없습니다. 지금도 물론 그렇습니다. 나는 내 자신이 마치 어떤 일이 일어나고 있는 장소에 불과한 듯한 느낌을 받고 있습니다. 이 곳에는 '나'라는 것이 존재하지 않습니다. 우리들 모두는 어떤 일이 일어나는 일종의 교차로인 것입니다.[54]

이 관점에 따르면 '역사 쓰기'에서 저자란 구조를 형성하는 한 요소임을 자각하는 것이 필요하다. 하지만 그 구조는 자주 변하는 것이고, 저자 또한 구조의 한 장소에 그치는 것이 아니라 구조 변환의 가능성을 머금고 있는 존재이다. 그리고 저자는 실제 기존의 구조를 변환시키는 존재이다. 그것은 저자의 생산물인 텍스트 곧 담론을 통해 일어난다. 저자가 만들어낸 담론이 사회에 제시되는 순간 그 창작물은 저자의 손에 얽매이지 않는다. 세상에 나온 담론은 수많은 사람들의 의식을 통해 굴절되어 다른 방식으로 해석되고 다양한 형태로 흩뿌려지면서 역사지식의 생성과 확산을 가져온다.[55] 곧 언어가 역사를 반영하는 것이 아니라 반대로 언어가 역사를 만드는 것이다.

글 쓰기의 방식은 다양하다. 객관성과 보편성을 생명으로 하는 과학적 글 쓰기가 아니라면 실재/현실 개념을 새롭게 이해함으로써 실재의 숨겨진 얼굴을 드러내고 독자와의 공감을 추구하는 글 쓰기도 가능하다. 다만 과거와 현재에 대한 자신의 해석을 창조하는 경험인 '역사 쓰기'는, 역사의 사건들을 늘어놓기보다는 그 사건들의 의미 연관성을 찾아내고자 하며 현실 속에 내재해 있는 역사의 의미를 재현하기도 한다.[56] 하지만 그 표현양식은 제한 받지 않는다. 영국 사학자 젤딘(Theodore Zeldin)은 다음과 같이 말했다.

> 나는 어떤 사람에게도 특정한 방식으로 역사를 서술하라고 촉구하고 싶지 않다. 나는 그대가 쓰는 역사서가 그대의 개성의 표현임을 믿는다. 나는 우리가 사람들에게 역사 쓰기를 가르칠 수 없다는 몸젠(Theodore Momsen)의 말에 동의한다. 용기 있는 젊은 역사가들에게 뒤따라갈 선례를 제시하기보다는 그들 자신의 개성과 자신의 견해와 그 자신만의 기발함을 계발하도록 고무함으로써 더 많은 것을 얻을 수 있다고 믿는다. 독창적인 역사는 독창적인 정신의 반영이며 따라서 그것을 낳을 수 있는 어떤 처방이 있는 것은 아니다.[57]

그렇다면 학생들의 '역사 쓰기'는 과연 가능한가? 사실 학교는 학생에게 글 쓰는 법을 가르치지 않고 글 쓰기를 일종의 시험으로 생각하도록 가르친다. 그것은 점수를 취득하는 방식이다. 학생의 글은 교사에 의해 평가되며, 학생들은 글을 쓰는 단 하나의 올바른 방법이 존재한다고 생각한다. 흔히 학생들은 수동태 구문과 추상명사를 습관적으로 사용하고, 추상적이고 의례적인 수식어는 학생들에게 만능의 도피수단을 제공한다. 하지만 '역사 쓰기'는 명료하고 이해될 수 있는 글을 쓰는 것에서 시작되어야 한다.[58]

> '사실(facts)'의 땅에서 '정답'을 축복하는 교육방식은 (글의 주제에 접근하는 '올바른' 방식을 포함하여) 타자기의 자판을 칠 수 없게 만든다.… 우리는 오직 하나의 정확한 방법만이 있다는 생각에서 해방되어야 한다.…[59]

또한 학생들에게 글 쓰기가 고통이 되어서는 안 된다. '글을 쓸 수 없다면 고통을 받아라'는 메시지는 좋지 않다. 우리가 글을 쓸 때 열심히 노력해야만 하고 장시간에 걸쳐서 그렇게 해야 한다는 선입견을 버려야 한다. 사실 독창성이란 불완전한 기억의 산물이다. 오히려 글쓰기를 즐거운 게임으로 생각한다면 자신의 생각을 토로하는 불안을 잊을 수 있다. 여기서 머리 속에 떠오르는 대로 적어 내려가는 '자유로운 글 쓰기'가 필요하다. 글을 쓰기 시작할 때 자신이 쓰려고 하는 것에 대해 계속해서 준비하고 생각하기보다는 초고를 쓰는 것이 더 중요하다.[60]

무엇보다 '역사 쓰기'에 있어서 걸림돌은 실재적 정확성에 대한 기준이다. 하지만 본질적으로 적용될 수 있는 역사서술의 정확성에 대한 기준은 존재하지 않는다. 다만 단순히 대체적인 과거의 윤곽과 내용을 기록하는 것이 아니라, 감추어진 구석에 있는 역사적 텍스트를 탐색하고 또한 그 저자의 의도에서 독립적일 수 있는 텍스트의 측면에 유의하여야 한다.[61] 따라서 정확성과 확실성을 토대로 하기보다는 암중모색의 발견법을 이용하는 것도 한 방법이다. 발견법은 정확성과 확신을 보장해 주지는 않으며 모호한 만큼 부정확할 수도 있지만, 사료의 배경이 부족한 '역사 쓰기'에서 자유로운 상상력을 복원시키는데 유용하기 때문이다.[62]

4. 창조와 생성의 가능성

20세기 후반에 구미에서 제기된 소위 포스트모던 역사학의 논의는, 역사가 작업의 본질과 한계에 대한 자기 성찰의 기회를 제공하고 역사

연구와 방법의 새로운 영역을 개척하는데 기여했다. 이제 우리는 사료가 직접적으로 실재를 전달하는 것이 아니며, 이러한 실재들을 재구성하는 이야기적 구성물이라는 점을 인식한다. 사실 사료와 그것을 다루는 인간의 편견으로 인해 역사적 진리에 도달하는 것은 불가능하며, 실재에 대한 인식과 표상은 실재 그 자체와는 종종 다르다는 인식은 많은 역사가들이 공유해 왔던 것이다. 하지만 '의미를 만드는 것은 언어이며 언어는 곧 실재에 대한 우리의 이미지를 만들어낸다'는 '언어로의 전환'은, 역사가들에게 보다 주의 깊게 텍스트를 읽어낼 것을 요청했다. 즉 의미생산에 있어서 실재와 담론의 상호적 영향에 보다 주목하게 했다.

포스트모던 역사인식은 역사적 진리, 증거, 인과관계의 문제 그리고 역사적 사실과 허구 사이의 경계에 대한 의미 있는 관점을 제기하였을 뿐만 아니라, 가벼운 니힐리즘이나 극단적 상대주의에 매몰되지 않고 역사교육에 대한 메시지와 함께 그 창조와 생성의 가능성을 시사했다. 역사교육이 역사지식에 내재한 권력 기제를 비판하지 않는다면 그것은 하나의 신화이며 허구일 것이다. '비판적 역사 읽기'와 '역사 쓰기'는 역사를 학생들에게 '집어넣는 것'이 아니라 학생들로부터 '끄집어내어 줌'으로써 능동적인 지식의 지평을 여는 한 계기를 마련할 것이다.

역사가들에게도 역시 '창조적 생성'으로서의 '역사 읽기'와 '역사 쓰기'에 대한 새로운 자각이 요청된다. 지식인의 주요한 임무 중 하나는 대중과의 접촉, 즉 학문과 교육간의 유대를 지키는 것이다. 하지만 역사가들은 지나치게 세분화된 자신의 전문 연구영역에만 갇혀 학교 교육이나 대중의 역사 이해에 무관심하고, 자신의 연구를 대중에게 의미 있는 지식으로 만드는 것 즉 대중과의 의사소통을 위한 연구의 공적인 목적에도 소홀했다. 학생들은 왜 역사를 알아야 하는지, 그것이 그들의 삶과 어떤 관계가 있는지를 알고자 한다. 대중은 역사를 보다 쉽고 재미있는 것으로 접할 기회를 원하지만, 대부분 '역사'의 밖에 살고 있다. 따라서 역사가 집단은 '사람들이 과거를 어떻게 보고 평가하며 이해하는가'에 대해 관심을 갖고, 대중의 역사 이해 즉 대중의 '집단적 기억(collective memory)'의 형태와 변화에 주목할 필요가 있다. '역사'는 일반 대중과 연결됨으로써 사람들이 체험하고 창조해 가는 '의미의 세계'가 될 수 있기 때문이다.[63]

■ 주석

1 예를들어 페브르(L. Febvre)는, '역사에서의 감수성' '마술, 어리석음인가 심성적 혁명인가?' '느낌의 역사, 대공포' '역사에서의 죽음' 등을 연구주제로 삼았다. 브로델(F. Braudel)의 『물질문명과 자본주의』(1979)는, 인구, 식량, 음료수, 의복, 주택, 기술, 화폐, 도시 등과 같은 일상생활의 주제들을 다루었다. 미시사의 대표적 작품으로는 긴즈부르그(C. Ginzburg)의 『치즈와 구더기: 16세기 한 방앗간지기의 우주』(1975) 등이 있다. 안병직 외, 『오늘의 역사학』, 한겨레신문사, 1998, pp.5-17.

2 주경철, 『역사의 기억, 역사의 상상』, 문학과 지성사, 1999, p.116, p.152.

3 포스트모더니즘을 20세기 후반 미국에서 생겨난 예술사조 즉 문예사조로 좁게 정의하는 경우도 있다. 그러나 대체로 근대성 극복을 지향하는 철학, 역사, 문학, 예술 전반의 움직임을 지칭한다.

4 안병직 외, 『오늘의 역사학』, pp.14-15.

5 Ashis Nandy, "History's Forgotten Doubles", *History and Theory* 34(2), 1995, pp.44-66.

6 조지 이거스 (임상우, 김기봉 옮김), 『20세기 사학사: 포스트모더니즘의 도전, 역사는 끝났는가?』, 푸른역사, 1999, pp.18-20.

7 Bernard Bailyn, *On the Teaching and Writing of History* (Hanover, NH.: Univ. Press of New England, 1994), pp.3-5.

8 아리스토텔레스는 〈시학(Poetica)〉에서 역사는 '있었던 일을 묘사하고' 개별적인 것을 취급하는 점에서 허구를 다루는 산문이나 운문과 다르다고 구별했다. 그러나 포스트모던 역사인식에서는 텍스트의 자율성을 주장하면서 서구 사상에서 보편적으로 받아들여졌던 사실과 허구의 구분을 거부하고 역사실재론을 비판했다. 차하순, 『역사의 본질과 인식』, 학연사, 1998, pp.227-228; 조지 이거스, 『20세기 사학사』, pp.26-28; 리처드 에번스 (이영석 옮김), 『역사학을 위한 변론』, 소나무, 1999, pp.136-137.

9 조지형, 「'언어로의 전환'과 새로운 지성사」, 안병직 외, 『오늘의 역사학』, pp.250-260.

10 푸코와 데리다는 현재에 의거하여 추정될 수밖에 없는 원인에 대한 탐구는 무의미하다고 보았다. 모든 시간은 '현재'에 존재할 뿐이며, 현재로부터 독립된 과거는 없고 과거는 현재의 용어로만 해독된다는 것이다. 푸코는 진화를 믿지 않았고 연대의 전후관계에 무관심했다. 젤딘은 인과관계가 '역사가들에게는 연대기 못지 않은 무자비한 독재자와 마찬가지'라고 했다. 리처드 에번스, 『역사학을 위한 변론』, pp.186-187, p.192, p.214; Nandy, "History's Forgotten Doubles", pp.44-66.

11 Perez Zagorin, "Historiography and Postmodernism: Reconsiderations", *History and Theory* 29(3), 1990, p.266.

12 데리다는 어떤 기호(기표)와 그 기호가 지칭하는 대상(기의) 사이에는 본질적인 연관관계가 없다고 본다. Roland Barthes, "Historical Discourse", in M. Lane(ed.) *Introduction to Structuralism* (New York: Basic Books, 1970), pp.145-155; 조지

이거스, 『20세기 사학사』, p.185.

13 푸코는 권력의 장치들이 억압이나 이데올로기에 의해서 작동하는 것이 아니라 '규범화'와 '훈육'을 통해서 작동하는 것임을 보여주었다. 리처드 에번스, 『역사학을 위한 변론』, p.258.

14 로렌스 스톤은 1979년에 발표한 「이야기체 역사의 부활: 새로운 옛 역사에 대한 고찰」이라는 논문에서 구체적인 인간의 경험을 새롭게 강조하면서 이야기체 역사로의 복귀를 예고했다. 하지만 그는 합리적 탐구와 실재론적 재구성에 대한 주장을 단념한 것은 아니었고, 1992년에 『과거와 현재』지에 기고한 글에서 포스트모던 역사학에 대한 비판적인 입장을 분명히 표명했다. 조지 이거스, 『20세기 사학사』, p.151, p.155; Lawrence Stone, "History and Post-Modernism III", *Past & Present* 135, 1992, pp.189-194.

15 Hayden White, *Metahistory: The Historical Imagination in Nineteenth-Century Europe* (Baltimore: Johns Hopkins University Press, 1979), p.2; Keith Jenkins, *On 'What is History?'* (London & New York: Routledge, 1995), p.146; 안병직 외, 『오늘의 역사학』, pp.10-11.

16 하지만 데이비스는 자신의 작업이 역사가의 자의적인 창조가 아니라 사료를 통해 우리가 듣는 '과거의 목소리'를 따른 것이라고 했다. Peter Heehs, "Myth, History, and Theory", *History & Theory* 33(1), 1994, pp.1-19; 조지 이거스, 『20세기 사학사』, p.182; 김기봉, 「역사서술의 문화사적 전환과 신문화사」, 안병직 외, 『오늘의 역사학』, pp.172-178.

17 김기봉, 「역사서술의 문화사적 전환과 신문화사」, p.180. 최근 젤딘은 프랑스 여성들을 인터뷰하고 그들의 내러티브를 중심으로 과거 세대들의 경험에 주의를 기울이는 역사서술을 선보였다. 그것은 인류학과 역사를 독특하게 결합시킨 이야기로서, 예를 들어 '남성과 여성 사이의 우정이 깨지기 쉬운 이유' '사람들에게 다양한 인생을 살아볼 시간이 없는 이유' '성 해방과 소비 사회의 풍요에도 불구하고 흔히 삶이 우울한 이유' 등을 탐색했다. 테오도르 젤딘 (김태우 옮김), 『인간의 내밀한 역사』, 도서출판 강, 1999, pp.344-373.

18 이용주, 「편집증적 지식과 분열자적 지식」, 서울사회과학연구소 편, 『탈주의 공간을 위하여』, 가람기획, 1997, pp.264-265.

19 프랑스의 리오타르(Jean-Francois Lyotard)는, 보편적인 정당성을 주장하고 객관적인 역사적 진실이라고 주장하는 역사 기술이라는 의미로 거대서사(master narrative)라는 용어를 사용했는데, 이 용어에 함유된 서구예외주의를 비판하면서 서사의 다층성과 복합성의 재발견을 주장했다. Jean-Francois Lyotard, *The Postmodern Condition: A Report on Knowledge* (Minneapolis, 1984), pp.xxiii-xxiv. 리처드 에번스, 『역사학을 위한 변론』, pp.202-203에서 재인용; 안병직 외, 『오늘의 역사학』, pp.180-181.

20 Kerwin Lee Klein, "In Search of Narrative Mastery: Postmodernism and the People Without History", *History & Theory* 34(4), 1995, pp.275-298; Francis Fukuyama, "Reflections on the End of History, Five Years Later", *History &*

Theory 34(2), 1995, pp.27-43.

21 리오타르는 거대서사가 권력을 잡은 사람들이 말하는 헤게모니를 지닌 이야기라면, 억압받은 소수 및 다양한 일탈자들이 말한 개별 이야기들을 지역서사(local narrative)라고 정의했다. 그러나 맑스주의적인 여성사, 흑인사 등 다양한 거대서사들의 등장을 볼 때 거대 서사를 반드시 억압적인 것으로 볼 수는 없을 것이다. Lyotard, *The Postmodern Condition*, pp.xxiii-xxiv. 리처드 에번스, 『역사학을 위한 변론』, pp.202-203에서 재인용.

22 레비스트로스(Claude Levi-Strauss)는 역사와 식민주의를 비판하고, 역사를 가진 유럽인과 역사가 없는 사람들(peoples without history)로 구분하는 것은 제국주의적 억압이라고 했다. 아직도 아프리카는 역사를 가지고 있지 않다거나 아시아의 역사를 알 필요가 없다는 서구 역사가들이 있지만, 전문 역사학은 그 연구범위와 접근에서 점차 유럽중심주의에서 벗어나고 있다. Klein, "In Search of Narrative Mastery", pp.275-298; 리처드 에번스, 『역사학을 위한 변론』, p.236.

23 독일에서는 '맨발의 역사가'들로 불린 아마추어 대중들이 역사연구의 전문화에 도전했다. 그들은 역사공방운동(history workshop)을 통해 독일인들의 일상적 삶의 역사를 발굴함으로써 자기발견과 각성의 계기로 삼았다. 안병직, 「'일상의 역사'란 무엇인가」, 『오늘의 역사학』, p.24.

24 Dominick La Capra, "Rhetoric and History", in *History and Criticism* (Ithaca, 1985), pp.15-44.

25 Nandy, "History's Forgotten Doubles", pp.44-66.

26 김필호, 「욕망의 사회이론」, 서울사회과학연구소 편, 『탈주의 공간을 위하여』, p.60; 이정우, 『시뮬라크르의 시대: 들뢰즈와 사건의 철학』, 거름, 1999, p.25.

27 Nandy, "History's Forgotten Doubles", pp.44-66.

28 애플비는 '저자의 죽음'을 선언한 포스트모더니즘을 비판하면서 저자의 의도성을 강조했다. 즉 텍스트는 저자의 손에 달려있는 수동적인 대리인에 불과하다는 것이다. J. Appleby, "One Good Turn Deserves Another: Moving Beyond the Linguistic: A Response to David Harlan", *American Historical Review*, 1989, p.xciv; Stone, "History and Post-Modernism III", pp.191-192; 테리 이글턴 (김준환 옮김), 『포스트모더니즘의 환상』, 실천문학사, 2000, p.95.

29 조지 이거스, 『20세기 사학사』, pp.200-202, p.208, p.212-217.

30 테리 이글턴, 『포스트모더니즘의 환상』, pp.163-166, p.220, p.225.

31 테리 이글턴, 『포스트모더니즘의 환상』, p.165, p.170.

32 이정우, 『삶, 죽음, 운명: 스토아 철학에서 禪으로』, 거름, 1999, p.247.

33 김필호, 「욕망의 사회이론」, pp.92-93.

34 Charlotte Crabtree & Gary B. Nash, "Developing Standards in United States and World History for Students in Grades 5-12", *History Teacher* 28(3), May 1995, pp.301-314.

35 Dwight Boyd, “Dominance Concealed through Diversity: Implications of Inadequate Perspectives on Cultural Pluralism”, *Harvard Educational Review* 66(3), Fall 1996, pp.609-630.

36 피아제의 인지 발달론의 경우, 아이들의 사고를 연령에 따라 고정적인 것으로 보고 아이들의 논리적 사고 기술에 매우 제한적인 의미를 부여했다. 따라서 그의 이론은 구체적인 조작적 사고에 기초하여 사실 중심의 지식 교육을 강화하는데 기여했다. 그러나 아이들의 사고는 뛰어난 유연성과 적응성을 보였으며, 피아제가 제시한 것보다 훨씬 빠른 단계에서의 인지 능력과 다양한 종류의 사고가 발견되었다. Gary Thoma, “What's the Use of Theory?” *Harvard Educational Review* 67(1), Spring 1997, pp.75-104; Miller & Stearns, “Applying Cognitive Learning Approaches in History Teaching: An Experiment in a World History Course”, *History Teacher* 28(2), Feb. 1995, pp.183-204.

37 James A. Banks, “Transformative Challenges to the Social Science Disciplines: Implications for Social Studies Teaching and Learning”, *Theory & Research in Social Education* 23(1), Winter 1995, pp.2-20.

38 Brent Davis & Dennis J. Sumara, “Cognition, Complexity, and Teacher Education”, *Harvard Educational Review* 67(1), Spring 1997, pp.105-113.

39 Davis & Sumara, “Cognition, Complexity, and Teacher Education”, pp.115-124.

40 Elizabeth A. Yeager, “Classroom Teachers' Thinking About Historical Texts: An Exploratory Study”, *Theory & Research in Social Education* 24(2), pp.146-166; James P. Shaver, “The Past and Future of Social Studies as Citizenship Education and of Research on Social Studies”, *Theory & Research in Social Education*, Spring 1997, pp.210-215.

41 Keith C. Barton, et al., “Research, Instruction, and Public Policy in the History Curriculum”, *Theory & Research in Social Education* 24(4), Fall 1996, pp.391-415.

42 Banks, “Transformative Challenges to the Social Science Disciplines”, pp.2-20; 닐 포스트만 (차동춘 옮김), 『교육의 종말: 무너지는 교육 이대로 둘 것인가』, 문예출판사, 1999, p.173.

43 닐 포스트만, 『교육의 종말』, pp.159-160.

44 이 한, 『학교를 넘어서』, 민들레, 1999, pp.102-103.

45 미국의 역사가 베커(Carl Becker)는 1931년 미국 역사학회 회장 연례 연설문에 “각자가 나름대로의 역사가이다(Everyman His Own Historian)”라는 제목을 붙였다. Yeager, “Classroom Teachers' Thinking About Historical Texts”, pp.146-166; Banks, “Transformative Challenges to the Social Science Disciplines”, pp.2-20; John A. Rossi, “In-depth Study in an Issues-Oriented Social Studies Classroom”, *Theory & Research in Social Education* 23(2), Spring 1995, pp.88-120.

46 리처드 에번스, 『역사학을 위한 변론』, pp.319-321.

47 데리다의 ‘해체’는 일상생활에서 당연한 것들로 받아들여지는 관계들, 원리들, 개념

들의 진리성 및 정당성에 물음을 던지고 그것들을 '낯설게 만드는 것'이다. 린 헌트 엮음 (조한욱 옮김), 『문화로 본 새로운 역사: 그 이론과 실제』, 소나무, 1996, pp.36-37; 김기봉, 「역사서술의 문화사적 전환과 신문화사」, 안병직 외, 『오늘의 역사학』, p.189. 바르트도 역사 텍스트에서 저자를 배제하고 독자의 영역을 확보하는 '저자의 죽음'을 강조했다. Barthes, "Historical Discourse", pp.145-155.

48 자크 르 고프 (최애리 옮김), 『중세의 지식인들』, 동문선, 1999, p.148.

49 조지형, 「'언어로의 전환'과 새로운 지성사」, 안병직 외, 『오늘의 역사학』, pp.250-260.

50 이정우, 『시뮬라크르의 시대』, pp.28-42, p.244.

51 앙커스미트는 내러티브의 의미에 대한 인식은 기본적으로 다른 내러티브에 대한 인식을 전제로 한다는 것을 강조하면서, 그러한 준비를 갖추지 못한 학생들의 예를 이야기했다. 또한 그는 포스트모더니즘을 무엇보다 쓰기에 대한 이론(theory of writing)이라고 정의했다. 즉 포스트모더니즘은 해석이론(theory of interpretation)이라기 보다 역사를 쓰는데 미친 해석적 기술의 '효과'(effects of interpretative writing)에 대한 이론이라는 것이다. F. R. Ankersmit, "Reply to Professor Zagorin", *History and Theory* 29(3), 1990, pp.282-283, p.288.

52 알레타 비어새크, 「지역적 지식, 지역적 역사: 기어츠, 그리고 그를 넘어서」, 로이드 S. 크레이머, 「문학, 비평, 그리고 역사적 상상력: 헤이든 화이트와 도미니크 라카프라의 문학적 도전」, 린 헌트 엮음, 『문화로 본 새로운 역사』.

53 Deborah Vess, "Creative Writing and the Historian: An Active Learning Model for Teaching the Craft of History", *History Teacher* 30(1), Nov. 1996, pp.45-53.

54 레비-스트로스 (이동호 옮김), 『신화를 찾아서』, 동인, 1996, pp.9-10. 이정우, 『가로지르기: 문화적 모순과 반담론』, 민음사, 1997, p.87에서 재인용.

55 이정우, 『가로지르기』, p.88, p.94.

56 Banks, "Transformative Challenges to the Social Science Disciplines", pp.2-20; 이정우, 『가로지르기』, pp.164-167.

57 Theodore Zeldin, "Social History and Total History", *Journal of Social History* 10, 1977, p.237. 리처드 에번스, 『역사학을 위한 변론』, p.95에서 재인용.

58 하워드 S. 베커 (이성용, 이철우 옮김), 『사회과학자의 글쓰기』, 일신사, 1999, pp.81-83.

59 베커, 『사회과학자의 글쓰기』, p.85.

60 베커, 『사회과학자의 글쓰기』, pp.93-95, p.192, p.199.

61 Ankersmit, "Reply to Professor Zagorin", pp.294-295.

62 베커, 『사회과학자의 글쓰기』, p.113.

63 Joyce M. Cruse, "High School Teacher's Reflections", *Journal of American History*, Dec. 1994, pp.1064-1075; Michael S. Sherry, "We Value Teaching Despite-and because of-Its Low Staus", *Journal of American History*, Dec. 1994, pp.1051-1054.

3

내러티브와 '비판적 역사 읽기'

1. 머리말

20세기 역사서술은 '진리'와 '실제(reality)'를 권위의 무기로 삼아 이성과 표상의 담론을 추구해 왔다. 역사가들은 '단순한' 묘사보다 설명을 중시했고 내러티브를 평가 절하했다. 역사서술의 '보편성'은 역사가를 독자 위에 군림하는 전지적 존재로 만들었다. 역사교재인 교과서도 소위 '객관적' 역사 서술을 지향했고 설명적 텍스트(expository text) 양식을 따라 기술되었다. 일부 읽기 자료는 일기, 편지, 수필, 소설 등 다양한 서술 형식을 보이기도 하지만, 본문의 서술은 많은 양의 역사지식을 지나친 단순화와 설명의 비약으로 정리한다. 이러한 설명적 텍스트 형식의 교과서는 학생들에게 많은 정보를 제공해 줄지는 모르지만 텍스트에 대한 학생들의 적극적 개입을 이끌어내지 못한다. 역사 서술을 통해 의도했던 '역사적 설명'도 미흡하여 역사이해와 역사사고의 양 영역에서 소기의 교육목적을 달성하기 어렵다.

근래 역사학계에서 과학적 역사에 대한 비판과 함께 대두된 텍스트로서의 역사 담론 논의는 내러티브 즉 스토리에 새롭게 주목했다. 내러티브는 흔히 '하나의 중심 주제를 둘러싸고 인물, 배경, 행위, 사건의 시작, 전개, 반전, 결말 등 일정한 구성양식을 갖춘 일련의 이야기'

를 의미하며, 과거 사건을 계기적, 인과적으로 설명하고 그 사건에 의의를 부여하는 서술방식으로 정의된다. 이러한 내러티브는 설명적 텍스트를 대체하는 역사서술체제로 주목받았으며, 역사학습에서의 활용 방식에 따라 '양날을 가진 칼'로 평가되기도 한다.[1] 텍스트 이론에서는 사료를 비롯한 역사자료가 일어났던 그대로의 사실 진술이 아니라 하나의 텍스트이며, 저자의 관점이나 의도, 주장이 개입된 임의적인 역사 해석의 산물이라고 본다. 따라서 내러티브를 비롯한 역사 텍스트에 대해 독자 스스로 역사지식과 의미를 창조하는 비판적 읽기를 강조한다.

역사 수업의 교재도 독자의 선행 지식이나 경험, 신념 등에 의해 개별적으로 달리 사유되고 해석되며, 역사교재를 읽는다는 것은 학생들이 자신의 관점에서 저자의 역사 인식에 개입하여 교재가 다루고 있는 역사적 사실의 의미를 재구성하는 창조적인 과정이다. 실제로 학생들은 '저자가 드러난 글'이나 '내러티브 혹은 이야기 형식의 텍스트'에 대해 '읽기'를 시도하고, 비록 자기 나름의 역사적 시각과 입장을 논리적으로 구축하지는 못하더라도 저자의 의도를 파악하고 비판을 제기하거나 역사적 사건을 저자와 다른 의미로 해석하기도 한다. 이는 '읽기'가 '대상'으로서의 텍스트 내용을 읽고 습득하는 것이 아니라, 텍스트를 기술한 주체 혹은 텍스트와 '대화'를 행하는 과정임을 보여준다.[2]

그렇다면 역사서술과 인식도구로서의 내러티브의 개념과 특성, 그리고 그 유용성과 한계는 무엇인지 알아보고 '비판적 역사 읽기'의 논리를 텍스트론을 통해 살펴보자.

2. 내러티브의 부활

역사서술의 문학성은 동양과 서양 모두의 오래 된 전통이다. 하지만 중국인들이 도덕적 교훈으로서의 역사를 더 중요하게 여긴 반면, 고대 그리스인들의 세계관을 지배한 것은 역사가 아니라 신화였다. 중국에서의 정사(正史)의 전통은 역사해석의 정통성을 확보함으로써 정치적 지배를 정당하게 하는 것이었다. 이런 중국의 사학사 전통에서 소설과 같은 허구의 담론은 억압되거나 하찮게 경시되었다. 반면 서구는 문학이 역사보다 우월하며 소설적인 역사가 사실적인 역사보다 더 진실하다는 전통을 지니고 있었다. 서양의 고대 역사가들은 실제로 일어난 사실을 정확하게 알리고자 하면서도 문체와 수사를 통해 신화적 글쓰기를 병행했다. 아리스토텔레스 이후 문학은 역사보다 더욱 철학적이며 보편적인 진리를 다루는 수준 높은 것으로 정의되었다.[3]

이후 서구 역사서술은 본질적으로 문학적인 전통에서 분리되지 않았다. 낭만주의 역사학에 이르러 내러티브, 상상력, 문학적 힘은 역사학의 도구였다. 역사는 영웅들의 이야기이자 '무수히 많은 전기(傳記)의 정수'였다. 하지만 계몽주의 역사가들은 논리적, 분석적 사고에 의한 인과적 역사의 마력에 지배되어 '로망적 역사'를 경멸했다. 볼테르는 '역사란 진실하게 설명된 사실의 명세서'라고 하면서, "진실은 역사가의 손에서 나오는 것이며 진실보다 더 중요한 것은 아무 것도 없다."고 했다.[4] 19세기 역사 내러티브에서 나레이터는 사건을 설명하는 특권을 가진 '보이지 않는' 리포터였다. 역사는 공정하고 객관적인 시간의 흐름에 자리잡았고 역사가는 과거에 대한 전지적인 혹은 개요적인 (synoptic) 입장을 견지했다. 랑케는 엄격한 사료비판을 강조하면서 '과거가 실제로 어떠하였는가'를 증거와 사실들을 통해 기술하고자 했다.

그러나 랑케의 역사서술은 아날학파 역사가들에 의해 단순한 사건사와 연대기로 비난받았다. 브로델(Fernand Braudel)[5]은 "랑케가 소중히 여겼던 내러티브 역사는 단기간의 극적인 갈등과 위기로 구성된 정치사에 지나지 않으며 문학적 진술에 가까운 것"이라고 했다. 아날학파는 '이야기'의 기능을 중시하는 내러티브식 역사를 사건사에 불과하다고 비판하면서, 구조사와 대립되는 개념으로 파악했다. 그들은 사건을 역사의 표면으로 간주했고 문제, 구조에 초점을 맞추면서 내러티브에서 멀어졌다. 특정한 개인이나 사건들 대신에 장기적인 추세, 기후, 인구 등에 대한 분석적 인과모델을 추구했다. 구조사가들은 내러티브가 역사를 '드라마화' 하고 '소설화'한다고 비난했고, 전통적 내러티브가 사회경제 체계와 같이 단순한 이야기 논리로 수용할 수 없는 과거의 중요한 면들을 경시한다고 지적했다. 즉 내러티브는 소설과 유사한 맹점 즉 개인 인물의 성격과 의도에 따라 설명하는 속성을 지닌다는 것이다.

이처럼 20세기에는 사건과 인물 중심의 정치사, 고립된 현상들을 기술하는 역사에 대한 도전이 시작되었다. 역사가들은 특정하고 개별적인 것보다 일반적이고 보편적인 것, 그리고 양적인 모델을 사용한 분석적 非내러티브(non-narrative)를 추구하기 시작했다. 역사학은 내러티브 역사로부터 문제 중심의 역사로 변해갔다. '역사'로부터 '스토리'를 없애는 것이 역사학을 과학으로 변형시키는 첫 단계였다. 역사가들은 독특한 사건과 경험을 묘사하는 대신에 연구대상을 개념화하여 명확한 분석을 하고 문제를 설명하고자 했다. 역사는 공동체, 친족집단, 가족, 개인들에 의해 작동되는 복합적인 행동이라기보다는 모든 주관적 이해를 초월하여 사회적 관계를 지배하는 구조나 메카니즘으로 정의되었다.

동시에 스토리텔링으로서의 역사 인식도 지속되었다. 니체는 역사가 일종의 예술 형식이 됨으로써 삶에 기여할 수 있으며 역사를 과학으로 변모시키려는 것은 삶에 활기를 없애는 것이라고 역설했다. 콜링우드는 역사가를 스토리텔러로 정의하면서, 파편적인 과거 사실들로부터 그럴듯한 스토리를 만들어내는 것 즉 구성적 상상력(constructive imagination)이 역사가의 역량이라고 했다. 크로체(Benedeto Croce)[6]는 "이야기가 없는 곳에는 역사도 없다. 역사가들은 '설명'하기 위해서 역사를 서술하지 않았다."고 했다. 또 "역사는 형식이 아니라 내용이다. 역사는 법칙을 추구하지 않으며 개념을 구성하지도 않는다. 역사는 귀납법도 연역법도 사용하지 않는다. 그것은 표현형식이 아니라 이야기(narration)를 지향한다. 역사는 보편성과 추상 개념을 구성하는 것이 아니라, 직관을 전제로 한다."고 했다. 즉 역사는 보편적이거나 일반적인 지식이 아니라 '특수성'에 관한 지식이며, 개별적이며 구체적인 실체를 지각하는 것이다. 역사는 언제나 이야기라는 것이다.[7]

최근 내러티브에 대한 새로운 관심은 곧 과학적 역사의 분석적 설명방식에 대한 점증하는 불신을 반영하고 있다. 구조사는 종종 환원주의 혹은 결정주의라고 비난받았다. '과학으로서의 역사'는 인간주체의 역할보다 구조적 조건을 강조했고, 역사는 대중으로부터 멀어졌다. 자연과학은 대중이 그 이론을 이해하지 못해도 실제적인 유용성에서 가치가 있다. 하지만 대중이 이해하지 못하는 역사학은 그 실제적 가치를 상실한다. 사실을 수집하고 증거를 검토하는 것은 과학적이다. 하지만 그 사건의 원인과 결과를 찾는 것은 그렇지 않다. 이제 역사가들은 세계를 총체성의 시각에서 파악하려는 거대서사가 아닌, 그리고 전통적인 19세기 모델과도 다른 방식으로 스토리를 이야기하고 있다. 평범한 과거 사람들의 행동 및 상징들을 강조하면서 상상, 성찰, 해석,

문학의 혼합물로서 역사를 기술한다. 스토리의 내러티브 구조는 역사적 사건과 과정을 묘사하고 설명하는 진정한(legitimate) 방식으로 주장된다. 스톤(Lawrence Stone)[8]은 이를 '내러티브의 부활'이라고 했다.

3. 내러티브 이론

역사서술로서의 내러티브의 '부활'은 프랑스 철학자들과 영미 문학비평가들이 내러티브의 개념을 새롭게 정의하고 그것을 역사서술에 적용하며 발전시킨 이론과 그 흐름을 같이 한다. 먼저 밍크(Louis O. Mink)[9]는 스토리텔링을 가장 보편적 인간활동이라고 하면서 역사를 스토리라고 정의한다. 그에 의하면, 역사 내러티브는 사건들의 필연성을 보여주는 것이 아니라 그 사건들을 연결짓는 스토리를 드러냄으로써 사건들을 '이해'할 수 있게 만든다. 즉 사건들간의 상호관계를 하나의 단일한 전체로서 일관성 있게 조합(ensemble)하는 것이다. 따라서 밍크는 '역사적 지식'이란 말 대신에 '이해'(understanding, comprehension) 혹은 '인식도구로서의 내러티브'란 용어를 사용한다. 그리고 '소설에서처럼 역사서술에서의 내러티브 양식은 상상적인 구성(construction)의 산물'이라고 주장한다. "과거의 중요성은 역사가의 상상에 의해서만 결정된다."는 것이다. 따라서 내러티브 형식의 역사서술은 과거의 실제 사건과 행위를 표상할 수 없다. 사건들로부터 내러티브가 구축되는 것이 아니라 오히려 사건은 내러티브로부터 추출(abstraction)되는 것이다.

이러한 주장은 화이트(Hayden White)가 이어받았다. 화이트[10] 역시 역사 내러티브를 은유적 설명에 의한 문학적 인공물(literary artifact)로 보았다. 내러티브는 역사적 사건들에 의미를 부여하는 비유(allegories)의 산물이다. 역사가가 스토리를 구성할 때 사용하는 은유, 환유, 제유, 역설과 같은 플롯은 곧 사건들을 '상징'한다. 플롯은 구성요소들을 배열하는 원리이자, 일련의 사건들을 특정한 스토리로 전환하는 방식이다. 역사적 사건들은 그 자체로 스토리를 구성할 수 없는 가치 중립적인 스토리 요소에 지나지 않으며, '플롯'이 부여되어야 비로소 역사적 의미를 획득케 된다. 플롯화(emplotment)는 역사가가 사건들에 특징과 배경, 논조와 관점을 부여하고 사건들간의 관계를 묘사하는 전략이다. 사건들은 특정한 플롯 구조를 통해 기호화되어 비극, 희극, 로망스, 풍자 등 스토리로 '만들어진다.' 역사가가 부분들을 전체에 연결하고 사건들을 정황 속에 자리잡게 함으로써 이해될 수 있도록 의미를 부여하는 일, 이것이 바로 플롯 구성에 의한 설명이다. 내러티브는 여러 사건들을 연관시켜 조직하는 플롯을 통해 의미 있는 컨텍스트를 창출한다. 따라서 역사는 플롯을 이해하는 것이다. 화이트에 의하면, 역사가는 추론적인 논증에 의한 설명 뿐 아니라 스토리의 플롯을 구성하는 즉 예술과 과학의 임무를 동시에 수행하고 있다.

하지만 화이트[11]는 모든 역사 현상의 표상은 상대적임을 분명히 한다. 표상의 상대성은 과거 사건들을 묘사하고 설명하는데 사용하는 언어(language mode)의 기능이다. 스토리들은 언어적 존재(entities)이며 담론의 질서에 속한다. 스토리들은 역사가가 무수한 사건과 사실들에 어떤 질서와 의미를 부여하기 위해 언어와 레토릭을 사용하여 발명한 것들이다. 하나의 사건은 다른 내러티브 속에서 각기 다른 의미를 갖게 되며, 그것은 언어적 작동에 의해 부과된 의미의 허구성을 암시한다. 즉 어떤 언어도 세계에 대한 절대적인 표상이 될 수 없다는 것이다. 역사서술은 소설과 달리 과거 사건들의 기록에 근거하지만,

역사해석은 '구성'이며 일련의 과거 사건들에 부과된 일관된 나레이션은 상상적 발명이다. 내러티브는 실제 사건들을 일관된 이미지로 나타내려는 소망에서 나온 것이다. 하지만 그것은 단지 상상일 뿐이다. 역사가의 플롯 구성은 역사 내러티브의 허구성을 보여준다.[12] 결국 사건들은 그것들이 일어났기 때문에 실재하는 것이 아니라, 그것이 기억되고 그리고 기술될 수 있었기 때문에 실재하는 것이다.[13]

또한 화이트[14]는 어떠한 역사서술도 언어의 속성상 이데올로기적으로 순수할 수 없다고 보았다. 이는 내러티브가 이데올로기의 도구일 뿐만 아니라 특정 이데올로기를 따르게 하는 담론이라고 본 바르트[15]와 유사한 견해로서, 현상에 대한 모든 역사적 설명은 현재가 과거와 '연속'되고 있는 한 반드시 이데올로기적인 요소를 내포한다는 것이다. 역사서술의 내러티브는 역사적 사실들의 중립적 용기가 아니다. 특정한 플롯을 채택하는 것은 역사 자료나 증거의 본질에 의해 결정되는 것이 아니라 특정한 이데올로기적, 정치적 함의를 가진 선택의 결과이다. 화이트는 내러티브를 '사건을 서열화하려는 특정문화나 집단의 욕구가 발현된 것'으로 정의한다. 그리고 내러티브의 목적 중의 하나가 '사건들을 도덕적으로 설명하는 것'이라고 했다. 즉 스토리를 구성하는 과정은 인간행동에 대한 역사해석이며 그것은 그 동기와 의도에 대한 윤리적인 입장을 취하는 것이라고 보았다. 이처럼 내터티브 즉 텍스트는 주어진 '문화' 속에서 어떤 비유형식에 따라 기호화되므로, 텍스트는 탈기호화에 의해 해체되어 읽혀야 하며 독서는 독자 자신의 관점에서 재해석하는 재기호화과정이라고 했다.

앵커슈미트(F. R. Ankersmit)[16] 역시 과거는 본질적으로 표상될 수 없다는데 동의한다. 그는 역사 내러티브를 복합적 언어구조로 정의하고, 역사서술을 표상적 회화(representational painting)와 같은 것으로 여긴다. 내러티브는 과거에 대한 수많은 개별적, 기술적 진술들이 아니라 '과거에 대한 그림'이다. 이 그림이론(picture theory)에 따르면, 내러티브는 그것이 '표상하는' 것과 다르며 단지 불명료함으로 대체할 뿐이다.[17] 따라서 앵커슈미트는 '역사 내러티브는 은유처럼 의미의 산실'이며, 최상의 역사 내러티브는 가장 은유적인 것이라고 했다. 역사 내러티브는 과거에 대한 묘사와 설명이라기보다는 해석이며, 해석은 과거의 반사나 과거에 대한 번역이 아니다. 그것은 과거에 조응하는 것이 아니라 적용하는 것이다. 해석의 과정에는 과거 실제에 대한 어떤 번역규칙도 없으며 역사 실제의 본질은 어떤 선험적 탐구수단에 의해서도 발견할 수 없다.

리쾨르(Paul Ricoeur)[18]는 우리가 세계를 내러티브로서 경험하며, 시간 속에 사는 인간존재의 의미는 내러티브에서 찾을 수 있다고 했다. 그는 사건들을 뮤토스(mutos) 즉 플롯의 변수로 정의하면서, 역사서술은 플롯화를 통한 모사(mimesis)와 유사하다고 했다. 즉 과거 실제를 사실대로 보여주지는 못하지만 '마치 그러했던 것처럼(as if)' 과거를 창조하고 구성한다는 것이다. 리쾨르는 내러티브를 단순한 설명양식이 아니라 사건을 상징화하는 수단으로 보았다. 사건들을 상징화하지 않고서는 역사적 사건들의 의미를 나타낼 수 없고 그 역사성이 드러나지 않는다. 따라서 리쾨르에 의하면 사실상 역사서술의 모든 형식에 내러티브 형식이 내재하며, 역사와 문학은 그 지시 대상과 내러티브 양식을 공유한다.

이들 이론가들은 공통적으로 역사 내러티브의 사실적 해석(realistic interpretation)을 부정한다. 우리의 실제 경험은 의미 없는 무질서와 혼돈이며 내러티브는 과거에 부과된 지적 고안장치(artifice)이다.[19] 내러티브 혹은 스토리들은 과거 실제로부터 발견되는 것이 아니라 구성되고 투사(projected)된 것이다. 따라서 내러티브는 실제 구조의 표상일 수 없으며 비유(allegory)이다. 알레고리는 실제와 표상 사이의 구제할 수 없는 거리 즉 불연속을 의미한다. 이는 내러티브 언어와 실제의 관계가 본질적으로 불안정하기 때문이다. 결국 모든 역사적 표상은 관점과 의지의 요소가 작용하는 창조의 산물이다. 내러티브는 과거에 대한 해석이자 레토릭이다. 과거는 '오직 혼돈의 형태들로서만 존재'하는데, 내러티브가 이들 과거 세계에 의미를 부여하여 새로운 것을 창조한다. 내러티브는 곧 세계이해의 도구이다.[20]

그러나 이러한 내러티브 이론에 대한 비판도 만만치 않다. 만델바움(Maurice Mandelbaum)[21]은 역사의 원래 의미는 스토리가 아니라 탐구(inquiry)임을 상기시킨다. 즉 역사 서술이 본질적으로 스토리, 내러티브를 구축하는 것이라는데 동의하지 않는다. 그는 화이트를 '역사적 상대주의자'라고 비판하면서, 역사가는 사실을 발견하는 탐구에 종사하며 그것을 꾸며내지 않는다고 주장한다. 역사의 본질은, 인간 행동주체의 의도와 선택을 강조하는 문학적 표현이 아니라 사료의 분석과 설명이라는 것이다. 역사를 내러티브로 보려는 시도는 역사가의 탐구 기능을 무시하고 지나치게 단순한 이야기 서술모델을 만든다고 비판했다.[22] 샤르티에(Roger Chartier)[23] 역시 "경험은 결코 담론으로 축소될 수 없다"고 하면서 모든 것을 텍스트로 다루려는 것에 주의했다. 그는, 역사가가 진리 추구를 위해 사료와 그 사료를 남긴 과거에 의존하는 점에서 문학적 서술과 다르며, 역사가 생산하는 지식은 확인할 수 있고 증명할 수 있다고 주장했다. 역사는 사료를 수집하여 정보를 확인하고 가설을 검증하고 해석을 구축함으로써 지식을 생산하는 학문이라는 것이다. 따라서 비판적 리얼리즘을 통해 과거의 왜곡과 신화화에 저항할 수 있다고 했다. 피셔(David Hackett Fischer)[24]도

"역사서술은 스토리를 이야기하는 것이 아니라 문제를 해결하는 것이다. 역사 내러티브는 '설명의 한 형식'이다."라고 주장했다.

데이빗 카(David Carr)[25]는 스토리텔링과 내러티브가 인간 삶의 자연스럽고 불변하는 속성임을 인정한다. 하지만 그는 언어가 실제 사물을 표상할 수 없다거나 세계가 언어의 창조물이라는 주장에 동의하지 않는다. 역사가의 내러티브가 과거의 실제세계를 거울처럼 비추는 것은 아니지만 과거 실제 세계를 표상한다는 것이다. 또한 카는, 모든 인간경험은 그 자체로 원초 내러티브(proto-narrative) 구조를 갖고 있으며 세계는 이미 어떤 정해진 방식으로 구조화되어 있다고 본다. 인간의 경험과 인식은 무질서하고 혼돈스러운 것이 아니라 의미 있는 형태로 구성되어 있다는 것이다. 역사적 사실들은 고립되어 있는 개체들이 아니고 독특한 구조와 시간성(temporality)을 지니며 다른 사실들과의 관계 속에서 질서를 드러낸다.[26] 따라서 역사가는 이미 내러티브적으로 구조화되어 있는 플롯화된 과거에 목소리를 줄뿐이다. 즉 내러티브는 '인식 도구'일 뿐만 아니라 '존재 양식'이라고 주장한다.

이러한 논의는 역사를 과학으로 보느냐 문학으로 보느냐, 혹은 역사서술이 과거 실제를 표상하는가 아니면 언어적 허구의 한계를 지니는가 라는 논쟁의 연속이다. 역사가는 자체로 이미 완결적인 과거 내러티브를 복원하는 사람인가, 아니면 무질서한 낱개의 과거 개별 존재들을 상징과 의미를 부여하여 재구성하는 사람인가의 문제이다. 그리고 이러한 시각의 차이는 궁극적으로 역사가 개개인의 가치관과 역사관에 따른 선택에 달려있다. 하지만 분명 내러티브 이론은 내러티브를 단순한 '이야기체'의 전통적 과거 서술이 아닌 역사 텍스트와 담론으로 재정의 했고, 그 역사서술로서의 한계와 함께 가능성을 제시했다.[27]

4. 내러티브, 스토리, 텍스트

역사가의 목적은 연대기 속에 매장되어 있는 '이야기'를 '발견'하고 '확인'하며 '드러내 보임'으로써 과거를 설명하는데 있다고 흔히 말한다. 즉 '역사'와 '소설'의 차이는 역사가가 이야기를 '발견'하려는데 반해, 소설가는 그것을 '창작'해낸다는 것이다. 하지만 역사가의 임무에 대한 그러한 개념은 역사가가 수행하는 일의 어디까지가 '창작'의 일부가 되는가를 설명해주지 못한다. 소설가와 달리 역사가는 사실적인 사건의 혼돈과 직면하게 되며, 그로부터 역사가는 그가 하고자 하는 이야기의 구성 요소들을 선택하지 않으면 안 된다. 역사가는 포함, 배제, 강조, 경시의 과정을 통해 이야기를 '구성한다(emplot).'[28] 따라서 내러티브를 사실(경험)과 허구(상상)의 영역으로 나누는 것은 무의미하다. 내러티브는 경험을 서술하지만 동시에 '허구적 상상력'을 통해 경험의 한계를 뛰어넘기 때문이다.[29]

내러티브 이론은 과학성, 합리성, 객관성을 목표로 한 역사사실주의(역사적 리얼리즘)에 대한 비판이며 그것은 역사 내러티브라는 언어적 존재를 부각시키면서 일어났다. 역사 내러티브는 과거 실제에 일관성과 형식, 의미를 부여함으로써 실제를 회복시키는데, 이 때 과거는 언어의 대상이며 역사담론은 이미 그 자체가 언어인 사료로부터 구축된 언어의 속성을 갖는다. 이러한 역사텍스트의 언어적 성격 때문에 역사 내러티브는 더 이상 '실제' 존재와 상황의 복사가 아니다. 실제와 표상간의 관계가 고정된 것이 아니라 불투명한 것처럼, 사료와 과거 실제간의 관계도 일대 일 대응이라는 단선적 관계가 아니다.[30]

그렇다면 내러티브는 무엇인가? 그것은 스토리 즉 이야기를 의미한다.[31] 내러티브는 인물, 상황, 사건이 펼쳐지는 이야기이며, 이야기는 시간적 존재로서의 인간의 경험을 다룬다. 즉 특정한 화자를 내세우고 특정한 인물과 사건을 시공간 속에서 엮어 가는 것이다. 인간경험은 하나의 중심주제 하에서 일정한 구성형식 즉 시작과 전개, 반전과 결말을 갖춘 일련의 이야기로 구조화되며, 이 때 시간적 계기, 인과성, 허구성의 도식이 작용한다. 과거 내러티브에서 억압되었던 이질적이고 우연적인 요소들도 개연적 혹은 필연적 인과관계로 연결된다. 우연성이란 아직 맥락 속에 놓여지지 않은 사건을 나타내는 표지일 뿐이다. 또 허구성은 인간이 세계의 의미를 파악하는 특수한 도식의 하나이며 실제 존재하지 않지만 가능한 세계를 열어 보이는 방식이다.[32] 하지만 모든 스토리에 항상 시작, 중간, 결말이 있지는 않으며 불완전한 미완의 이야기도 가능하다.

역사 내러티브는 집단적이고 일반적인 것보다 개별적이고 독특한 것을 다룬다. 하지만 독특하게 제시된 역사의 각 주제와 사건은 '다양성 내의 통일성' 속에서 묘사되고 설명되고 해석된다. 내러티브는 각각의 분리된 사건, 행동을 연속적인 순간들의 통일체로 만들고, 의미있는 전체적 실체(entities)를 구축하여 하나의 스토리를 이룬다. 개별적으로 존재하는 과거 경험을 전체적인 맥락 안에 배치함으로써 내러티브는 과거의 사건들에 질서를 부여하여 이해 가능한 형식으로 변환시킨다. 따라서 개별성, 독특성은 전체적인 관계들의 네트워크 속에서 강조된다. 과거사실들은 개별적이고 복합적이지만 궁극적으로는 연결된 사건들의 흐름으로 조직되고 구조화된다. 따라서 내러티브는 개별적 행위와 사건들을 단순히 묘사한 것이 아니라 그 관계들을 연결하여 '유의미하게 연속되는' 이야기로 구성한 것이다.[33]

또한 내러티브는 분석적 설명이라기 보다 기술적 묘사(descriptive recounting)에 가깝다. 하지만 실제에 대한 이해(intelligibility)와 설명을 함께 도모한다. 설명은 역사적 사건이나 인간 행위의 인과적 관계를 규명하려는 것, 이해는 행위의 의도, 동기, 목적, 이유 등을 당시 상황에 비추어 파악하고 드러내는 것이다. 역사이해는 행위의 동기, 이유, 이해관계에 대해 내러티브에 내재되어 있는(self-explanatory) 설명을 통해 이루어진다. 설명적이지 않은(non-explanatory) 내러티브는 일관성이 없는 모순된 내용에 지나지 않는다.

그런데 내러티브의 설명방식은 불확정적이다. 내러티브는 행위와 사건들에 내적 연관을 부여하지만, 인간행동을 인과적 반작용(caused reaction)이 아니라 이해할 수 있는 반응(intelligible response)으로 본다. 즉 인간의 행동이나 사건을 원인에 의해 결정된 결과라기보다는 상황에 대한 인물 주체의 적절한 반응으로 제시한다. 따라서 인과성은 내러티브의 본질적 구성요소가 아니라 보완적 요소이다. 내러티브는 중심주제에 관련된 사건들의 시간적 전후관계를 진술하지만 그것을 반드시 인과관계로 서술하지는 않는다. 내러티브는 인과적 설명처럼 원인과 결과를 직접적으로 연결하거나 다른 원인들을 배제하는 배타적 설명을 하지는 않는다.[34] 따라서 내러티브가 과거를 지나치게 단순한 인과원리에 따라 기술한다는 비판[35]이나, 내러티브가 그 속성상 과거 사건들에 대한 만족할만한 설명을 하지 못한다는 지적은 모두 잘못된 것이다.

그리고 내러티브의 묘사와 설명에서 그 중심 초점은 상황이 아닌 인간에 맞추어진다. 내러티브 중심 플롯의 주인공은 국가, 민족이 아니라 지역, 민중 즉 인간이다. 설명적 텍스트가 '사람없는 역사(history without people)'에 적합하다면, 내러티브는 '구조' 보다는 '인간'과 '문화'를 이야기한다. 내러티브는 구체적이고 내밀한 개인적 행위와 의도를 시간적으로 연관된 사건들을 통해 드러낸다. 따라서 인간주체의 역할을 중시하며 인간 정서와 감정을 전달하는데 유효하다.

내러티브는 역사가의 사고과정을 그대로 드러내기도 한다. 역사가는, 자신이 사료와 같은 증거 자료를 읽고 그를 토대로 의문을 제기하고 역사적 맥락을 구성해내는 과정을 기술한다. 저자는 사료를 선택한 이유, 사료를 통해 파악한 과거 사실 및 상황 등을 독자에게 이야기한다. 저자는 자신을 '나'라고 표현하여 목소리를 직접 전달하고 저자의 관점도 선명하게 드러낸다. 그것은 역사가의 내러티브가 더 이상 '객관적인 사실'이 아니라 역사가의 '구성물'이라는 것을 독자에게 자각시킨다. 독자는 비로소 역사가의 글을 상대화하고 자기 자신의 의미를 스스로 구성하면서 글을 읽게 된다.[36] 데이비스[37]는 스스로를 '나'로 표현하여 서술 속에 등장하고 자신의 목소리를 직접 전달함으로써, 역사서술에 보편적인 전지적 시점을 탈피하고자 했다. 즉 저자가 자신을 숨김으로써 객관성과 중립성을 보장받는 담론을 대체하고자 했다. 사료 읽기 과정이 잘 드러난 진즈부르그[38]의 서술에는 각주가 없다. 그는 일반 독자가 글을 읽어나가는 흐름을 방해하지 않기 위해 각주를 달지 않았다고 밝히고 있다.

무엇보다 내러티브는 텍스트로 정의된다. '작품'이 단일하고 안정된 의미를 지니는 것이라면, 텍스트는 고정된 의미로 환원될 수 없는 무한한 시니피앙들의 짜임이다.[39] 텍스트는 무한한 의미생산이 가능한 열린 공간이다. 텍스트로서의 역사 내러티브 역시 언어의 위험성 때문에 어떤 관점도 확고한, 특권적인 권위를 주장할 수 없다. 따라서 저자의 고유한 권위는 해체되며 저자의 이미지는 탈신성화된다. 바르트는 내러티브를 "초국가적이고 초역사적이며 초문화적인 것으로 그 자체로서 존재한다"고 했다.[40] 그것은 사실 언어를 설명한 것이다.

따라서 텍스트 읽기는 더 이상 단순한 의사소통의 모델로 설명될 수 없다. '작품'에서 '텍스트'로의 관점이동은 일방적인 서사의 강요로부터 독자의 능동적인 참여로의 변화이다. 모든 텍스트는 독자의 새로운 해석을 위해 열려있다. 독서는 소비가 아니라 유희, 작업, 창작, 생산의 경험이며 복수적 의미실천의 장이다. 난해한 텍스트 앞에서 느끼는 권태는 바로 독서를 소비로 축소시키기 때문이다. "독자는 자신의 충동이나 욕망에 따라 텍스트를 자유롭게 넘나들며 해체하는 자이다." 내러티브는 저자와 독자, 글쓰기와 글읽기의 이분법적 경계를 파기하고, 즐거움의 대상으로서 텍스트를 실천하는 양식이다.[41]

5. 내러티브의 활용

역사지식의 상대성에 토대하고 있는 내러티브 이론은 비판적인 독자의 역할을 부각시킨다. 내러티브 언어는 실제와 비정립적인 관계에 있으며 과거를 '지시'하는 방식으로 보여주지 않는다. 즉 내러티브는 자기 충족적인 작품이 아니라 하나의 텍스트이다. 따라서 내러티브의 다양한 목소리[多聲性]는 독자와의 관계에서 비롯된다. '과학적' 역사서술이 3인칭, 직설법, 과거(완료) 시제를 쓰는 익명적 글쓰기로서 그 내용을 '보편적'인 진리인 양 믿도록 하는데 반해, 내러티브는 1인칭, 3인칭 등 다양한 화자의 목소리를 통해 사실과 해석이 구분되므로 독자는 이야기의 전개에 스스로의 판단을 개입시킬 수 있다.[42]

따라서 내러티브를 활용한 역사수업은 독자인 학생들의 주체적 텍스트 해석과 비판을 동반한다. 학생들은 역사서술을 더 이상 과학적 탐구과정을 거친 일반화 혹은 논리적 설명으로 여기지 않는다. 내러티브는 화자의 목소리를 드러냄으로써 역사가 역사가의 해석에 의해 구성된 것임을 인식하게 한다. 따라서 학생들은 나름대로의 해석과 가치판단을 통해 내러티브에 개입되어 있는 이데올로기를 해체한다. 더 나아가 그들은 스토리를 통해 세계를 이해하고 발견하며 재창조한다. 내러티브는 더 이상 과거 개별사건의 독특성만을 강조하는 흥미 위주의 스토리에 그치지 않는다.

내러티브를 통한 독자의 부활은 역사텍스트 읽기를 '세계 만들기(world-making)'로 정의한다. 내러티브는 세계와 주체를 잇는 매개로서, 이야기를 이해하고 표현하는 행위는 자신과 타자의 관계를 조망하는 성찰적 세계인식의 과정이다. 즉 세계와 연관된 존재로서 자아를 탐구하는 일이다. 또한 능동적으로 의미를 재구성하는 읽기는 그 자체로 곧 '쓰기'이다. 읽기는 일종의 해석 약호를 가지고 텍스트를 자신의 관점에서 '다시 쓰는' 행위이다. 따라서 읽기는 소비 행위이고 쓰기는 생산적 창조행위라는 양분법은 무용하다.[43] 학생들 스스로 의미를 재구성하고 자신의 역사 내러티브를 만드는 것은 곧 '역사를 하는 것(doing history)'이다.

역사 내러티브가 설명적 텍스트와 근본적으로 다른 점은 학생들에 의해 쉽게 '읽힐 수 있다'는 것이다. 사실이나 사건의 나열에 그치거나 과도한 인과관계를 들이밀기도 하는 설명적 텍스트와 달리, 내러티브는 주인공 혹은 저자의 시선과 관점을 따라 사건과 상황의 배경과 맥락을 서술함으로써 그 상호관계를 이해할 수 있게 한다. 또한 내러티브는 개별 사실들을 일관된 관점으로 개관할 수 있는 전체성(totalities)을 만들어낸다. 내러티브는 일종의 '회화적' 표현방식으로서 '사실들을 함께 보는 것'이고, 개별 사실은 전체적인 의미 속에서 이해된다. 내러티브 안에 담긴 갈등과 인과적 연속성은 역사사건의 동기와 의미를 생각하게 함으로써, 지적, 도덕적 각성을 통해 독자를 변모시

키거나 회심을 일으키기도 한다.[44]

내러티브가 설명적 텍스트보다 학생들에게 호소력을 갖는다는 것은 여러 연구에서 밝혀졌다. 내러티브는 독자와 텍스트 사이의 상호작용을 자극하고 일관성 있는 텍스트 이해를 돕는다. 반면 설명적 텍스트에서 부족한 것은 의사소통이다. 설명적 텍스트는 저자가 드러나지 않음으로써 독자와 저자, 그리고 독자와 텍스트 사이의 거리를 멀게 한다. 저자가 그 서술대상으로부터 멀어질수록 독자와도 멀어진다. 저자를 자각하는 것은 읽기에서 중요한 역할을 한다. 그것은 단순히 읽기의 즐거움을 줄 뿐 아니라 비판적 분석과 해석의 도구가 될 수 있기 때문이다. 저자의 '목소리가 들리는' 글은 학생들의 흥미를 불러일으키고 텍스트 내용에 대한 이해에 효과적이었다.[45] 팩스톤의 연구도 학생들이 익명의 저자가(혹은 제3자의 관점에서) 쓴 교재보다는 일인칭 저자가 개인적인 견해를 드러내는 교재를 읽을 때, 저자와 활발한 상호작용을 하며 텍스트에 개입하는 것을 보여준다.[46] 하지만 설명적 텍스트가 무미건조하고 지루하다는 독자의 평가에도 불구하고, 그리고 독자 개개인의 개입과 해석을 위한 여지가 없음에도 불구하고, 독자의 권위와 신뢰를 받는다는 것은 역설적이다.

최소옥은 역사수업에서 내러티브를 활용한 결과, 내러티브 역사 서술이 과거의 사회상을 등장인물과 갈등구조를 통해 구체적이고 생생한 이미지로 구축함으로써 역사적 사실에 대한 학생들의 기억을 돕는 것을 발견했다.[47] 내러티브는 인간행위의 의도와 동기 및 의미를 상황에 비추어 파악하는 맥락적 이해 및 학생들의 감정이입적, 상상적 이해 능력도 향상시켰다. 내러티브는 역사적 행위자의 의도와 사상, 감정을 당시 상황 속에서 구체적으로 묘사하기 때문이다. 설명적 서술은 인간을 사회적 조건과 관계 속에 규정지음으로써 인간의 심정과 의지의 측면을 잘 드러내지 않는다.

이제 스토리를 이야기하는 것은 역사를 가르치는데 있어 하나의 강력하고 아마도 불가피한 수단이다. 역사교사는 학생들에게 역사개념과 일반화를 가르치거나 자료를 분석, 평가하게 하지 않고 이야기를 읽게 하는 것에 죄의식을 느낄 필요가 없다. 비판적으로 사고하고, 사실들의 진위를 논하고, 일반화를 만들고 하는 과정은 역사 스토리들을 다루는 수업에 더해질 수 있다.[48] 내러티브는 수업의 도입부에 동기를 유발하고 해당시대의 분위기를 환기시키기 위한 용도, 수업 도중에 내용을 보강하기 위한 용도, 수업 마무리에 내용을 예증하는 사례 등 다양하게 활용될 수 있다. 혹은 학생 스스로 내러티브를 구상하게 하는 방법도 있다. 그리고 독자와 텍스트간의 쌍방향의 과정을 통한 역사 이해를 위해서는, 내러티브의 내용과 구조뿐만 아니라 학생들의 읽기 능력과 배경지식, 인지적 흥미를 고려해야 한다.[49] 내러티브를 활용할 때 상상과 감정이입에만 치우치지 않고 역사적 문맥의 파악 및 역사적 사고와 연결짓는 체계도 중요하다.[50] 즉 역사 내러티브를 어떻게 구성하여 서술하느냐 하는 것 못지 않게, 내러티브를 역사 교실에서 어떤 방식으로 활용하느냐 하는 것이 역사적 이해와 사고를 함양하는데 관건이 된다.

한편 내러티브는 역사서술체제가 아닌 사고양식으로 정의되기도 한다. 브루너[51]는 인지적 사고의 한 방식으로 내러티브 사고양식을 정의하고 그것을 패러다임 사고양식과 구별했다. 그에 의하면 두 방법은 현실을 구성하고 진리를 추구하는 과정이 완전히 다르다. 패러다임 사고양식은 가설의 추론, 논리적 이론과 분석, 형식적인 증명절차, 범주화와 개념화에 기초하며 맥락과 독립적인(context free) 보편적 설명을 모색한다. 반면 내러티브 사고양식은 인간의 의도와 행동 또는 그 과정을 맥락에 민감하게(context sensitive) 묘사하며 인간 경험을 시간적으로 조직한다. 즉 흩어져 있는 사실과 사건들을 연결지어 질서를 부여함으로써 의미 있는 것으로 구축한다. 이처럼 내러티브적 사고는 로고스 중심의 사고와 대립되는 뮈토스적 사고를 뜻한다.

또한 내러티브는 역사교사의 설명방식 혹은 수업담론으로 정의된다.[52] 정선영[53]은, 역사교재에 역사가의 역사관이 포함되는 것과 마찬가지로 역사교사의 설명에도 교사의 역사상이 반영된다고 했다. 교사의 설명은 학생들에게 단순한 역사사실을 전달하는 것이 아니라 역사사실이 왜, 어떻게 일어났는가에 대한 교사 자신의 역사이해를 변형하여 창출한 표현이다. 그런데 역사교사의 내러티브적 설명 즉 이야기식 설명은 개념적 설명이나 총괄적 설명과 달리, 엄밀한 논리적 증거에 의해 뒷받침되거나 납득할 수 있는 합리적 논리를 결여하고 있었으며, 인과 연결의 필연성이 희박하거나 불분명하다는 것을 관찰했다.

사실 내러티브 서술체제 역시 사료분석 및 증거활용을 통해 역사사실을 체계적으로 조직하여 결론을 도출하거나 명료한 인과관계를 설명하는데 도움이 되지 않는다는 비판을 받는다. 학생들은 과거를 지나치게 이야기처럼 생각하고 때로 사건 발생의 전후관계와 인과관계를 혼동하기도 한다는 것이다. 내러티브는 역사적 인물의 감정과 정서를 부각시킴으로써 독자들이 쉽고 즐겁게 스토리를 이해하게 하지만, 개념이나 복잡한 이슈들을 설명하는데는 한계를 보였다.[54]

그러나 내러티브는 그 본질 자체가 설명적이거나 분석적이지 않다. 내러티브는 소위 과거의 '진실'을 밝히는 것을 목적으로 하기보다 구체적인 인간의 행위와 의도, 결과를 포함하여 인간의 총체적인 경험의 이해를 강조한다. 과거의 모습은 '사료에 근거한 그럴듯한 이야기'에 가깝다고 보기 때문에 논리적 사고보다 은유와 유추에 의한 의미 구축을 더 중시한다. 일정한 줄거리로 묶여진 사건들을 통해 드러나는 저자의 가치판단과 해석은 텍스트와 학생들의 의사소통을 돕고 동시에 학생들의 비판과 재해석을 유도하는 도구이다.[55]

그런데 내러티브의 활용에 있어 또 다른 문제점은 내러티브에는 언제나 화자(storyteller, narrator)의 관점이 작용한다는 것이다. 이 화자의 권위와 내러티브의 일관성은 학생들로 하여금 내러티브의 가치관에 무비판적으로 몰입하게 한다.[56] 내러티브 독자들은 저자가 내린 역사해석의 관점이나 정확성에 문제를 제기하는 대신에 잘 꾸며진 이야기를 그대로 역사사실로 믿어버리는 경향이 있다. 즉 저자의 해석에 대해 '그럴 수 있다' 혹은 '아마 그럴 것이다'라고 받아들인다. 이것은 잘 만들어진 이야기(good story)가 역사적 정확성을 압도하는 현상을 말한다. 이러한 현상을 '자의적인 진실성의 부과'라 하는데, 특히 일인칭 시점의 내러티브에는 화자의 진실성과 권위가 깊게 배어있기 때문에 독자가 그 내용을 비판적으로 분석하기 어렵다. 따라서 학생들은 이야기의 자의성을 진실로 받아들이게 된다. 또한 화이트의 지적처럼 모든 완결된 언표는 이데올로기적인 것이 될 위험이 있는데, 이데올로기는 세계관과 달리 독자를 회유하고 설득한다. 학생들은 종종 과거 행위에 대한 내러티브 저자의 도덕적, 정치적, 사회적 판단의 정당성을 수용하고 자신의 주체적인 가치판단을 유보한다.

따라서 학생들은 주어진 텍스트를 역사적 맥락 속에서 검토하고 저자의 의도를 반추하며 비판적으로 읽는 방식을 체득해야 한다. 그 한 방식으로 브레히트는 감정이입이 아니라 '낯설게 하기'를 제안한 바 있다. 브레히트는 연극의 경우 관객과 배우 모두 인물에 감정이입하고 있을 때, 관객의 비판 정신이 사라진다는 사실을 발견했다. 브레히트는, 사건을 '보여 주어야' 하지 '감정이입을 해서는 안 된다'고 주장했다. '보여주는 것'과 '감정이입을 하는 것'과의 차이는 우리가 알고 있는 사건의 진리를 '진리의 한계'로서 제시하는가 아니면 '진리로서' 제시하는가의 차이이다. 감정이입은 진리를 절대적 진리로 만들 위험이 있다. '보여준다'는 것은 자기가 알고 있는 만큼만 보여준다는 것이다. 자기 해석의 한계가 어디까지인가를 관객과 스스로에게 보여 주어야 한다는 것이다. 그러면 관객은 배우가 표현하는 인물과 사건이 특정하게 해석된 하나의 세계라는 사실을 깨달을 수 있다. 즉 과거 사건의 또 다른 해석의 가능성을 생각할 수 있다. 반면 감정이입에서는 배우가 볼 수 있는 만큼만 보게 되고 줄거리 그 자체로 감정이입되어 그 자체를 진리로 인식하게 될 위험에 처하게 된다. '감정이입'은 배우와 관객을 주어진 사건 해석을 그대로 수용하는 수동적 존재로 전락시킨다. 브레히트가 '보여주기'를 통해 얻으려고 했던 것은 관객의 비판성이었다.[57]

역사 내러티브의 경우, 배우 즉 역사가의 감정이입은 독자의 통제 밖에 놓여 있다. 다만 관객 즉 독자인 학생들이 역사가의 관점을 어떻게 대면하는가는 역사 학습의 영역에 속한다. 따라서 '감정이입을 통한 역사이해'가 지닌 문제점을 고려하여 브레히트의 '낯설게 하기' 기법을 역사 내러티브 읽기에 적용한다면, 그것은 내러티브에 내재한 역사가의 설명 논리와 주관적 관점을 학생들이 비판적으로 해석할 수 있도록 하는 한 방안이 될 것이다.

역사 내러티브는 그 소재인 역사적 사실과 플롯의 구성 형식에 따라 달라진다. 따라서 어떤 주제, 인물, 사건을 소재로 삼을 것인가를 결정하고 학생들의 흥미와 관심, 지적 능력을 고려하여 내러티브를 구성한다. 내러티브 양식의 역사서술은 많은 역사정보의 집약체를 지향하지 않는다. 허구가 아닌 사실에 근접한 기술을 추구하며 주요 사실과 개념의 전달보다는 역사적 행위와 사건의 의미에 대한 해석과 가치판단을 유도한다.

다음은 1930년대에 미국 남서부 대평원을 휩쓴 장기간의 흙먼지 폭풍(dust bowl)에 대한 두 개의 역사서술이다.

> "그것은 강인한 용기를 가진 사람들의 이야기였다.… 그들은 가난에 찌든 패배자들이 아니라 의지에 찬 미래의 건설자들이었다. 자연의 도전에 직면하여 힘든 와중에도 그들은 교회, 기업, 학교, 대학, 공동체를 건설했다.… 그들에게 고난은 낯선 것이 아니었다.… 그들은 도망가지 않고 힘든 시기를 견뎠으며… 그 결과 지금은 훨씬 나은 생활을 누리고 있다." - Paul Bonnifield, 『The Dust Bowl』 (Albuquerque, 1979), p.202 -

> "그것은 20세기 남부평원의 역사에서 가장 어두운 순간이었다.… 흙먼지를 만든 것은 지구 역사상 가장 최악의 생태학적 실수 중의 하나였다.… 그것은 문맹, 인구과잉 혹은 사회 무질서 때문이 아니라 문화 때문이었다.… 그것은 의도적으로, 의식적으로 토지를 지배하고 착취하려 한 잘못된 문화의 불가피한 결과였다." - Donald Worster, 『Dust Bowl』 (New York, 1979), p.4 -

첫 번째 글은 흙먼지 폭풍을 자연재해로 보고 생존을 위한 인간승리, 공동체 정신의 승리를 묘사한 반면, 다른 글은 자연을 지배하려 한 인간들의 실패의 사례로 기록하고 있다. 역사는 이처럼 서로 다른 내러티브들 사이의 끝없는 투쟁이다.[58]

따라서 내러티브 저자들은 다양한 수사적 도구를 사용하여 끊임없이 독자에게 말 걸기를 시도한다. 예를 들어 '의심의 여지없이', '매우 중요한', '불행하게도', '그럼에도 불구하고 기록은 확실하지 않다.' 등의 표현을 사용한다.[59] 이는 설명적 텍스트에서는 찾아보기 힘든 표현으로 역사가 자신의 진술의 확실성, 과거 사건의 중요성, 그에 대한 역사가의 태도와 관점을 보다 솔직하게 드러낸다. 때로 저자들은 인간

주체의 활동과 반응을 직접적이고 구체적이고 역동적으로 묘사한다. 이것은 독자가 생생한 그림을 그릴 수 있도록 하는 일종의 시나리오 역할을 한다. 또한 수동태가 아닌 능동태로, 문어체가 아닌 구어체나 대화체로, 과거시제보다는 현재시제로, 강세 용법을 사용하고, 감정을 싣고, 사실들 사이의 관계들을 부각시키는 등 독자가 텍스트 내용에 개입하도록 유도한다.[60]

잘 기술된 내러티브는 텍스트와 독자사이의 의사소통을 원활하게 함으로써 텍스트를 저자와 독자가 만나는 보다 적극적인 공간으로 만든다. 그리고 그 안에 담긴 저자의 관점과 세계관, '이데올로기'도 독자가 감지하고 판단할 수 있게 한다. 따라서 독자는 내러티브에 드러난 해석과 관점의 주체를 파악하고 그에 대한 자신의 비판적 읽기를 시도할 수 있다.

6. 비판적 역사읽기와 역사쓰기

역사교재로 사용되는 텍스트는 기본적으로 역사인식론과 페다고지를 반영한다. 역사 텍스트의 내용과 표현형식은 저자의 역사관과 역사교육관에 따라 달라진다. 역사적 사실을 일어난 그대로 서술한 설명텍스트(expository text)는 '집단 기억을 증진시키는' 역사교육을 지향한다. 따라서 설명 텍스트에서는 '어떤 역사를 가르칠 것인가?'라는 질문이 가장 중요하다. 흔히 이런 형식의 자료에서 주체는 근대 역사에서 형성된 전형적 집단인 '국가'이며, 역사는 '진보'를 의미한다. 텍스트는 집단 경험을 전달함으로써 독자에게 정체성, 일치감, 그리고 도덕적 체계를 심어주고자 한다. 우리가 이러한 텍스트에 담겨 있는 과거 지식, 집단기억에 대해 쉽게 동의한다면 학교 역사는 일관된 사회적 목적을 위해 동원될 수 있다.

이러한 '유산으로서 역사'는 비판의 대상이 아니며 도그마로 전락할 위험성이 있다. 만약 역사가나 교과서 저자들에 의해 '과거에 대한 올바른 해석'으로 정의된 텍스트가 제시된다면, 학생들의 유일한 임무는 그것을 받아들이는 것이다. 설사 학계에서 텍스트 내용의 진위와 정오, 의미에 대하여 여러 이의가 제기되고 있다고 하더라도, 이를 잘 모른 채 텍스트만을 읽는 학생들의 입장에서 보면 그 내용은 암기해야 할 교리가 되는 것이다. 텍스트는 기껏해야 도덕적 규범을 가진 생생한 이야기의 형식을 취하며, 최악의 형태로는 역사학습의 의미가 상실된, 무기력한 과거의 재현이 될 것이다. 어떤 경우든 역사적 지식은 탐구와 논쟁의 대상이 아니라 권위에 의해 고정되어 버린다.[61]

반면 과거에 대한 상반된 해석을 담고 있는 역사 텍스트는 학생들에게 역사가의 평가와 사료들에 근거하여 어느 것이 더 나은 해석인가에 대한 결론을 내릴 수 있는 기회를 제공한다. 이러한 텍스트는 단순히 하나의 단일한 역사를 믿도록 하는 것이 아니므로 학생들은 타당한 역사적 진술을 만드는 것이 무엇인가를 이해하게 된다. 즉 '인식방법으로서 역사'를 경험하는 것이다. 역사적 사실은 역사 기록과 역사적 방법에 근거를 두고 만들어지지만, 해석을 달리하는 논쟁의 대상이 될 수 있다. 역사적 진리라고 믿어왔던 사실들은 경우에 따라서는 바뀔 수도 있다. 학생들은 교재에 나타나 있는 역사적 진술에 대해 질문을 제기하고, 그 진술을 증거자료에 비추어 다른 진술과 비교하고 평가하기도 한다. 이러한 작업은 독립적으로 역사적 지식을 구축하는 하나의 과정이라고 할 수 있다.

역사적 사실을 아는 것 자체보다 역사 지식이 생성되는 과정이나 역사적 방법을 강조하고 학생들에게 상반된 역사 해석을 가르치는 것이, 학생들을 상대주의에 빠뜨릴 것이라고 비판하는 사람들도 있다. 하지만 학생들은 이미 학교 밖에서 텔레비전, 영화, 만화, 소설 등을 통해 다양한 역사 해석들에 노출되어 있다. 따라서 여러 해석들의 상대적 강점과 약점을 판단할 수 있는 수단이 필요하다. 만약 학교에서 역사 탐구의 방법을 가르치지 않는다면 그것이 더 학생들을 혼란에 빠지게 할 것이다.[62]

최근의 포스트모던 입장에서는 모든 역사적 해석이 불확실하다는 것을 강조한다. 지식은 인식자(knower)에 의존적이며, 이른바 '진리'라고 일컬어지는 것은 상이한 집단의 이해를 반영하는 '사적 구성물'이라는 것이다. 이러한 입장에서는 지식의 객관성과 중립성, 진리의 실증성과 확실성을 신뢰하지 않는다. 또한 과거 실제는 텍스트를 통해서만 도달할 수 있는데, 텍스트의 언어는 경험의 실제를 표상(representation)하는 것이 아니라 오히려 그 실제를 구성한다고 본다. 텍스트에 있어서 이러한 표상의 위기는 화자(話者)의 위치에서 비롯된다. 화자는 텍스트에서 자신을 결코 억제할 수 없기 때문에, 자신이 쓰는 대상의 삶 속에 자기 자신을 용해하고 있다. '나'를 숨기는 이야기가 더 이상 가능하지 않은 것은, 아무리 노력해도 텍스트에는 항상 '화자'가 존재하기 때문이다. 텍스트를 읽는 독자 역시 자신의 삶을 통해 텍스트를 읽는다. 따라서 저자와 독자는 자신이 쓰거나 읽는 삶을 창조하려고 한다. 이런 관점에서 데리다(J. Derrida)는 '쓰여진 텍스트'는 결코 최종적이지도, 완전하지도 않다고 다음과 같이 지적하고 있다.

> 한 사람의 삶을 들여다보는 명료한 창문은 없다. 왜냐하면 어떤 창문도 항상 언어와 표지(sign)의 유리 및 기표화(signification)의 과정을 통해 걸러지기

> 때문이다. 언어는 쓰여질 때나 말해질 때나 항상 본질적으로 불안정하며 유동적이다. 따라서 어떤 명확한 의도나 의미를 담고 있는 진술은 있을 수 없다.[63]

역사 기술로서의 내러티브 역시 실제 경험을 직접 포착할 수 없다. 내러티브의 토대인 사료도 다의적(多義的) 텍스트이며, 따라서 역사적 에피소드들을 스토리텔링(storytelling) 기법으로 기술한 내러티브는 화자의 존재를 드러낸다. 즉 화자의 인종, 계급, 성이 서술에 영향을 미치고 있다는 것을 인정한다. 내러티브는 또한 인간 경험의 미묘한 세밀함, 즉 특정적인 것, 뉘앙스, 몸짓, 목소리, 태도를 포착하고자 한다. 그것은 사소한 작은 사실들, 즉 특정한 세부적인 것들에 보편적인 것이 있다고 보기 때문이다.[64]

역사서술에서 '모든 것을 알고 있는 사람'으로서의 화자, 즉 저자의 지위는 텍스트에 고정된 의미를 규정하고 '역사가가 실제를 다루고 서술 한다.'는 믿음을 심어주었다. 그러나 '독자의 탄생'은 저자의 의도를 그대로 읽어내려는 책읽기를 거부했다. 텍스트는 무한한 의미 생산이 가능한 열린 공간이자 즐기는 대상이 되었다. 텍스트는 작품을 단순히 소비하는 데서 벗어나서, 이를 즐기고, 작업하고, 생산하고, 실천하게 한다. 즐거움과 즐김의 텍스트는 어떤 목적성도 갖지 않으며 모든 규범적인 것을 무너뜨리는 것이다. 독자는 텍스트를 자유롭게 넘나들며 해체한다. 저자가 지배하던 텍스트 읽기는 권태를 가져오고 텍스트를 창작, 비평할 수 없다는 것을 의미했다. 하지만 이제 즐거움을 얻거나 즐기려는 읽기가 텍스트 생산을 위한 글쓰기에서 다시 부활한다.[65]

텍스트는 글 읽기와 글쓰기 사이에 존재하는 거리감을 파기할 것을 요구한다. 텍스트는 작업이나 생산, 즉 글쓰기의 실천과 함께 해야만 체험할 수 있는 것이기 때문이다. 능동적인 글쓰기는 텍스트의 복수적 의미를 실천하고 자신의 삶을 무대화하는 것이다.[66] 따라서 그것은 곧 저자(화자)의 권위에 대한 도전이다. 또한 역사 쓰기는 단순히 자신의 역사인식을 표현하는 것이 아니라 다른 사람들의 의식을 통해 해석되어 또 다른 역사 지식의 생성과 확산을 가져온다.

종래 역사학자들의 텍스트는 학계 내부라는 벽을 넘지 못하고 '실제 세계'에 살고 있는 사람들의 관심을 끌지 못했다. 그것은 개념 체계와 레토릭(rhetoric)을 공유하는 같은 학문 영역 안에 있는 소수의 청중들에 의해서만 읽혀져 왔다. 하지만 이제 쓰기는 누구나 충족감을 얻기 위해 추구하는 자연스럽고 편한 기본적인 활동이 되었다. 학자들은 학문적 동료의 울타리를 넘어 청중에 다가서려고 노력하며, 보다 실험적인 형식의 내러티브를 추구한다. 화자의 목소리를 바꿈으로써, '대상'의 목소리를 전달하는 방식을 변화시킨다.[67]

이런 관점에서 보면, 역사교육에서 중요한 질문은 '어떤 역사가 중요한가?'가 아니라, '역사를 알고 이해한다는 것이 무엇을 의미하는가?'이다.[68] 언어로 기록된 사실들은 자명한 것이 아니며 스스로 말하지 못한다. 따라서 역사 텍스트는 독자의 비판적 분석과 통찰의 대상이다. 동시에 독자인 학생들의 역사적 사고에 의해 나름대로 구축될 역사적 지식의 토양이다. 그것은 비판적 읽기에서 그치지 않고 쓰기를 통해 창조적인 지식 생성으로 이어지기 때문이다. 이 과정에서 인식자와 인식대상 그리고 저자와 독자의 이분법적 구분은 더 이상 유효하지 않다.

그렇다면 학생들의 비판적 역사 읽기와 쓰기는 어떻게 이루어지는가? 학생들의 텍스트 이해와 분석은 여러 요인의 영향을 받는 복합적인 과정이다. 먼저 텍스트의 유형, 즉 글의 목적에 따라 다른 문체와 내용구조를 가지게 되는 텍스트의 양식은 그 학습에 큰 영향을 미친다. 역사 텍스트는 크게 소설, 드라마 등과 같이 이야기 형식으로 구성되는 내러티브 텍스트(narrative text)와 설명문, 논설문과 같이 저자의 견해나 정보를 제공하기 위한 설명 텍스트(expository text)로 구분할 수 있다.[69] 각각의 서술형식은 그 자체의 고유한 특성을 지니고 있으므로 각기 다른 인지적 절차를 통한 읽기가 이루어진다. 역사교과서는 대부분 설명 텍스트이며, 사건을 일어난 순서대로 서술하는 계기적 서술이 설명적 서술과 함께 상당한 비중을 차지하지만 이야기의 줄거리를 갖추고 있는 내러티브적 서술은 별로 찾아볼 수 없다. 이러한 설명 텍스트는 정보를 읽고 기억하도록 쓰였기 때문에 학생들이 역사적 사건을 다양한 의미로 읽어내는 것을 어렵게 한다. 이에 반해 일인칭 저자가 드러난 역사 서술에 대한 학생들의 역사 이해는 일반 역사 교과서 서술을 읽은 학생들과 달랐다. 팩스턴(R. Paxton)의 연구에 의하면, 저자가 드러난 서술을 읽은 학생들은 저자와의 대화에 참여하여 서술 내용에 비판을 제기하기도 하고 자신의 선행 지식을 수정하기도 하며 교재 내용을 자기 것으로 만들어 나갔다.[70]

또한 텍스트 이해에서 중요한 것은 역사 영역 고유의 지식이다. 역사 텍스트에 사용된 어휘나 개념, 원리 등 역사에 대한 배경 지식은 텍스트 내용에 대한 학생들의 흥미뿐 아니라 그 흐름을 이해하고 중요도를 판단하는 데도 영향을 미친다. 그러나 학생들의 역사 지식이 항상 역사적 사실의 의미를 능동적으로 재구성하는 데 도움이 되는 것도 아니다.[71] 와인버그(Samuel S. Wineburg)는 학생들에 비해 사실적 지식이 부족하거나 별로 차이가 없는 역사가들이 역사 자료에 포함되어 있는 서브텍스트(subtext), 즉 숨겨지고 드러나지 않는 의미를 이해한 반면, 뛰어난 읽기 능력과 역사적 사실에 관한 깊이 있는 지식을 가진 학생들은 그렇지 못하다는 사실을 발견했다. 역사가와 학생들의 이러한 차이는 역사적 사실에 대한 지식의 차이에서 오는 것은 아니었다. 학생들은 역사문헌에서 서브텍스트를 읽어야 한다는 문제의식을 갖고 있지 않았다. 그것은 텍스트의 내용을 비판적으로 분석하고 해석하는 경험이 거의 없었기 때문이다. 이로 인해 겉으로 드러난 텍스트의 내용을 그대로 받아들일 뿐, 그 기저에 깔려 있는 전제나 관점, 그리고 의도를 파악하지 못했던 것이다.[72]

따라서 비판적 역사 읽기를 위해서는 경험과 훈련이 필요하다. 의미 구축을 위한 텍스트 학습이 되기 위해서는 독해의 과정에서 정교한 질문 및 탐문을 활용하는 이해전략을 습득해야 하고, 더 나아가 텍스트를 깊고 의미 있게 탐색하려는 의지와 노력, 동기와 흥미도 필요하다. 학생들은 흔히 내용 지식을 알기 위해서 텍스트를 읽지만 학습을 지속시키는데 큰 영향을 미치는 것은 흥미이다. 학생들은 등장인물의 행동에 감명을 받는 정서적 흥미를 느낄 수 있으며, 자신의 사고와 생각을 붙잡는 텍스트 내용에 대해서는 인지적 관심을 가지기도 한다. 학습을 지속시켜 주는 것은 외부적으로 주어진 목표나 교사의 지도보다는 책읽기에서 자기 스스로 가치를 발견하는 내적 동기이다.[73] 따라서 학습자의 흥미와 동기를 유발할 수 있는 텍스트를 선별하여 제시하는 것이 중요하며 각 텍스트에 대한 독해전략 안내가 뒤따라야 한다.

역사 쓰기는 역사 읽기와는 다른 작업이지만, 별개로 진행되는 것이 아니라 서로 간에 자극을 주고 보완하는 과정이다. 비판적 역사 쓰기는 모든 역사적 진술을 비판적으로 읽는데 그치지 않고 스스로 사료에 기초하여 텍스트를 구축하는 것에 이르게 한다. 즉 역사적 사실에 대한 자기 자신의 사고와 인식을 적극적으로 표현하는 것이다. 텍스트에 담긴 역사 해석이 고정적인 것이 아니라 저자에 의해 선택된 하나의 산물이라면, 학생들 역시 자신이 전달하고자 하는 메시지가 내포된 다양한 글쓰기를 통해 새로운 지식의 창출에 참여할 수 있다. 쓰기가 아닌 읽기만을 가르치는 교육은 독서를 생산이 없는 소비로 축소시킨다.[74]

학생들이 글쓰기를 어렵다고 느끼는 것은 무엇보다 규칙을 따라야 한다고 생각하기 때문이다. 따라서 처음에는 역사를 소재로 하여 쓰인 다양한 글을 모방하는 글쓰기의 습작에서 시작하여 그 형식과 내용에 구애받지 않고 자유로운 글쓰기를 시도하게 한다. 저자가 드러난 글, 사료 및 이야기 형식의 텍스트도 학생들로 하여금 자신의 목소리와 해석을 주체적으로 표현하게 할 수 있다. 물론 자신의 관점을 구축하기 전에 텍스트에 함축되어 있는 저자의 주장을 읽고 그 한계를 인식하게 하는 것이 필요하다. 비교와 유추, 대조와 비판, 귀납적 글쓰기, 변증법적 글쓰기 등 논리적인 글쓰기를 위해서는 엄정한 사료비판의 방법과 명료한 논리 전개 기술 등도 함양해야 할 것이다.

역사는 확정된 진리가 아니라 하나의 해석이다. 역사 텍스트에는 저자의 역사인식과 관점이 포함되어 있다. 따라서 역사 읽기는 텍스트에 포함되어 있는 저자의 의도를 읽는 것에 그치지 않고 독자가 텍스트를 재해석하고 재구성할 것을 요청한다. 역사 교재를 읽는 학생들 역시 텍스트의 비판적 읽기를 통해 나름의 역사 지식을 구성하고 그것을 쓰기의 표현으로 생산할 수 있다. 그를 위해서는 역사교재로 사용되는 텍스트가 좀 더 다양한 서술 양식으로 쓰일 필요가 있다. 오로지 설명 형식을 통해 많은 정보를 제공해 주는 것은 학생들의 비판적 읽기와 쓰기에 별다른 도움이 되지 않는다. 오히려 학생들은 역사적 사실에 대한 고정된 관점을 갖게 됨으로써 비판적 사고가 어렵게 된다. 따라서 학생들의 다양한 해석을 요구하는 여러 유형의 텍스트 제시가 필요하며, 이러한 자료를 비판적으로 분석할 수 있는 경험과 훈련이 요구된다.

역사 교재에 대한 비판적 읽기를 통해 그것을 자기 것으로 만드는 '쓰기' 작업은 무엇보다 장기간의 학습과정을 필요로 하는 활동이다. 학생들이 주어진 역사 텍스트에 대한 이해를 자신의 내러티브로 구축하고, 저자의 관점을 근거를 들어 비판하거나 텍스트의 역사 지식이 구축된 컨텍스트까지 주목하기는 쉽지 않다. 그것은 텍스트 이해에 필요한 사전 지식, 텍스트 유형의 특성과 한계의 인지, 그리고 무엇보다 텍스트에 담긴 내용을 비판적으로 이해, 분석하여 자기 것으로 만들 것을 요구한다. 따라서 학생들에게 '작은 역사가'를 경험할 기회를 주기 위해서는 비판적 읽기 과정의 축적을 통해 나름의 역사를 기술하고 다시 써보게 하는 지속적인 지도와 관찰이 이루어져야 할 것이다.

7. 맺음말

스토리텔링의 부활 배경에는 내러티브 이론이 있다. 과거 내러티브는 흔히 아동들에게 친숙한 이분법적 구조를 가진 스토리였다. 그것은 과도한 단순화와 흥미 위주의 서술로 때로 역사적 사실을 왜곡하거나 역사가의 주관적 가치만을 드러내기도 했다. 하지만 오늘날 역사학은 그 문학적 상상력이라는 기원을 상실하였기 때문에 위기에 놓여 있다. 인간은 개인적으로, 사회적으로 이야기된 삶을 이끄는 이야기하는 유기체이다. 인간은 서사적 존재이며 이야기 속에서 살아간다. 왜냐하면 스토리는 인간경험의 기본 구조이자 인간생활의 의미를 구축하는 수단이기 때문이다. 즉 내러티브는 세계해석의 도구인 것이다. 내러티브는 역사서술의 보편적이고 전통적 양식이며, 트리벨리안의 말처럼

"역사의 불변의 본질은 이야기체(narrative)에 있다." 동시에 텍스트로서의 내러티브는 비판적 독자의 부활을 의미하여 그것은 역사서술양식으로서의 내러티브가 지닌 다양한[多聲的] 의미생성의 가능성을 암시한다.

과학적 역사에 대한 신뢰의 상실과 함께 '이야기로서의 역사'가 복원되면서 등장한 '새로운' 내러티브는 단순히 선악의 이분구도에 따라 영웅들의 무용담을 묘사한 신화적 이야기가 아니다. 그것은 역사지식의 상대성, 담론으로서의 역사텍스트, 그리고 해체적 읽기와 쓰기라는 내러티브 이론에 토대하고 있다. 역사서술 양식으로서의 내러티브는 설명적 텍스트에 대한 하나의 서술 대안이다. 내러티브 양식의 역사텍스트는 개념, 일반화, 이론, 설명의 대상이 아닌 이해, 해석, 판단, 의미부여의 대상으로 변모한다. 이는 '구조'에서 '인간'으로의 역사학의 중심이동과 그 궤를 같이하는 것이다.

내러티브적 역사서술은 설명적 텍스트에 비해 기술 양이 많다는 단점이 있지만, 그 교육적 활용은 무한한 가능성을 안고 있다. 내러티브 역사서술은 학생들에게 '읽히는' 글에 그치지 않고 학생들의 적극적인 사고와 개입을 유도함으로써 학생들의 역사이해 및 인지 능력을 함양할 수 있다. 다만 학생들이 내러티브 화자의 관점과 가치판단을 비판 없이 수용하거나 역사를 픽션과 같은 재미거리로 받아들이지 않도록 안내가 필요하다. 내러티브 역사 텍스트는 학생들의 '비판적 읽기와 쓰기'를 이끌어 낼 수 있는 유용한 서술양식이다.

■ 주석

1 양호환, 「내러티브의 특성과 역사학습에서의 활용」『사회과학교육』 2, 서울대학교 사회교육연구소, 1998.

2 김한종 · 이영효, 「비판적 역사 읽기와 역사 쓰기」『역사교육』 81, 2002.

3 김기봉, 「역사의 문학화와 문학의 역사화」『역사와 문화』 6, 2003.

4 헤이든 화이트(천형균 역), 『19세기 유럽의 역사적 상상력-메타역사』, 문학과 지성사, 1991, p.68.

5 Braudel, Fernand(trans. by Sarah Matthews), "The Situation of History in 1950", in *On History* (Chicago, 1980), p.11.

6 베네데토 크로체(이해완 역), 『크로체의 미학』, 예전사, 1994, p.44.

7 화이트, 『19세기 유럽의 역사적 상상력』, pp.439-513.

8 Lawrence Stone, "The Revival of Narrative: Reflection of a New Old Story", *Past and Present*, 1979, p.85.

9 Mink, Louis O., "Narrative Form as a Cognitive Instrument", in R. H. Canzry & H. Kozicki (eds.), *The Writing of History* (Madison: Univ. of Wisconsin Press, 1978), pp.143-47; Mink, "History and Fiction as Modes of Comprehension", in B. Fay, E. O. Golob, and R. T. Vann (eds.), *Historical Understanding* (Ithaca & London: Cornell Univ. Press, 1987), pp.42-60; Mink, "Narrative Form as a Cognitive Instrument", in Roberts(ed.), *The History and Narrative Reader*, pp.211-220.

10 Hayden White, *Tropics of Discourse: Essays in Cultural Criticism* (Baltimore & London: Johns Hopkins Univ. Press, 1978), pp.18-94; White, *The Content of the Form: Narrative Discourse and Historical Representation* (Baltimore & London: Johns Hopkins Univ. Press, 1987), p.45; 화이트, 『19세기 유럽의 역사적 상상력』, pp.23-25; White, "Historical Emplotment and the Problem of Truth", in Roberts(ed.), *The History and Narrative Reader*, pp.375-389.

11 White, *Tropics of Discourse*, p.117, p.129; White, *The Content of the Form*, pp.20-24.

12 Alex Callinicos, *Theories and Narratives: Reflections on the Philosophy of History* (Polity Press, 1995), pp.44-56.

13 화이트의 이러한 주장은 바르트(Roland Barthes)의 다음과 같은 언급을 연상시킨다. "내러티브는 '사실주의(realism)'가 아니다. 내러티브는 '표상'하지 않고 장면을 구성할 뿐이다. 내러티브는 보여주지도 모방하지도 않는다. 내러티브에서 '일어나는 것'은 실제의 관점에서 보면 '無'이다. '일어난 것'은 언어뿐이다." 롤랑 바르트(김희영 역), 『텍스트의 즐거움』, 동문선, 1997, p.115.

14 화이트, 『19세기 유럽의 역사적 상상력』, pp.35-43.

15 바르트, 『텍스트의 즐거움』, p.33.

16 F. R. Ankersmit, *Narrative Logic: A Semantic Analysis of the Historian's Language* (Boston, MA: M. Nijhoff, 1983); Ankersmit, "Hayden White's Appeal to the Historians", *History & Theory* 37(2), 1998, pp.182-193; Ankersmit, "Six Theses on Narrativist Philosophy of History", in Geoffrey Roberts(ed.), *The History and Narrative Reader* (New York: Routledge, 2001), pp.237-245.

17 Roberts(ed.), *The History and Narrative Reader*, p.11.

18 Paul Ricoeur (trans. by K. McLaughlin & David Pellauer), *Time and Narrative* (Chicago: Univ. of Chicago Press, 1984).

19 White, *The Content of the Form*, p.175, p.181.

20 Hans Kellner, "Narrativity in History: Post-structuralism and Since", *History and Theory* 26, 1987, pp.1-29.

21 Maurice Mandelbaum, "A Note on History as Narrative", in Roberts(ed.), *The History and Narrative Reader*, pp.52-58.

22 Chris Lorenz, "Can Histories be True? Narrativism, Positivism, and the 'Metaphorical Turn'", *History & Theory* 37(3), 1998, pp.309-329.

23 Roger Chartier(tran. by Lydia G. Cochrane), *On the Edge of the Cliff: History, Language, and Practices* (Baltimore & London: Johns Hopkins Univ. Press, 1997), pp.19-35.

24 David Hackett Fischer, *Historians' Fallacies: Toward a Logic of Historical Thought* (New York: Harper & Row, 1970), p.xii, p.131.

25 David Carr, *Time, Narrative, and History* (Bloomington, Indianapolis: Indiana Univ. Press, 1986), pp.1-17.

26 Perez Zagorin, "History, The Referent, and Narrative: Reflections on Postmodernism Now", *History & Theory* 38(1), 1999, pp.1-24.

27 W. H. Dray, "On the Nature and Role of Narrative in History", in Roberts(ed.), *The History and Narrative Reader*, pp.25-39.

28 화이트, 『19세기 유럽의 역사적 상상력』, p.17.

29 우한용 외, 『서사교육론』, 서울: 동아시아, 2001, pp.3-8, pp.104-111.

30 Lionel Gossman, *Between History and Literature* (Cambridge: Harvard Univ. Press, 1990), pp.244-256, 292-93.

31 내러티브를 스토리와 담론으로 구성된 것으로 보는 견해도 있다. 이때 스토리는 인물, 행위, 사건, 배경 등 내러티브의 내용을 구성하는 것들이고, 담론은 스토리 즉 내용을 나타내기 위한 표현, 진술을 말한다. Sigrun Gudmundsdottir, "The Narrative Nature of Pedagogical Content Knowledge", in H. McEwan & K. Egan (eds.), *Narrative in Teaching, Learning, and Research*. (New York: Teachers College Press, 1995), pp.24-38.

32 W. B. Gallie, "Narrative and Historical Understanding", in Roberts(ed.), *The History and Narrative Reader*, pp.40-51.

33 Robert F. Berkhofer, Jr., *Beyond the Great Story: History as Text and Discourse* (Cambridge & London: Harvard Univ. Press, 1995), pp.27-44.

34 M. C. Lemon, *The Discipline of History and the History of Thought* (London & New York, 1995), pp.42-79.

35 Francois Furet(trans. by Jonathan Mandelbaum), "From Narrative History to Problem-oriented History", in *In the Workshop of History* (Chicago, 1982), p.56.

36 이미미, 『역사가의 사고과정이 드러나는 서술의 특징과 교재개발 방향』, 서울대학교대학원 석사학위논문, 2000.

37 Davis, *The Return of Martin Guerre*.

38 Ginzburg, *The Cheese and the Worms*.

39 바르트, 『텍스트의 즐거움』, p.8.

40 Roland Barthes, "Introduction to the Structural Analysis of Narratives", *New Literary History* 16(2), 1975, pp.237-272.

41 바르트, 『텍스트의 즐거움』, pp.9-47.

42 곽차섭, 「역사, 소설, 미시사의 글쓰기」, 『역사와 문화』 6, 2003.

43 우한용 외, 『서사교육론』.

44 Philip W. Jackson, "On the Place of Narrative in Teaching", in McEwan & Egan (eds.), *Narrative in Teaching, Learning, and Research*, pp.3-23.

45 Isabel L. Beck, Margaret G. McKeown, and Jo Worthy, "Giving a Text Voice can Improve Students' Understanding", Reading Research Quarterly 30(2), 1995, pp.220-238.

46 Richard J. Paxton, "'Someone With Like a Life Wrote It': The Effects of a Visible author on High School History Students", *Journal of Educational Psychology* 89(2), 1997, pp.235-250.

47 최소옥, 『내러티브를 통한 중학생의 역사이해』, 서울대학교대학원 석사학위논문, 2000, pp.14-51.

48 윌스는 자신의 역사수업에서 중국 역사의 정치질서, 경제구조, 사회적 유동성, 과거제도, 유교 등 다양한 주제를 다루었지만, 학생들이 가장 흥미를 느낀 것은 태평천국의 난을 일으킨 홍수전(Hong Xiuquan)이라는 인물이었음을 밝히고 있다. 이후 그는 전기처럼 인물들의 삶을 다룬 역사 내러티브를 통해 과거 중국사회의 많은 면을 다루었다. 즉 그들이 어떤 정부체제 하에서 살았고, 사회에서의 지위는 어떠했고, 당시의 가족구조 및 계급구조, 그리고 종교와 철학 등이 어떠했는가를 그들의 삶의 경험과 함께 가르칠 수 있었다. John E. Wills, Jr., "Lives and Other Stories: Neglected Aspects of the Teacher's Art", *History Teacher* 26(1), 1992, pp.33-49.

49 Beck, et. al., "Giving a Text Voice can Improve Students' Understanding", pp.220-238; James F. Voss and Laurie Ney Silfies, "Learning From History Text: The Interaction of Knowledge and Comprehension Skill with Text Structure", *Cognition and Instruction* 14(1), 1996, pp.45-68.

50 Bruce Vansledright and Jere Brophy, "Storytelling, Imagination, and Fanciful Elaboration in Children's Historical Reconstructions", *American Educational Research Journal* 29(4), 1992, pp.837-859.

51 Jerome S. Bruner, *Acts of Meaning* (Cambridge, Mass.: Harvard Univ. Press, 1990).

52 김한종은 역사수업에서의 내러티브를 수업소재인 사료로서의 내러티브, 교사의 수업담론으로서의 내러티브, 교수내용지식으로서의 내러티브, 역사인식도구로서의 내러티브로 나누었다. 김한종, 「역사수업도구로서 내러티브의 구성 형식과 원리」, 『사회과교육학연구』 3, 한국사회과교육연구회, 1999.

53 정선영, 『과학적 역사설명논리와 역사교육에의 적용』, 서울대학교대학원 박사학위논문, 1993.

54 Isabel L. Beck, Margaret G. McKeown, Gale M. Sinatra, and Jane A. Loxterman, "Revising Social Studies Text from a Text-Processing Perspective: Evidence of Improved Comprehensibility", *Reading Research Quarterly* 26(3), 1991, pp.251-276.

55 Kieran Egan, *Teaching as Story Telling: An Alternative Approach to Teaching and Curriculum in the Elementary School* (Chicago: Univ. of Chicago Press, 1986), pp.26-38, p.115.

56 최소옥, 『내러티브를 통한 중학생의 역사이해』, 서울대학교대학원 석사학위논문, 2000, pp.24-32.

57 베르톨트 브레히트(김기선 역), 『서사극 이론』, 한마당, 1999.

58 William Cronon, "A Place for Stories: Nature, History and Narrative", in Roberts (ed.), *The History and Narrative Reader*, pp.409-434.

59 Paxton, "'Someone With Like a Life Wrote It'", pp.235-250.

60 Beck, et. al., "Giving a Text Voice can Improve Students' Understanding", pp.220-238.

61 Peter Seixas, "Schweigen! die Kinder! or, Does Postmodern History Have a Place in the Schools?" in Peter N. Stearns, Peter Seixas and Sam Wineburg(ed.), *Knowing, Teaching and Learning History: National and International Perspectives* (New York: New York Univ. Press, 2000), pp.19-23.

62 Ibid., pp.24-26.

63 J. Derrida(G. C. Spivak trans), *Of Grammatology* (Baltimore, MD: Johns Hopkns Univ. Press, 1976), p.14.

64 Sigrun Gudmunsdottir, "The Narrative Nature of Pedagogical Content Knowledge", in Hunter McEwan and Kieran Egan(eds.), *Narrative in Teaching, Learning, and*

Research (New York: Teachers College, Columbia University, 1995), pp.32-33.

65 롤랑 바르트(김화영 옮김), 『텍스트의 즐거움』, 동문선, 1999, pp.9-35.

66 위 책, p.47, p.92, p.105.

67 Donna E. Alvermann, "Narrative Approaches", *Reading Online* 4(5), Nov. 2000, pp.1-14.

68 Samuel S. Wineburg, *Historical Thinking and Other Unnatural Acts: Charting the Future of Teaching the Past -Critical Perspectives on the Past-* (Philadelphia: Temple Univ. Press, 2001).

69 텍스트나 역사텍스트를 구분하는 방식은 다양하다. 논리-과학적이며 보편적인 입증을 추구하는 패러다임 양식과 동화나 신화, 우화에서 볼 수 있듯이 맥락에 따른 개별적 해석을 추구하는 내러티브 양식으로 나누기도 한다(Jerome Bruner, "Narrative and Paradigmatic Modes of Thought", in Elliot Eisner(ed.), *Learning and Teaching the Way of Knowing, Part 2* (Chicago: The University of Chicago Press, 1985).

70 R. Paxton, " 'Someone Like a Life Wrote It': The Effects of a Visible Author on High School History Students", *Journal of Educational Psychology* 89(2), 1997, pp.239-242.

71 Tamara L. Jetton & Patricia A. Alexander, "Learning from Text: A Multidimensional and Developmental Perspective", *Reading Online* 5(1), July 2001, pp.1-12.

72 Samuel S. Wineburg, "On the Reading of Historical Text: Notes on the Breath between School and Academy", *American Educational Research Journal*, 28(3), Fall. 1991, pp.495-519.

73 Michael F. Graves, "Fostering High Levels of Reading and Learning in Secondary Students", *Reading Online*, 1999.

74 Seixas, "Schweigen! die Kinder!", pp.26-33.

2장

역사수업과 역사교실

4
탐구식 역사수업

1.

교수 모형은 교사가 교수행동을 이끌어 나가는 방침으로 교과내용을 조직하고 그것을 학생들에게 제시하는 구체적인 지침이 된다. 즉 교수모형은 교수 매체나 수업자료의 활용을 결정하는 기준으로서, 교육과정의 가장 구체적인 표현이며 궁극적인 시금석이라고 할 수 있다. 또한 교수모형은 교육 내용에 관한 교사 자신의 가치, 견해, 해석을 반영하며 수업의 내용과 과정을 결정하는 데 중요한 역할을 한다. 교수 모형은 교육 목표와 교육 내용의 종류만큼 다양할 수 있으며, 동일한 종류의 지식을 가르치는 데에도 여러 교수 모형이 있을 수 있다.

역사 수업에서도 새로운 교수원리와 교수모형을 개발하여 수업의 내용과 질을 향상시키기 위한 노력이 전개되어 왔다. 역사 교육 연구는 그 이론적인 배경의 차이에도 불구하고 역사 이해의 '과정'을 중시하는 탐구 양식의 학습을 강조했고, 학생들의 역사적 사고력, 비판력, 판단력 등 역사적 탐구 능력을 키워줄 수 있는 방안에 초점을 맞추어 왔다. 소위 '탐구로서의 역사(history as inquiry)' 이론에 영향을 받아 역사 교육은 역사학의 탐구 양식을 가르쳐야 한다고 보았다. 즉 교과 내용은 역사라는 학문의 개념, 구조, 방법론에서 도출되어야 하며, 학생들도 스스로 역사가가 되어 역사적 자료와 문서를 토대로 역사가가 사용하는 연구 방법을 적용하여 자신의 탐구를 추구해야 한다는 것이다.

그러나 '역사를 어떻게 가르칠 것인가'에 대한 연구들은 주로 규범적이고 당위적인 접근이 많았으며, 이론적 논의에 몰두하여 실제 현장에 적용할 수 있는 구체적인 수업 방법이나 학습 지도안을 제시한다거나 현장에서의 실험을 통해 그 효과를 검증하는 일을 병행하는 노력이 부족했다. 학교의 일선 교사들은 교육 이론가들의 연구가 학교 현장의 문제와는 동떨어진 것이라고 인식하고 자신이 처해 있는 교육 환경에 적응해 나가는 과정에서 경험으로 터득한 교수 방법을 공유해 왔는데, 그것은 주로 강의를 통한 '설명식' 교수법으로 일컬어졌다.

이 글은 역사 교수 모형을 크게 설명식과 탐구식으로 나누고, 역사 지식의 습득을 강조하는 수업 방식인 '설명식' 수업에 대한 대안으로 역사 교육 이론가들이 제시한 소위 '탐구식' 역사 교수 모형의 이론과 수업 전략을 살펴보고자 한다. 또한 탐구식 교수 원리에 대해 제기된 다양한 비판의 논지들을 검토해 봄으로써 탐구식 역사 수업의 현장 적용 가능성을 탐색해 보고자 한다.

2.

탐구식 역사 교수 이론은 전통적 역사 수업에 대한 문제인식에서 출발했다. 탐구식 수업 이론은 역사 지식을 잘 설명하는 것뿐만 아니라 지식 이해에 필요한 지적 기능을 스스로 터득하고 익히도록 돕는 것을 중시한다. 전통적 설명식 수업은 새로운 교과내용을 명확히 전달하기 위하여 역사적 사실들을 설명하는 교사 중심적인 수업으로, 교사는 수업 내용을 조정하고 결정하며 학생들의 활발한 참여나 사고 산출을 요구하는 부담을 주지 않는다. 학습은 주로 듣고, 반복하고, 외우는 것으로 구성되며 평가 문항도 이해나 사고 기능을 측정하기 보다는 구체적인 정보로서의 지식을 측정한다.

역사 교사는 대학의 교사 교육과정에서 배운 전문적인 역사 지식의 기초위에, 가르쳐야 할 실질적인 내용을 담고 있는 교과서를 학생의 학력에 맞추는 방향으로 해석하고 조종하여 가르친다. 교과서 내용 중에서도 학생이 알아야 할 역사적 지식의 경계와 수준을 정해 주고 교과서의 내용을 간결하게 압축하여 요약하거나 교사가 나름대로 정리한 논리 전개에 따라 설명한다. 소위 '잘' 가르치는 역사 교사는 학생들이 알아야 할 교과서 내용을 정확하게 지적해 줄 뿐만 아니라, 그 내용을 학생이 명확하고 쉽게 '이해'할 수 있도록 가르침으로써 이해를 통한 사실의 암기를 도와주는 교사이다.

반면 탐구식 수업에서 탐구는 어떤 의문이나 문제의 해결 방안을 찾아내기 위한 사고를 말한다. 탐구 수업은 학생들로 하여금 역사학자들이 사용하는 사고 과정(탐구 과정)을 익히게 하는데 교수 목적이 있으며, 그 최선의 방법은 바로 개념, 일반화, 원리와 같은 역사의 구조를 파악하는 것이다. 개념을 형성하고 더 보편적인 지식인 법칙과 이론을 추구하는 과정은 탐구 활동의 하나이며, 역사적 개념, 일반화, 구조의 이해를 강조하는 탐구식 교수 모형은 그 추구하는 지식의 유형 및 학습 과정이 설명식 모형과 다르다.

탐구식 수업은 사고하는 방법에 대해 체계적으로 숙지하도록 하여 합리적이고 분석적인 사고의 과정과 기능을 가르치는 것을 목표로 한다. 학생들이 스스로 탐구의 과정에 참여하여 결론을 도출해 낼 수 있도록 안내하는 것이다. '사고 과정'을 교육 과정의 핵심적인 요소로 하여 지적 탐구 과정의 가치실현을 목표로 교육 내용을 선정, 조직, 제시한다. 학습 내용 그 자체가 아니라 비판적 사고와 판단 능력 개발이 수업 목적으로 정의된다. 학생 스스로 학습 내용을 활용하고 학습 자료를 다룰 수 있는 능력을 기르도록 돕는다.

물론 탐구는 내용이 없는 상태에서는 일어날 수 없다. 역사 내용이나 자료는 문제를 야기하고 호기심을 일으키거나 학습자의 머리 속에 질문을 낳게 하는데 사용되며, 자료와 내용은 탐구 학습의 거의 모든 단계에서 끊임없이 이용된다. 탐구식 수업에 사용되는 내용의 종류가 설명식 수업에서 쓰이는 것들과 근본적으로 다르지는 않더라도, 탐구식 수업에서는 그러한 내용이 아주 다른 역할을 수행한다. 즉 학습 내용이 그 자체의 목적으로서 보다는 목표 달성을 위한 매개 수단으로서 활용되는 것이다. 역사 그 자체가 목적이 되어 내용을 아는 것이 학습 목표인 것이 아니라, 내용은 암기할 필요가 없으며 대신 다른 목표, 즉 개념이나 일반화의 도출, 탐구 기능 개발 또는 역사적 태도의 함양 등과 같은 목표를 달성하도록 하는 수단이 된다. 결국 탐구식 수업에서 역사 내용은 학습 과정을 인도하는데 활용되며 학습하는 도구로서의 역할을 담당하는 것이다.

학생들이 역사적 탐구 능력을 개발하는 것이 중요한 이유는, 역사 지식으로 통용되는 것의 대부분이 역사가의 해석이므로 학생들도 그를 인식하고 스스로의 역사 지식 창출을 위한 훈련이 필요하기 때문이다. 동일한 역사적 사건과 상황도 여러 관점에서 볼 수 있다는 점을 알게 하고, 학생 스스로의 사고력과 비판력을 강화하기 위한 것이다. 그렇다고 해서 학생들을 전문적인 역사가들로 만드는 것이 목적이 아니라, 가정을 세우고 자료를 수집하여 결론을 유출해 내는 문제해결 능력을 기르는 것이 목적이다. 이처럼 탐구식 수업은 스스로 지식을 형성하고 적용하며 평가할 수 있는 사고 능력 함양을 가장 중요하게 여긴다.

역사적 탐구 기술을 개발하는데 적절한 학습법은 1차 사료를 통한 사료학습으로서, 학생들이 역사적 증거를 다루는 기술을 향상하고 학생들 스스로의 해석과 결론을 발전시키게 할 뿐 아니라 여러 역사적 사실들과 요인들 사이의 관계를 볼 수 있게 한다. 학생들로 하여금 역사학의 독특한 논리와 방법을 이해하게 하고 역사적 사유 기술과 판단력을 배양한다. 교사의 역할은 단순한 내용 설명자가 아니라 학습의 계획자와 촉진자로서 역할한다. 역사 교사는 역사학자가 정의한 역사적 사실을 가르치는 지식 전달자가 아니라 직접 역사 자료를 연구하는 학자의 탐구적 자세를 가져야 한다. 교사는 교재 해석 작업을 하며 그것을 학생들에게 알아들을 수 있는 형태로 번역한다. 즉 탐구식 수업에서 교사가 하는 일은 교육 내용을 가르치는 일보다는 교육 내용에 관하여 학생들의 사고 과정을 이끄는 일이다.

탐구식 수업 전략은 모든 면에서 학습자 중심이며, 탐구는 학생 개개인의 적극적인 인지적 활동 뿐 아니라 정의적 참여가 함께 이루어지는 과정이다. 학생들은 탐구의 전 과정에 숙달하기 전까지 교사의 지도와 조정을 통해 자신의 탐구에 접근하기 위한 노력을 하게 되는데, 개인학습과 조사 및 토론에 상당한 시간을 써야 하고 이러한 탐구 과정을 통해 학습 동기와 흥미를 진작할 수 있다. 탐구식 수업은 학습 자체에 내재한 지적 희열을 자극하며, 역사적 사실의 가치와 의미를 탐구하게 하고, 역사적 사고의 개발과 함께 역사적 태도 및 올바른 가치관, 역사의식의 배양을 돕는다.

이처럼 내용에 대한 단순한 이해 이상의 수준에 도달하게 하는 탐구식 역사 수업은 역사에 대한 통찰력, 분석력, 판단력과 같은 사고 기능을 개발할 뿐 아니라, 개념 또는 일반화를 통한 보편적 지식을 습득하게 하고, 자신감, 성취 의식, 가치 명료화 등의 태도도 달성하게 한다. 즉 학생들로 하여금 일반화된 지식, 사고 기능, 가치와 태도의 발달을 동시적으로 이루게 하는데 적절한 방법이다.

3.

역사적 개념, 구조, 과정, 탐구의 학습을 통해 역사적 사고와 이해를 돕는 탐구식 역사수업에 대해 역사교육 현장의 반응은 회의적이었다. 특히 개념, 일반화, 이론 형태의 보편적 역사 지식을 가르치는 것이 기본적인 역사 사실의 학습보다 중요한가의 문제, 탐구식 역사 수업에서 추구하는 '역사적 사고력'의 구체적 개념과 그 함양 가능성에 관한 문제, 그리고 '내용'보다는 '과정'을 강조하는 탐구식 교수 이론의 문제점 등이 제기되었다.

탐구식 수업에서는 역사적 개념이나 일반화를 통한 보편적 지식을 추구한다. 하지만 역사학은 개체로서의 독특한 과거 사실들을 중시하고 이야기를 통한 과거 이해를 추구하며, 구체적인 사료나 증거가 부족한 틈을 메우기 위해 '상상적으로' 과거 사실을 재창조하여 구성하는 특성을 지닌다. 또한 역사연구 방법의 본질과 한계 때문에 일반화, 이론의 개발이 힘들고 개별 사실과 특정 사건의 기술에 치중하는 경향이 있다. 따라서 역사가들도 역사 지식에서 합당한 일반화를 이끌어 내거나 이론을 만드는 과정이 쉽지 않은데, 과연 학생들이 역사탐구 방법을 익혀 단순한 사실 이해 이상의 역사 지식을 창출할 수 있겠는가 하는 의문이 제기되었다. 역사라는 학문의 기저를 이루고 있는 기본 개념, 일반적 원리 및 아이디어 등의 구조를 파악하려는 시도는 학생들에게는 어려운 과정이라는 것이다. 또한 개념은 기본 사실들을 바탕으로 개발되는 것으로 구체적인 역사적 사실들을 모르고는 정확한 개념을 이해할 수 없다. 그러므로 개념 및 이론 지식을 추구하는 것과 사실적 지식 이해를 상반된 것으로 구별하는 것은 잘못이라는 비판이다.

사실 종래의 역사 수업이 과거 사실로서의 역사(history-as-facts)를 중시하고 역사 지식의 습득과 축적을 통한 과거 인식을 추구했다면, 일방적인 주입식의 지식교수 방식이 잘못된 것이지 역사 지식의 습득 자체가 틀린 것은 아니다. 역사가는 자신이 연구하는 대상인 과거 사회에 대해 가능하면 많이 알수록 도움이 되며, 학생들의 역사 학습에서도 사실적 역사 지식은 고도의 지식 체계를 형성하는 바탕이 되고 역사적 사유 기술의 배양에도 필수적인 도구이다. 역사 수업에서 단편적 역사 사실의 암기 학습은 극복되어야 하지만, 역사적 개념이나 일반화, 구조를 가르친다고 해서 체계적이고 전체적인 역사 지식 구성에서 차지하는 사실적 지식의 토대를 무시할 수 없다. 따라서 탐구학습은 사실적 역사지식의 중요성을 간과하는 것이 아니라, 역사적 사실을 단순히 암기해야 할 대상으로 보지 않고 사고를 통해 개념을 형성하고 새로운 일반화를 도출하기 위한 기본 요소로 본다. 역사적 사실 그 자체를 아는 것에서 그치지 않고 사실의 의미를 개념과 이론을 통해 추구하는 것이 바로 탐구이다.

한편, 탐구식 역사 수업에서 기르고자 하는 사고력의 정의와 그 실행 가능성에 대해서도 비판이 제기되었다. 역사적 사고는 상상적 이해, 감정이입, 직관 등의 능력뿐만 아니라 관련 사료를 분석, 조직하여 평가하고 결론을 도출하는 과학적 사고 능력도 포함한다. 하지만 역사의 내용이 현재와 전혀 다른 과거 시대 인물들의 복잡한 행동과 동기를 다루기 때문에 단순한 사실 이해도 쉽지 않은데 과연 복합적인 역사적 사고력까지 함양하는 일이 가능할 것인지 회의적인 시각도 있다.

그러나 역사적 사고는 특정 학습 내용인 역사를 소재로 하여 이루어지기 때문에 교과에서 얻은 지식은 사고의 요소가 될 뿐만 아니라 교과의 지식을 습득하는 자체가 사고의 일부일 수 있다. 다만 탐구식 역사 수업에서 겨냥하는 사고력은 지식 습득 능력뿐 아니라 얻어진 지식을 활용하여 문제를 발견하고 해결하는 능력이다. 물론 탐구 수업이 역사적 사고 능력과 과정을 중시하며 학생들도 역사가처럼 탐구할 것을 강조할 때 단순히 기술적인(technical) 능력으로 접근하는 방식은 문제이다. 역사적 사고 과정은 다른 학문의 탐구 과정과 다르므로 '지식의 형식'간의 차이를 무시하고 동일한 탐구 기술(skill)을 함양하려 하는 것은 무모하다. 역사 연구는 문제의 설정, 자료의 선택, 자료의 분석과 조직, 자료의 해석과 결론 도출의 모든 과정에 역사가나 연구자의 의식적, 무의식적인 편견이 작용한다. 역사가들은 과거의 사건에 대한 모든 정보를 다 알 수 없으며 그들이 다루는 역사 자료들의 내용은 서로 상충되기도 하기 때문에 각자의 관점과 시각에서 자료를 선택하고 판단하게 된다. 즉 역사가는 어쩔 수 없이 그의 시대, 인종, 신념, 계급, 국가의 산물이고 역사적 사실은 역사가라는 인간 정신의 산물이라 할 수 있으므로, 이러한 역사적 방법의 본질과 한계를 인식하고 역사적 사고를 정의해야 한다.

또한 학생들의 역사적 사고 발달을 돕는다고 하여 그들의 사고 발달 단계를 무시하고 역사가가 하는 동일한 과정을 실현하도록 요구하는 것은 맞지 않다. 학생들 스스로 '작은 역사가'가 되도록 동기를 부여하는 것은 중요하지만 역사가가 하는 일과 학생이 할 수 있는 일의 정도를 판별하는 것이 필요하다. 역사를 배우는 것은 역사를 하는 것과 다르며, 학생들의 학습 과정과 역사가의 연구 과정이 동일한 성질이라고 볼 수 없다. 역사 수업을 역사적 사고력을 함양하는 수단으로 치부해서는 안 되며, 사고력 함양은 역사 학습의 하나의 조건일 뿐이다. 역사의 가치는 학생들로 하여금 과거를 생각해보게 하는 교육적인 데 있으며, 가장 기본적인 역사교육의 가치는 과거 사회의 이해에 있다. 역사 내용의 의미를 무시하고 사실만을 가르치는 것도 문제지만, 탐구 과정이나 사고에 치중하여 역사가의 방법론이나 사료 활용에 지나치게 의존하는 것도 유의해야 한다. 그것은 역사 학습의 과정을 목적으로 설정하는 잘못을 범하는 것이다. 역사 탐구 기술을 습득하는 것은 역사 이해에 우선할 수 없다.

그러므로 탐구식 역사수업이 '내용'보다 '과정'을 중시함으로써 목적과 수단을 도치시킬 수 있다는 비판도 고려할 필요가 있다. 학문(역사)의 본질은 그 내용에 귀속되는데, 내용을 과정을 함양하는 부수적인 결과로 보는 것은 잘못이다. 탐구 기능을 가르친다는 교수 목표가 역사 그 자체로서의 내용 학습보다 우위에 있다고 보기 어렵다. 학생들의 탐구 기술은 상당한 역사 지식의 토대 위에서 작동하며, 역사가의 연구 방법을 학생들이 습득하게 하려고 1차 사료만 준다고 해서 탐구가 일어나는 것은 아니다. 사료를 다루는 수업이 교사가 사실들을 강의해 주는 수업보다 역사 이해를 더 보장하지도 않는다. 오히려 사료를 '역사적' 자료로 만들어 주는 것은 바로 그 사료에 대한 역사적 이해이다. 사료 학습을 위해서는 역사 자료에 대한 정보가 있어야 하며 사료의 배경이 되는 특정 시대와 사회의 상황에 대한 지식이 필요하다. 사료에 대한 의미 있는 질문을 하고 비판적인 판단을 하려면 과거 사회에 대한 사전 지식이 있어야 한다. 역사 사료를 활용하는 것을 배우는 것은 바로 역사 자료를 역사적 지식이라는 더 넓은 문맥 속에서 다루는 과정을 내포하기 때문이다.

역사를 비판적 사고의 배양이라는 목적을 위한 수단으로만 보고 역사 학습에 내재한 본질적 가치를 무시하는 것은 잘못이다. 역사적 지식은 적절한 탐구 기술을 사용함으로써만 확실히 얻어질 수 있으나, 탐구과정은 역사 내용과 분리될 수 없다. 탐구식 수업이 내용을 무시하고 과정만을 중시한다는 비판은 역사적 사실의 학습과 탐구가 동시에 일어난다는 점을 간과하고 있다. 탐구의 과정에서 가설을 검증하는 정보를 모으면서 사실 학습을 하며, 이 내용 학습은 사실 정보의 수동적인 흡수 이상의 것을 요구한다. 탐구의 과정에는 구체적인 내용 지식과 경험이 중요한 역할을 하기 때문에, 역사 탐구 과정을 강조하는 수업이 역사 지식을 중요시 않는다는 생각은 잘못된 것이다. 학생들이 스스로 '역사를 하는' 방법을 터득하게 하기 위해서는 역사 내용과 탐구 과정을 분리할 수 없다. 탐구 학습은 사실적 역사 지식을 간과하지 않으며 역사적 개념, 구조, 일반화를 도출하는 탐구 기술을 역사 내용의 이해와 함께 중시한다. 역사교육은 이야기(story)로서의 역사와 탐구(inquiry)로서의 역사 모두를 바탕으로 한다.

4.

역사적 사고력 함양을 위한 수업은 학습 내용에 대한 이해를 기초로 한다. 사고의 과정, 탐구의 과정은 곧 이해의 과정을 말하며 탐구와 발견의 목적도 이해에 있다. 이해는 단순한 암기에서 유래하는 것이 아니라 학습자 개인이 스스로 발견하고 만드는 의미 결정을 뜻한다. 이것이 바로 탐구와 사고의 목적이며 본질이다. 학자나 학생이 하는 활동은 똑같이 모종의 이해에 도달하려는 활동이며, 단지 그 차이는 지적 활동의 '종류'에 있는 것이 아니라 '수준'에 있다.

교수와 학습의 목적이 모두 역사 이해에 있다고 보았을 때, 탐구라는 것은 그 이해를 얻어 내는 과정이다. 역사적 사실, 사건, 상황 등을 단순히 암기하는 것이 아니라 탐구 과정을 통해 개념, 구조, 원리 등의 지식을 추구하며 그 의미를 이해하는 것이다. 그 과정에서 비판적 사고와 같은 탐구능력과 사고력이 증진된다. 역사라는 내용이 역사적 사고 혹은 탐구의 과정을 통해 학습자에게 의미를 갖게 되는, 다시 말해서 '유의미적 이해'가 곧 역사 수업의 바람직한 목표이다. 교사가 역사적 사실만을 기억할 수 있도록 가르치는 것과, 그 기억에 내재해 있는 가치(사실의 의미)를 실현하고자 노력하면서 가르치는 것은 차이가 있다. 사고 과정을 강조하는 탐구 수업도 본질상 '이해를 위한 교육'의 원리를 따르고 있다고 볼 수 있으며, 내용에 관한 학생들의 사고와 동시에 의미의 이해를 증진시키고자 한다.

탐구 과정은 그 자체가 역사 수업의 목적이 아니라 의미 있는 역사 내용의 이해를 위한 것이다. 학생들이 지적 탐구를 통해 스스로 발견해내는 활동을 할 때는 무엇이든지 탐구하고 발견하는 '내용'이 있으며, 탐구하고 발견하는 활동은 이 '내용'과의 관련을 떠나서는 의미를 가질 수 없다. 역사에 관한 정보나 지식은 역사적 사실에 관한 가설을 만들고 그것에 올바른 근거를 제시하는 데 도움이 될 때 의미가 있으며, 모든 역사적 사건들을 다 외우더라도 의미 있는 해석과 관점을 갖지 못하면 무의미하다.

'유의미한 이해'를 중시하는 역사 수업은 학습에 대한 만족과 재미를 증진한다. 학생들로 하여금 스스로 역사적 사실의 의미를 보도록 함으로써 학습의 내적 동기를 유발한다. 학생들은 탐구의 과정을 통해 학습 내용을 이해함으로써 '지적인 희열' 또는 '발견의 희열'을 느낄 수 있다. 역사적 사실의 개별적인 열거가 아닌 의미 있는 연관된 이해를 도모할 때 학생들은 역사 내용에 호기심이나 관심을 갖고 내재적이고 자발적인 학습 동기를 갖게 된다. 사실과 해석(의견)간의 상호 관계를 파악하여 과거를 의미 있게 보게 됨으로써 학생들은 학습 내용이 이해할 가치가 있다고 판단하게 된다.

흔히 학습자의 '흥미'와 '필요'를 강조하지만 흥미는 필요와 그 성격을 근본적으로 달리한다. 흥미라는 것은 내재적 개념으로서, 외재적 가치를 전제로 하는 필요와 구분된다. 어떤 일에 흥미를 갖기 위해서는 그 일이 어떤 종류의 일이며 그 일속에 어떤 가치가 내재해 있는가를 알아야 한다. 학생들의 흥미는 교과와 무관한 것이 아니라, 교과를 '목적 있는 활동'과 관련지을 수 있을 때 생긴다. '내재적인 학습 동기' 또는 '교과에 관한 내재적 흥미'를 강조하며 교과의 내재적 가치를 가르치는 것은 학습자의 이해를 존중하는 것이며 학습의 재미와 흥미를 북돋아주는 것이다.

또한 외형적 수업 형태가 탐구수업과 설명식 수업을 구분하는 기준은 아니다. 탐구 수업은 역사적 사고력을 통한 탐구의 과정을 통해 역사적 내용의 의미를 파악하고 이해하는 것을 중시한다. 즉 탐구 수업은 교수의 원리와 추구하는 목표가 설명식과 다른 것이며, 탐구는 교사의 강의가 주가 되는 수업(교사와 학생간의 문답을 내포한)에서도 가능하다. 탐구 수업은 수업의 외적 특징을 가리키는 것이 아니라 지식을 가르치는 방법상의 원리를 의미한다. 따라서 수업의 형태와 구성도 중요하지만 지식을 제시하고 처리하는 방식이 어떻게 학생들의 사고를 자극하고 탐구를 유도하는지가 더 중요하다.

5.

설명식 수업은 지식 전달에는 효과적이지만 사고 능력이나 역사적 태도 함양에는 부적합한 방식으로 비판받아 왔다. 대신 '산물'로서의 지식보다 '과정'으로서의 지식이 강조되고, '사실'보다는 '탐구'를 중시하는 역사 교육을 중시했다. 역사적 사실의 이해보다 사료의 탐구를 통한 사고력 개발을 강조했다.

그러나 역사 수업의 기본 목적은 역사의 이해, 과거의 재구성에 있으며 역사학은 과거, 현재, 우리 자신에 대한 지식과 그를 얻는 방법을 제공한다. 역사 교육의 문제는 과거 사회를 이해하기 위해 역사 지식을 가르치려 한 데서 기인하는 것이 아니라 많은 양의 역사적 사실들을 무비판적으로 습득할 것을 요구한 데 있었다. 역사 교육이 역사적 사고력이나 역사의식을 함양하는데 실패했다고 해서 역사 지식 교육 자체를 부정하는 것은 잘못이다. 역사적 능력과 태도 및 관점을 키우는 데 실패했다면 그것은 역사 교과를 가르치는 방법에 원인이 있다.

개념이나 일반화 형태의 지식을 추구하고 탐구 기능을 함양한다는 것이 사실 지식의 습득과 완전히 배치되는 것은 아니다. 다만 1차적 지식으로서 역사 사실의 단순한 설명에 그치기보다는 개념, 일반화, 이론의 창출을 꾀하여 사실을 의미 있게 이해하는 것을 돕고, 그처럼 의미 있는 역사 지식을 산출하는 탐구의 과정을 학습함으로써 역사적 사고 기능을 발달시킴과 동시에 역사의식과 태도의 발달을 함양한다는 것이다. 일반화된 지식체계를 형성하거나 탐구의 과정을 실행하는 모든 단계에는 사실적 역사 지식에 대한 이해가 기본적으로 필요하며, '과정'을 중시한다고 해서 '내용'을 무시해도 된다는 인식은 잘못된 것이다.

5

교실 역사지식의 내용과 형식

1. 머리말

제도적 교육기관으로서의 학교가 한 사회구조속에서 어떤 기능과 역할을 수행하느냐에 대하여 많은 학자들의 논란이 있어왔다. 학교의 사회체제 통합적 기능을 강조한 파슨스(T. Parsons)는, 귀속된 지위가 아닌 성취된 지위를 결정하는 사회적 선발 기능과 사회화 기능을 지적했다. 그는, 성취정도에 의해 학생의 지위가 분화되며 학생들로 하여금 성취를 가치있게 여기고 성취에 따른 분화를 기회의 평등원리로 인식하게 함으로써 사회적 가치와 규범을 내면화시키는 곳이 바로 학교라고 했다. 따라서 학교는 유기체적인 사회구조의 한 부분으로서 그 균형과 존속을 위해 기능한다는 것이다.[1]

이러한 기능주의적 시각과는 달리 보울즈(S. Bowles)와 진티스(H. Gintis)는, 자본주의 사회의 교육을 지배계급의 이해관계를 유지하는 도구로 보는 경제적 재생산론을 주장했다. 즉 학교교육은 자본주의 경제구조에 대응하여 경제구조 및 계급관계 구조의 재생산에 기여함으로써 자본주의적 질서를 유지하고 존속시킨다는 것이다. 학교의 지배적 기능은 교육적인 것이라기보다 경제적인 것이며, 학교는 제도에 대한 종속과 제도에 의한 위계화를 받아들이는 순종적이고 계층화된 노동력을 사회에 공급한다고 보았다. 이들은 자본주의 사회에서의 교육이 생산과정에서 요구되는 지배-복종적 인간관계를 재생산하는 장치로 이용된다고 주장했다. 학교체제는 학생들이 자신의 계급지위를 받아들이도록 가르치며 그를 합리화함으로써 사회적 불평등을 강화하고 계급구조를 재생산하는데 공헌한다는 것이다.[2] 이러한 경제결정론 또는 구조결정론적 시각은 교육을 수동적인 도구적 개념으로 규정하는 점에서 기능주의 시각과 다르지 않았다.

한편 부르디외(P. Bourdieu)와 번스타인(B. Bernstein) 등은 알뛰세(L. Althusser)의 국가론을 배경으로 하여 문화재생산론을 주장했다. 이들은 단순한 경제환원론을 지양하고, 교육이 물질적 토대로부터 영향을 받기는 하지만 직접적으로 연결되어 있는 것은 아니라고 보고 교육을 주로 이데올로기의 영역과 관련지어 논의했다.[3] 알뛰세가 학교를 억압적 국가기구의 후원 아래 부르조아적 가치들을 전파하여 계급모순을 은폐하고 계급관계의 재생산을 도모하는 가장 지배적인 이데올로기적 국가기구로 파악한 것처럼,[4] 부르디외는 학교가 지배집단에 의해 '임의로' 선택된 지배집단의 문화를 객관적인 것으로 규정하고 가르침으로써 지배집단의 문화자본(cultural capital)을 정당화하고 그 분배구조를 재생산하여 곧 사회구조의 재생산에 기여하고 있다고 보았다. 즉 교육이 자본주의 국가를 정당화해 주는 이데올로기적 기능을 담당하고 있다는 것이다. 따라서 학교지식의 교수는 지배와 억압의 사회 문화적 재생산에 공헌하고, 임의의 권력에 의해 임의의 문화가 부과된다는 점에서 상징적 폭력행위이며, 이 점에서 학교체제는 물리적 폭력을 합법적으로 사용하는 독점체인 국가와 동일하다는 것이다. 이처럼 문화재생산론은 교육의 표면적 자율성이 학교를 중립적인 기관으로 인식시키고 지배계급이 소유하고 있는 언어적, 문화적 특성(문화자본)만을 보상하는 학교의 역할을 인식하지 못하게 함으로써 현 지배체제의 재생산을 보다 효과적으로 이루어지도록 한다고 보았다.[5]

하지만 이러한 재생산이론은 교사와 학생들을 구조적 불평등의 희생자들로만 보는 지나친 구조적 결정론이라는 비판이 제기되었다.[6] 특히 교육의 종속적 역할에 대한 자신들의 초기 입장을 수정한 보울즈와 진티스는, 사회구조는 토대-상부구조라는 결정적 도식으로만 파악될 수 없으며 학교교육과 사회구조간의 관계는 한층 복잡하고 미묘한 것이라고 했다. 학교교육은 단순히 경제구조의 재생산 기능만을 수행하는 것이 아니며, 교육체제는 국가의 하위영역이지만 국가와는 근본적으로 다른 자율적인 내적 조직 및 참여의 원리를 가지고 있다는 것이다.[7] 애플(M. Apple)도 역시 학교교육은 기본적으로 불평등 창출 기제이며 학교가 불평등 구조에 맞게 학생들을 선발, 준비시켜 계급관계를 재생산하는 역할을 수행하고 있음에도 불구하고, 교육기회는 자본이나 고용 기회보다는 더 평등하게 분배되고 있으며 경제나 여타 사회 제도보다 상대적으로 더 평등한 결과를 산출한다고 했다.[8] 교육체제는 단순히 지배계급의 요구를 충족시키는 도구라기 보다는 지식과 이데올로기의 생산에 관한 갈등과 타협의 장이며, 학교교육은 평등, 자유, 인권 등을 증진시키기 위해 노력하는 한편 불평등, 편견, 권위, 복종을 정당화하는데 기여하는, 진보적이며 동시에 재생산적인 이중적 역할을 한다는 것이다. 즉 학교교육은 현존하는 불평등관계를 재생산하고 있으며 동시에 그러한 경향과 모순된다고 보았다.[9]

또한 교육의 보편성, 자율성의 표상이 되는 지식교육이 사실은 지배계급의 이데올로기를 전달하는 편향된 교육에 불과하다는 문화재생산론에 대해서, 그러한 관점은 "위장된 지배 이데올로기에 불과한 지식의 덩어리를 수동적으로 받아들여서 전달하는 '지식소비'의 관점에 치우쳐 있어서, 학교가 지식생산의 장소일 수 있다는 가능성을 간과하고 있다"는 점이 지적되었다.[10] 학교가 생산해 낼 수 있는 지식에는 지배 이데올로기의 모순을 인식할 수 있는 비판적 의식의 창출이 포함되며 학생들은 학교에서 지식을 배우는 동안 동시에 합리적 능력이 고양된다는 것이다. 교사는 오로지 지배 이데올로기만을 전파하고 주입하는 사람이 아니며 지식탐구의 논리에 맞게 교과내용을 가르칠 수 있는 자율성을 갖고 있기 때문에, 만일 교사가 올바로 가르치고자 한다면 지식의 이데올로기적 성격을 폭로하게 될 것이며 그렇게 되면 그 지배 이데올로기는 더 이상 '지식'으로 제시될 수 없게 된다. 또한 지식의 교수를 그 본질로 삼고 있는 교육은 지식에 내재해 있는 합리성이라는 지식의 성격에 의해서도 자율성을 가질 수 있으며, 교육은 그 내용의 보편성과 객관성을 확보하려고 노력한다는 것이다.[11] 이처럼 교육체제의 독자적인 자율성을 추구하고 교실의 지배구조에 도전하는 교수 행위는 '반(反)헤게모니적'인 교수로 일컬어졌다.[12]

여기서 우리는 교육제도와 현장의 기능을 기술하고 비판하는 것은 교육자체만의 문제가 아닌 다른 사회요소와의 관계를 분석하는 것임을 알 수 있다. 교육과정(교육내용과 방법)은 사회적 조건과의 관련속에서 탐구될 수 있으며, 소위 '객관적 기준으로 정의된 교수능력'이라는 교사의 '교수기술' 개념도 근본적으로 사회적 개념이다. 표준화된 교과서, 표준화된 교사평가 및 학생평가, 교직에 대한 행정가와 정부관료의 간여와 지시 등은 교육과정과 권력사이의 연관성을 나타낸다.[13] 따라서 교사와 교과서, 교수과정에 관한 질문은 사회의 이데올로기적, 정치적, 경제적 관계에 관한 분석과 연관된다. 교실연구도 단순히 외적인 교수모델보다는 기존의 교실상황에서 다루어지는 지식 및 사고의 형식과 수준, 그리고 교수 형식과 실행에 대한 구조적 분석을 구축해야 한다. 특히 교실체계가 어떻게 작동하며 그런 환경에서 교과가 어떻게 대변되고 실행되는가에 대한 이해가 필요하며, 교실수업의 상호작용 구조속에서 교실의 감추어진 문화적 의미와 요구를 드러내는 작업도 중요할 것이다.[14]

이 연구는 먼저 학교지식의 개념과 그 기능에 대한 종래의 연구를 고찰해보고, 학교 현장에서 어떤 종류의 지식이 선정, 조직되어 어떤 방식으로 제시되고 있는가를 특히 역사 교실의 내부적인 역동과정을 통해 검토함으로써 역사지식의 내용과 형식 및 그 기능을 분석하고자 한다. 즉 역사교과의 새로운 정보가 어떻게 학생들에게 소개되는가, 교사들은 교과주제를 어떻게 학생들의 지식과 연결시키고 학문 개념을 이해시키며 그들의 인지수준을 향상시키는가 등을 살펴볼 것이다. 따라서 이 연구의 목적은, 먼저 '역사교실에서 무엇이 일어나고 있는가'를 기술, 묘사하는 것이며, 둘째 '그것은 무엇을 의미하는가'에 대한 분석적인 질문을 제기하는 것이고, 세째는 '그것이 어떻게 설명되고 이해될 수 있는가'에 대한 이론적 해답을 제시하는 것이다. 이것은 구체적인 교실 현장에서 교육의 기능이 문화적 재생산의 단면을 증거하는지 아니면 지식의 합리성에 기반한 자율성을 드러내는지를 살펴보는 데 유용할 것이다.

2. 학교지식의 개념과 기능

인간의 사고와 지식의 '존재구속성'에 기반하여 사고구조와 사회구조의 상관관계를 추적하는 학문인 지식사회학에서는, 인간의 사고와 의식은 그 사회집단의 상황, 장소, 시간에 대하여 특정적이라고 본다.

사람들은 자기가 속한 집단의 사고유형을 따라 사고하거나 때로는 다른 집단의 그것과 대립하여 사고하게 되므로 사고는 본질적으로 집단적이며 사회적인 활동이라는 것이다. 따라서 사고 및 지식의 형성과정은 그 사회적 조건과의 관계속에서 '유의미한 본질'을 파악할 수 있다고 본다. 학교에서 가르쳐지는 지식과 사고체계도 역시, 그 관념이나 지식체계를 떠받치고 있는 사회적, 역사적 맥락과의 관계를 통해 어떤 의미를 함축하고 있는가가 검토되어야 한다. 또한 지식은 제도화, 합리화, 내면화 과정을 거쳐 규범적 질서를 창출하고 사회적 통제에 공헌하므로, 지식이 형성되는 과정 및 그것의 분배와 합리화 과정, 즉 지식이 어떻게 보존되고 확장되고 억압되고 또는 부활되는가 하는 경로들을 기술하고 분석하는 것이 중요하다는 것이다.[15]

이처럼 교육과정에 대한 비판적이고 해석적인 관점을 중시하는 학자들은, 학교에서 명시적으로 혹은 묵시적으로 다루는 교육내용이나 지식을 주어진 것으로 받아들이기 보다는 학교에서는 무엇을 지식(아는 것)으로 간주하며 그 교육과정에 내재된 가치체계는 무엇인가를 분석한다. 즉 교육제도가 사람뿐 아니라 지식도 '처리하고' 있다는 인식하에 학교지식이 특정 집단에 유리하게 규정되거나 조직되어 있지 않은가 하는 점등을 고찰한다. 부르디외는, 역사적으로 보아 사회성원들에게 강요되는 이념이나 규범은 사실상은 지배계급의 이익을 유지하려는 데에 그 주요한 의도가 있었다고 주장했다. 역사적으로 '참된 지식'과 '옳은 문화'는 귀족적인 것이었고 그들의 고급문화가 더 가치있고 보편적인 것으로 여겨졌다고 하면서, 학교제도는 무엇이 사회적으로 가치있는 지식인지를 정의해줄 뿐만 아니라 단편적인 정보의 습득을 넘어 지배적인 가치를 따르는 성향 또는 '습성'을 가지도록 한다고 보았다. 결국 학교는 권력을 가진 자들이 가장 가치있는 것으로 규정한 문화자본을 전수하여 그들의 정의대로 세상을 보게하는 대중 사회화의 도구로서 역할한다는 것이다.[16]

영(M. F. D. Young)도, 지식의 정의는 '가치로운' 지식을 규정할 수 있는 힘을 가진 권력 집단에 의해 이루어지며 그것은 교육적 성공을 결정하고 곧 계급구조의 형성에 공헌한다고 보았다. '가치로운' 지식의 소유자는 명예로운 사회적 평가를 받고 일종의 '재산'으로서 자신들만의 것인 것처럼 보호하는 지식 '소유권'을 갖게 된다. 따라서 집단에 따라 지식에 접근할 수 있는 가능성이 제한되고, 그것에 접근할 수 있는 사람들은 자신들의 지위를 정당화하고 지식의 이용가능성을 통제한다. 교육제도 및 학교 교육과정은 바로 그 지식을 처리하는 곳이며 지식을 '사회적으로 분배하는' 메카니즘이다. 영은 이러한 과정을 '지식의 계층화(stratification of knowledge)'라고 명명하면서, 교육과정 및 지식의 내용, 조직, 배분은 그것에 관련된 지배적인 이해집단의 가치와 이해관계의 변화에 의해 영향을 받으며 그 지배집단의 가치와 권력을 유지하는데 기여한다고 보았다. 따라서 그는 학교지식이 선택되고 조직되는 원리는 학교나 교실뿐 아니라 거시적인 사회구조와 관련시켜 이해해야 한다고 주장했다.[17]

케디(N. Keddie)는 지식의 계층화와 분배라는 관점에서 실제 영국 중등학교의 역사 및 사회과 교실에서 가르쳐지는 지식을 분석했다. 그녀는 교사가 학생의 능력과 사회계급이라는 범주에 따라 학생을 구분하여 지각하고 그 판단에 따라 지식을 위계적인 범주로 나누어 달리 분배하며 학생들의 의견이나 질문에 대한 반응도 달리한다는 것을 발견했다. 즉 교사는 학생들이 접근하는 지식을 분류하여 분배함으로써 교실에서의 지식 분배가 바로 학교밖의 사회적 권력 분배구조를 반영하고 있다는 것이다. 교사가 교과에 대해서 알고있는 '지식'뿐만 아니라 학생에 대해서 알고 있는 '지식'도 학급에서 지식으로 간주되는 것을 조직하고 평가하는데 작용하는 변인들이었던 것이다. 또한 교실에서는 교사와 학생간의 권력이 불균등하게 분배되어 있기때문에 학생들은 무엇이 지식으로 간주되고 문제가 되는가에 대한 교사의 정의를 받아들여야만 했다고 했다.[18]

한편, 맥닐(L. McNeil)은 교실에서 가르쳐지는 지식의 '내용'이 아니라 지식의 '형식'이 사회 통제와 재생산에 기여한다고 주장했다. 또한 지식을 전수하는 방법과 형태는 지식 그 자체에 영향을 주며 결과적으로 학생의 지식에 대한 인식에도 영향을 미친다고 보았다. 미국의 고등학교 사회과 수업을 관찰한 그녀에 의하면, 교사는 단편화(fragmentation), 신비화(mystification), 생략(omission), 방어적 단순화(defensive simplification)라는 방식으로 지식을 통제한다. 먼저 교사들은 지식을 전달하는 가장 지배적인 방식으로, 중요하게 생각하는 정보를 '단편화'하여 제시함으로써 시간을 효과적으로 이용하고 그리고 교과내용을 엄격한 '사실'로 보이게 하여 토론과 반대의견을 막는다. 둘째로, 교사들은 복잡하고 난해한 주제는 매우 중요하지만 알기 힘든 것처럼 보이게 하는 '신비화' 방식을 사용하여, 그 용어나 주제를 설명하지는 못하면서 그 가치를 내면화시킨다. 세째, 역사교사들은 현대사나 시사문제 혹은 논쟁의 여지가 있는 주제를 '역사가들이 아직 의견일치를 보지 못한' 혹은 '가벼운' 주제들이라고 간주하여 생략한다. 네째, 교사들은 학생들의 관심이 결여되어 있거나 학생들의 능력이 모자란다고 여겼을 때, 내용이 별로 어렵지 않고 또 깊이 들어가지 않을 것이라고 약속하여 학생들의 불평을 제거하는 방식을 사용한다. 즉 학생들의 저항을 줄이기 위한 타협으로서 '방어적'으로 내용을 간단히 단순화하여 설명하고 개요만 말해주는 형태이다.[19]

이러한 지식의 생략이나 단편화는 학생들로 하여금 사회를 '전체'로 이해할 기회를 박탈함으로써 사회통제를 효과적으로 수행하는 장치로 역할한다. 신비화는 학생들이 스스로 지식을 추구하지 못하고 외부에서 제공되는 정보에 의존하는 태도를 가지게 하여 '고객'과 같은 태도를 심어준다. 단순화 전략은 교사간의 차이나 학생들의 능력 차이와 상관없이 널리 행해지며, 교수내용을 가장 사소하고 논쟁의 여지가 없는 수준으로 환원시키는 위력을 가지고 있다.[20] 하지만 무엇보다도 맥닐은 이러한 지식의 형식이 교사의 사상이나 교육관의 반영이 아니라 학급의 질서와 규율을 유지하기 위함이라는 데 주목했다. 교사들이 교과내용을 단순화하는 지식 통제방식을 쓰는 것은 지식을 선택적으로 분배하려는 것이 아니라 '학생과 학급을 통제하려는' 것이며 자신의 권위와 학급 효율성을 유지하기 위함이라는 것이다. 교사들은 교실에서 질서라는 목표를 지키는 것이 제도적 압력으로부터 자신을 보호하는 유일한 길이라고 정당화하면서 그 목표를 강화한다. 즉, 교사들의 학생통제 방식은 교수(敎授)와 질서유지라는 상반된 목표를 합리화하는 방식으로 이루어진다. 맥닐은 이것을 교사처우에 적절한 이상의 노력과 수고를 하지 않으려는 교사들의 저항의 표현으로 보았으며, 한편으로는 교사들이 거대한 제도속에서의 소외와 통제력 상실에 대한 대응으로 학급을 지배하는 것이라고도 해석했다.[21]

여기서 맥닐은 학교가 지식을 계층화하고 통제하여 지배적인 문화를 중개하는 방식은 전혀 직접적이지 않으며 매우 미묘한 방식으로 이루어진다는 것을 지적한다. 교사들은 케디가 영국의 교실에서 발견했듯이 학생의 능력과 사회계급의 범주에 따라 지식을 위계적으로 분배하지 않으며 계급적 불평등을 의도적으로 강화하지도 않는다. 하지만 교사들이 사용하는 교수전략이 '질서'와 '효율성'이라는 가치에 의한 교수모형을 실현하고 있으며 그러한 문화형식의 매개가 바로 지배와 억압의 '문화적 재생산'에 기여한다는 것이다.[22] 그렇다면 우리나라의 역사교실 현장에서는 역사 지식이 어떻게 정의되고 있으며 그 형식과 내용은 어떠한 기능을 수행하고 있는가? 현장의 교수과정을 이끄는 핵심이념은 과연 '교실통제'일까? 다음 장에서는 교실에서의 역사 교수 과정을 통해 교육의 기능 그리고 지식의 기능이 드러나는 양상을 고찰해 보기로 한다.

3. 교실에서의 역사지식

1) 교실통제와 교실지식

학급통제의 시각에서 보면 교실은 다양한 능력과 관심을 가진 학생들이 조직되고 지시받아야 할 복잡한 곳이다. 교실통제와 질서는 학생들의 배치와 교실내의 의사소통을 포함한 교실 활동에 달려있으며, 교실 활동은 특정한 방식으로 학생들을 유도하고 교실장면(events)들에 방향을 제공하는 독특한 행동구조를 말한다. 많은 교수기술이 바로 교실통제(classroom management)의 영역에서 생겨났으며, 학습에 방해가 되는 행동을 하는 학생이나 그러한 교수상황을 어떻게 다스릴 것인가에 대한 방안들이 제시되어 왔다. 도일(W. Doyle)에 의하면, 교사들은 학생들의 행동에 따라 다른 유형의 교실 통제를 사용하는데 소위 '성공적인 교실'을 운영하는 교사들은 질서를 세우기 위해 단순화(simplicity), 익숙화(familiarity), 반복(routinization)이라는 세가지 기본적인 전략을 사용한다고 한다. 먼저, 학생들에게 매우 단순한 조직구조를 가진 교실활동 즉 전체학생 대상의 강의와 좌석활동 등을 시작하고, 다음에도 똑같은 활동형태를 반복하여 학생들이 그 절차에 익숙해지도록 하며, 그러한 활동의 반복을 통해 학생들이 정상적인 교실활동의 순서를 알고 교수를 방해하는 행동을 덜하게 함으로써 교실질서를 유지하는 것을 돕는다는 것이다. 또한 학습과제도 교과서 등의 예시자료를 활용하여 해결할 수 있는 간단한 유형을 제시하는데, 그것은 상황을 해석하거나 절차나 법칙의 적용 및 문제해결을 요구하는 학습과제를 부과하면 교실활동이 순조롭지 못하고 느려지고 흩어지게 되어 교실장면들을 조정해야하는 교사의 업무를 복잡하게 하기 때문이다. 따라서 교실질서의 측면에서 보면, 교실상황과 교실행동이 느슨하게 조직될수록 또는 학생들의 선택과 유동성이 많고 교실 장면이 복잡할수록 교수에 부적절한 행동이 일어날 확률이 높으며 외적인 교사의 통제행동이 더 많이 필요하게 된다.[23]

그러나 교실에서의 교수원리는 '교실통제'만이 아니라 복합적인 상황논리의 영향을 받는다. 교수(敎授)는 복잡한 교실 환경에서 특정한 교과내용을 해석하고 실행하는 과정이며 교사의 지식은 교과지식과 교수상황에 특정적이다. 교실에서는 기본적으로 여러개의 장면들이 동시에 일어나며 교사들은 그러한 교실상황을 해석하고 교실장면의 방향을 예측해야 한다. 따라서 교사가 교과내용 및 교수행동 등에 대해 알고 있는 것, 즉 '교실지식(classroom knowledge)'은 그들이 교실에서 경험해 온 특정한 장면들과 연결되어 있는 장면구조적(event-structured)인 것이며 다시 말해서 사례지식(case knowledge)이다. 교사지식의 조직에 있어서 중요한 장면들은 특정한 단원내용과 관련된 교과적인 것이며 흔히 '교과 극본(curriculum scripts)'이라고 불리는 것이다. 교실 장면들이 교사들의 지식이 축적되는 형식이라면, 교수에 있어서의 사례들은 단순히 그것이 교실상황의 복합성을 전해

주어서가 아니라 그것이 바로 교사의 의미가 축적되고 전달되고 새로운 상황에 적용되는 형식이기 때문에 중요하다.[24] 교수는 이처럼 여러 가지 가능한 교실상황에 대한 지식과 교과지식을 토대로 하는 인지활동이므로, 어떤 특정한 교수기술도 교실에 대한 기본적인 이해가 없이는 무용하며 모든 교수상황에 공통적으로 적용될 수 있는 '만능' 교수법이란 있을 수 없다.

교실현장에서의 교수 기술의 다양성은, 교직 준비과정에 있어서의 전문교육의 취약성과 교사의 사회화과정이 지닌 개인주의적 속성에서 비롯된 것이기도 한다. 예비 교사들은 교수기술에 대해서 체계적인 충분한 교육을 받지 못하며 너무 이론적이고 실제 학습의 상황과 동떨어진 교수이론을 배운다. 따라서 각기 자신의 개인적 경험이나 개성에 맞는 교수법을 실천하는데 무의식중에 이전에 자신을 가르쳤던 교사들의 교수법에 영향을 받는다. 또한 교직은 기본적으로 위계체계의 영향력이 상당히 제한되어 있어 교사들은 자신의 수업을 스스로 관리하며 자신을 학급을 관리하는 핵심적 인물로 생각한다. 교사들은 공식적인 감독체계보다는 동료들끼리의 비공식적인 상호교환을 더 중시하지만, 교사상호간의 영향도 교사에 따라 각기 다르며 동료들의 생각을 선택적으로 수용하는 경우가 많다. 이처럼 교직에서의 자기사회화(self-socialization) 과정은 교사들의 공통된 교수기술 문화의 형성을 어렵게 한다.[25]

그러므로 기존의 교수방법을 비판하고 대치하고자 하는 처방적인 교수이론이라고 하여, 학교에서의 복합적인 교수상황과 사례지식으로서의 특성을 가진 교실지식의 중요성을 무시하고 소위 '효과적인' 교수의 규칙이나 지침을 마련하여 모든 교사들에게 실천케하는 것은 무의미하다. 동시에 '교실통제'가 교수상황을 초월하여 적용되는 보편적인 교수원리인가 하는 것은 다양한 교실현장에서 검증되어야 할 것이다. 교사에 의해 선정, 조직, 그리고 분배되는 지식도 역시 교수상황의 복합적 구조속에서 다양한 교수사례들에 기초하여 그 의미와 이유를 찾을 수 있을 것이다.

2) 교실대화의 구조

카즈덴(C. Cazden)은 교실수업이 선택적 구조(selectional structure)와 순서적 구조(sequential structure)로 조직되어 있다고 지적한다. 수업구조의 선택과 순서의 두 측면은 어떤 유형의 말과 행동이 선택되어지고 어떤 유형의 순서에 따라서 구성되는가를 봄으로써 교사와 학생간의 대화 구조를 분석할 수 있게 한다는 것이다. 교실대화의 구조는 교실의 내재된 문화적 요구를 분석할 수 있는 도구로서, 그 패턴의 형성 및 유지와 구축을 둘러싼 교실환경을 하나의 사회적 형태로서 인식하게 한다.[26] 흔히 교실대화의 구조는 교사의 발문(Initiative), 학생의 반응(Response, Reply), 그리고 교사의 평가(Evaluation)로 이어지는 'IRE' 패턴으로 정의된다.[27] 따라서 카즈덴은 일상생활의 대화와 교실대화간의 중요한 차이가 교사의 반응(평가)에 있다고 보고 교실에서의 상호작용 패턴은 교사들에 따라 달라진다고 했다. 그런데 교사는 매우 밀집된 교실환경에서 수십명의 학생들과 대화의 흐름을 통제할 책임을 지고 있으며, 학생들이 말한 것을 긍정적으로든 부정적으로든 평가를 하여 반응해야 하는 부담때문에 학생들의 발언기회를 가능한 억제하게 된다는 것이다. 역사교실에서 학생들의 질문이 거의 없는 이유도, 바로 교실내 권력관계에서 교사가 주도권을 갖는 지위의 차이에 있으며 교사들은 질문을 통해 수업주제를 통제하며 교실활동과 발언을 주도한다는 것이다.[28]

하지만, 교사가 교실수업을 주로 장악한다 하더라도 학생들의 역할은 단지 응답하는 데에만 제한되지 않고 상호적인 인과성(reciprocal causality)이 교사와 학생간의 상호관계에 존재한다. 교실의 조직은 교사에게서 활동이 시작되어 학생들에게로 흘러가는 일면적인 것이 아니라 교사와 학생이 함께 그 활동의 흐름에 책임이 있는 다면적인 것이다. 교사의 진술은 학생의 진술과 독립적으로 행해지는 것이 아니며 모든 발언자들에 의해 대화의 주제가 상호적으로 구성된다. 따라서 교실연구는 교사의 행동과 실천에만 너무 집착할 것이 아니라 대화의 상호관련적인 본질에 주의해야 한다.[29]

대체로 수업중 교사의 진술은 개념 정의, 해석, 사실 진술, 설명, 의견 제시 등으로 분류되며, 주로 새로운 개념이나 내용을 소개하는 진술이 대부분이고 앞서 배운 내용을 다시 복습하거나 학생들의 이해 정도를 확인하는 목적을 갖기도 한다. 또 교사들은 인과관계를 추론하고 일반화로 발전시키게 하는 '왜'라는 질문보다는 '예, 아니오'로 답할 수 질문이나 언제, 어디서, 누가, 어떻게 등 사실적 암기를 묻는 질문 유형을 주로 사용한다.[30] 그러나 교사의 질문유형만을 기준으로 현장 수업을 암기식이다 아니다라고 규정하기 보다는, '교사가 왜 그러한 발문을 하는가'에 대한 이해가 보다 중요하다. 실제로 지난 1990년부터 1994년까지 우리나라의 한 지방도시 중학교에서 교생실습을 한 예비 역사교사들의 수업을 분석해보면, 한 단위 수업시간내에서도 여러 가지 유형의 대화구조가 사용되는 복합적인 형태의 수업이 많았다. 이것은 바로 교실에서 다루어지는 지식의 종류와 상호작용 유형의 관계를 보여준다.[31] 즉 역사교실에서 다루어지는 지식의 내용은 역사적 사실이나 사건들만으로 구성되어 있는 것이 아니라 그 배경, 원인, 경과, 의의 등으로도 구성되어 있으며, 따라서 수업에서 어떤 지식을 다루느냐 하는 것은 교사의 질문내용과 유형에 중요한 영향을 미치며 IRE 구조가 아닌 다른 유형의 대화구조를 가져온다.

다음은 역사교실에서 다루어지는 지식의 내용에 따라 그 처리방식이 변화하는 교실의 대화구조를 몇 가지로 분류해 본 것이다. 먼저, 다음 세 편의 예는 교사와 학생이 마치 '말잇기'를 하듯이 꼬리를 물며 역사적 인명, 지명, 연도, 사건 등을 엮어가는 과정을 보여준다.

[사례1-1]

교사 : 신해혁명때 세운 나라 이름은 뭐죠?
학생들 : 중화민국요.
교사 : 중화민국의 지도자는 누구?
학생들 : 쑨원요.
교사 : 그러면 쑨원은 무엇을 제창했나요?
학생들 : 삼민주의요.
교사 : 삼민주의의 내용은 무엇이죠?
학생들 : 민족, 민권, 민생이요.
교사 : 네. 참 잘했어요.

[사례1-2]

교사 : 제일 먼저 세워진 후삼국은 어떤 나라죠?
학생들 : 후백제.
교사 : 후백제는 누가 세웠죠?
학생들 : 견훤.
교사 : 견훤은 어디에 후백제를 세웠죠?
학생들 : 완산주.
교사 : 완산주는 지금의 어디죠?
학생들 : 전주.
교사 : 후백제를 세운 해가 몇 년도지요?
학생들 : 900년.

[사례1-3]

교사 : 아프리카에서 영국이 취한 정책은?
학생들 : 종단정책.
교사 : 종단정책은 어디와 어디를 잇죠?
학생들 : 카이로와 케이프타운.
교사 : 케이프타운에 뭐가 많이 난다고 했죠?
학생들 : 다이아몬드.
교사 : 영국은 종단정책, 그러면 프랑스는?
학생들 : 횡단정책.
교사 : 어디와 어디를 잇는?
학생들 : 알제리와 마다가스카르.
교사 : 자, 그러면 그 후 어디에서 두 정책이 대립을 했어요?
학생들 : 파쇼다.
교사 : 네. 그래서 파쇼다사건이라고 하죠?

이 사례들은 (1) 신해혁명－중화민국－쑨원－삼민주의－민족, 민권, 민생, (2) 후백제(후고구려)－견훤(궁예)－완산주(송악)－900년(901년), (3) 영국－종단정책－카이로와 케이프타운－프랑스－횡단정책－알제리와 마다가스카르－정책대립－파쇼다사건으로 연결지어지는 지식 내용을 다루고 있다. 이 때 지식을 처리하는 형식은 일종의 연상작용(association) 원리를 적용한 것으로서 교사와 학생들의 주고받기식 문답을 통해 이루어진다.[32] 이것은 마치 탁구공을 주고받는 두 선수처럼 교사와 학생사이에 장단이 맞지 않으면 곧 리듬이 깨어지게 된다. 따라서 탁구공으로서 다루어지고 처리되는 역사지식은 '단편화'되어 있으면서도 낱개의 사실들로 독립되어 있는 것이 아니라 교사와 학생이 잘 주고 받을 수 있는 일종의 '사실적 연계구조'로 이어져 있다. 여기서 다루어지는 역사지식은 사실, 사건, 연도, 사람, 장소 등의 내용으로서 무엇이(누가), 언제, 어디서 등을 묻는 교사의 질문과 학생의 응답이 연속되는 방식으로 처리된다. 이러한 연상 방식은 고도의 사고를 요구하지 않으며 새로운 역사 사실을 제시할 때 보다는 주로 과거 학습을 복습하거나 확인할 목적으로 사용된다. 또한 교사의 일방적인 진술에 의해 사실 제시가 이루어지는 것이 아니라, 기억을 유도하는 교사의 주도적인 자극에 학생들이 반응하면서 지식의 처리과정에 부수적으로 참여하고 있다는 점이 주목된다.

한편, 다른 종류의 역사지식을 다룰 때는 교사와 학생의 문답 구조가 어떻게 달라지는지를 보기로 하자. 다음은 '신라가 고려에 항복한 이유'와 '고려의 후삼숙통일의 의의'라는 내용을 다루는 수업장면이다.

[사례2-1]

교사 : 고려의 통일 과정을 보면, 먼저 신라가 항복을 해오죠? 왜 신라는 항복을 해오죠?

학생 1 : 후백제의 공격에 시달렸기 때문입니다.

교사 : 네. 그리고 또 다른 이유는?

학생 2 : 왕의 사치로 백성들의 민심이 고려쪽으로 기울었기 때문입니다.

교사 : 왕의 사치는 신라 내부적인 상황속에서 나온 것이고, 그것말고 또 하나는?

학생들 : ......

교사 : 외부에서는 후백제가 자꾸 침략을 해오는데, 또 무엇때문에 신라가 항복을 했을까요?

학생 3 : 고려가 신라를 무력으로 통일시키지 않고 화친정책을 폈기 때문입니다.

교사 : 맞았어요.

[사례2-2]

교사 : 고려의 후삼국통일이 역사적으로 어떤 의의를 가지고 있는지 생각나는 대로 이야기해 봅시다.

학생 1 : 신라는 당의 힘을 빌어서 통일을 했지만, 고려는 자기 스스로의 힘으로 통일했기 때문에 의의가 있다고 생각합니다.

교사　: 네. 그리고 또?
학생 2 : 반세기에 걸친 여러나라의 분열을 고려가 재통일을 한 데 의의가 있습니다.
교사　: 그러니까 분열된 혼란 상태를 고려가 재통일했다. 또?
학생 3 : 삼국으로 나뉜 우리 민족을 한 민족으로 이룰 수 있게 하였습니다.
교사　: 또, 없어요?
학생들 : ......
교사　: 외세의 힘을 빌리지 않은 자주적인 통일이다, 민족의 재통일이다. 그리고 또? 선생님이 원하는 답이 또 하나 있는데?
학생 4 : 무력을 쓰지 않고 평화적으로 통일을 했습니다.
교사　: 네. 또, 뭐가 있을까?
학생들 : ......
교사　: 그러면, 통일 신라는 무엇에 의해 사람의 지위가 결정됐어요?
학생들 : 골품제도.
교사　: 그러면 골품제도는 무슨 제도예요?
학생들 : 신분제도.
교사　: (혈통에 의해 신분이 결정되는 고대사회에서 능력에 의해 지위가 결정되는 중세사회로의 이행에 그 의의가 있음을 설명한다.)

이 두 편의 사례에서 교사는 역사적 사실의 이유나 의의를 묻고 있는데, 교사는 '왜 그랬을까', '그래서 그것이 무슨 의미가 있는가'에 대하여 학생들이 생각하여 발언하게 하고 그에 반응하며 학생의 사고를 이끄는 역할을 한다. 따라서 이러한 지식처리 방식을 '사고 유도(思考誘導)' 방식이라 정의할 수 있다. 그런데 외형적으로는 학생들이 고도의 사고과정을 통해 역사지식을 추출해내는 작업에 주체적으로 참여하는 것처럼 보이지만, 이 문답과정의 함정은 바로 교사의 질문에는 '정해진 정답'이 있다는 것이다. 교사가 비록 학생의 독자적인 사고를 요구하는 질문을 하기는 하지만 그 본질에 있어서는 물음의 형식을 취하고 있는 사실제시의 수업과 다름없다. 예를들어, 교사의 머리속에는 고려통일의 의의가, 자주적 통일, 평화적 통일, 민족의 재통일, 그리고 고대에서 중세로의 이동이라는 네 가지로 이미 고정되어 있는 것이다. 교사가 질문을 해놓고 학생들이 원하는 대답을 하지 않자 아예 노골적으로 "선생님이 원하는 답이 하나 있는데?"하고 묻기도 한다. 따라서 이러한 문답에 참여하는 학생들은 '과연 교사가 원하는 대답은 어떤 것일까'에 관심을 집중하며 자연히 그들의 탐색과정은 교사의 의도에 맞추기 위해 제한된다.

여기서 다루는 지식내용은 주로 역사적 사실의 원인, 배경, 경과, 관계, 의의 등 소위 상위지식이지만, 교사들은 사실적 하위지식을 다룰 때처럼 학생들의 즉각적인 반응을 기대한다. 교사의 발문은 학생의 사고력 증진을 의도하기 보다는 '또 다른 형태'의 지식을 전달하고 설명하기 위한 보조적 기제에 그치고 있다. 따라서 발문의 유형은 '사고유도형'이지만 학생의 사고를 일정한 틀과 범위내에 제한하고, 학생들에게 '스스로 문제를 제기하거나 자신의 관점으로 주체적으로 생각할 필요가 없다'는 인식을 갖게한다. 다시 말해서 교사의 사고를 모방하게 한다는 측면과 함께, '어떠한' 역사적 질문에도 '정답'이 있으며 또 있어야 한다는 가정을 학생들이 은연중에 체득하여 수용하게 하는 효과를 가져온다. 따라서 이를 '제한된' 사고유도 방식이라 할 수 있겠다.

그러나 좀 더 긴 호흡의 교실 대화구조를 분석해보면, 한 단위의 수업시간에 다루는 역사지식은 단편적인 사실에서부터 원인이나 관계에 이르는 다양한 종류로 구성되어 있으며, 따라서 교사는 부분적으로 드러난 연상작용 방식이나 '제한된' 사고 유도방식이 혼용된 하지만 다른 형식의 지식처리를 보여준다. 첫번째 예는 판서내용이 '혁명세력 미약, 반혁명적 군벌세력 대두, 정치불안, 전제정치의 부활도모(위안스카이)'로 구성되는 수업에서 교사가 판서 이전에 먼저 강의하는 과정이다. 이 수업에서 교사는 군벌, 공화국, 전제정치의 개념 설명과 함께 초기 중화민국의 실정을 다루고 있다. 다른 한 예는 '여진의 강성, 여진 정벌, 동북9성의 설치, 금의 건국과 사대요구'를 다루는 내용이다.

[사례3-1]

교사 : 신해혁명 이후에 혁명세력의 힘이 약해졌다. 이 시기에 위안스카이 같은 보수적인 세력을 그 당시 뭐라고 불렀어요?

학생들 : 보수파.

교사 : 보수파, 또?

학생들 : 군벌.

교사 : 그러면 여러분이 생각하기에 군벌이 뭐인것 같아요?

학생들 : 군대를 만든 사람들.

교사 : 군인들이 뭉쳐가지고 군인들이 정치를 하는거예요. 이전에 중국은 전제정치였는데 이제 중화민국이 성립되고 정치형태는 공화국이었어요. 자 누가 주인이 되는 정치형태를 공화국이라고 했어요?

학생들 : 국민.

교사 : 그런데 위안스카이와 같은 군벌세력들이 정권을 장악하고 자기들 마음대로 힘을 발휘하는 그런 상태, 군벌들이 정치를 하는 시대, 이해가 갑니까?

학생들 : 예.

교사 : 지금 중화민국의 실정이 이런 상태가 되죠. 그러면 당시의 정치가 참 안정되고 평화로운 그런 세상이었을까요?

학생들 : 아니요.

교사 : 그럼 어쨌을 것 같아요?

학생들 : 혼란해요.

교사 : 뭐가 혼란해요?

학생들 : 중국의 정치가.

교사 : 이런 상황속에서 대표적인 군벌세력은 누구라고 했죠?

학생들 : 위안스카이.

교사 : 그러면 위안스카이는 베이징에 정부를 세우고 정치를 하면서 욕심이 생겨서 황제가 되볼까 하는 생각을 할까요, 안할까요?

학생들 : 해요.

교사　: 그러면 황제가 다스리는 정치를 뭐라고 했죠?

학생들 : 전제정치.

교사　: 예. 위안스카이가 전제정치를 부활시켜요.

[사례3-2]

교사　: 여진족은 여러 부족들이 여기저기 흩어져 사니까 힘이 강해요, 약해요?

학생들 : 약해요.

교사　: 그런데, 고구려나 발해의 지배를 받던 이 여진이 어느 사이엔가 어째요?

학생들 : 강해져요.

교사　: 네. 12세기에 완옌부가 부족들을 통일해서 강력한 국가를 성립하고 점차 남쪽으로 내려와요. 그러면 남쪽에 누가 있어, 지금?

학생들 : 고려요.

교사　: 고려하고 어쩌겠어요? 그 다음에?

학생들 : 충돌해요.

교사　: 그러면 고려는 예전에 조공을 바치던 애들이 힘이 세졌다고 쳐들어오면 그냥 내버려둘까?

학생들 : 아니요.

교사　: 그럼 어째야 돼? 고려가 여진을 어째야 돼?

학생들 : 막아야 돼요.

교사　: 정벌을 해야지. 그런데 아무 농사짓는 아저씨들 데려가서 정벌할 수 있을까?

학생들 : 아니요.

교사　: 그래서 특별한 군대를 세우겠죠? 자, 군대를 세우자고 주장한 사람이 누구였을까?

학생들 : 윤관이요.

교사　: 네. 북쪽에 살고 있는 여진족을 정벌하고 윤관이 거기에 뭘 세우죠?

학생들 : 9성이요.

교사　: 동북쪽에 있는 아홉성이라고 해서 뭐라 그래요?

학생들 : 동북9성요.

교사　: 그런데 여진족이 다시는 침입하지 않겠다고 하니까 이것을 나중에 어째요?

학생들 : 돌려줘요.
교사 : 네. 근데 그것이 화근이 돼죠?
학생들 : 예.
교사 : 돌려줘버리니까 여진족은 여기서 세력을 키워가지고 나라를 세우죠?
학생들 : 예.
교사 : 무슨 나라?
학생들 : 금.

위의 예에서 교사는 [사례2-1]과 [사례2-2]에서처럼 '왜 그랬을까요?', '이것의 의의는 무엇일까?'하는 식의 포괄적인 사고형 발문을 거의 제기하지 않고 있다. 대신에 교사는 역사적 상황의 이유나 배경을 좀 더 구체적이고 세분화된 다단계의 질문으로 계속 이어가며 풀어내고 있다. 교사의 발문은 주로 단답형이며 학생의 응답은 일종의 괄호넣기를 완성하듯이 교사의 진술을 이어주는 것이다. 교사는 '왜 위안스카이는 전제정치를 도모했을까' 혹은 '왜 고려는 여진을 정벌하려 했을까'라는 발문을 하였을 경우, 학생들의 즉각적인 응답이 나오지 않아 대화구조가 느슨해지고 교실장면이 산만해지는 것을 사전에 차단하고자 하였을 수도 있다. 하지만 교사는 그러한 교실 질서의 측면보다는 단위 수업시간에 다루어지는 지식을 쉽게 이해시킬 것을 목적으로 하며, 따라서 복합적이고 중층적인 한 시대 혹은 한 사회의 모습을 단순명료하게 제시한다. 이것은 학생들의 사고 유도보다는 다양한 역사지식간의 상호 연관을 간결한 논리로 설득시켜 이해시키고자 하는 '이해 추구' 방식이라 할 수 있다.

이러한 이해추구형 수업을 마치고 난 학생들은 '머리속이 환해지는 경험', 즉 모든 의문이 없어지는 경험을 한다고 한다.[33] 역사적 사실이 왜, 어떻게 일어났는지를 학생들로 하여금 납득이 되게끔 설명하기 때문이다. 따라서 무조건적으로 지식을 수용하게 하고 사실을 나열하는 데만 급급하여 논리적 연결이 부족한 주입식 설명과는 다르다. 또한 이러한 수업은 새로운 의문이 계속 생기는 학습 경험을 하는 탐구식 수업과도 구별된다. 즉 역사 이해에 있어서 모든 가능한 인식과 해석의 방안을 동원하여 가설을 제시하고 자료의 수집과 평가를 통해 가설을 검증하는 형식의 수업 방식이 아니다.[34] 학생의 응답은 교사의 설명논리에 종속되어 있으며, 따라서 교실 대화구조에서 학생의 질문은 등장하지 않는다. 하지만 역사적 현상의 의미를 '이해'한다는 것은 곧 '주관적 의미'를 내포하며, 이 의미 해석을 한 가지로 정의하고 다른 의미의 가능성을 시사하거나 그러한 기회를 주지 않는 것은 본질적 이해와 거리가 멀다. 결국 이해 추구형 수업에서는 '의문을 제기하는 것'에서 출발하는 비판적 사고가 제한되며, 학생들이 교사의 질문에 '정답'을 말한다고 해도 그것은 사고를 증거하지 않는다.

또한, 사고보다는 이해를 추구하는 교사의 설명방식은 논리의 단순화나 비약의 위험을 내포하고 있다. 예를 들어 '위안스카이는 황제가 되보려는 개인적 욕심으로 전제정치를 부활시켰다'는 식의 단순 논리가, 사실적 지식뿐 아니라 역사적 태도나 가치관과 같은 평가적 지식 영역을 다룰 때도, 교사 자신의 의견이나 단편적인 감정 표현에 학생들의 동의를 구하는 식으로 드러난다. 다음의 두 예는 [사례3-2]와 같은 수업의 일부이다.

[사례3-3]

교사 : (거란의 2차 침입을 설명하며) 그런데 사실은 이 침입의 구실이라는게 얼마나 웃겨요. 우리나라에서 (교탁을 탁 치며) 임금을 누가 갈아치우든지 말든지 자기들이 무슨 상관이예요? 이것은 야만족들이 일종의 침입을 하기 위한 구실에 불과했지요?

학생들 : 예.

[사례3-4]

교사 : (금의 사대요구를 수락한 이자겸 일파를 말하면서) 참 안타까운 일이예요. 자, 자신들의 안위를 위해 국가의 기본 정책인 북진정책마저도 무시해버리는 이런 귀족들 좋아요?

학생들 : 아니요.

교사 : 나쁘진 않지만 우리가 이 귀족들 다시한번 생각해 봐야겠죠?

학생들 : 예.

교사 : 우리나라 사극을 보면 귀족은 좋고 평민은 나쁘게 나오는데, 다시 생각해봐야겠죠?

학생들 : 예.

여기서 교사는 '우리나라'의 일에 일개 변방부족인 '야만족'이 간섭을 하는데 대한 경멸적 분노를 나타냄으로써 다른 종족에 대한 멸시와 배척심 혹은 국수주의적 태도를 학생들에게 조장할 수 있다. 또한 금의 사대요구를 수락한 책임을 귀족들에게만 물음으로써 평민들과 귀족들을 대비하여 은연중에 귀족은 좋고 평민은 나쁜게 아니라 '귀족은 나쁘고 평민은 좋다'라는 반대 명제적 가치를 강조하고 있다. 이러한 언급은 역사수업에서의 가치판단의 단순화를 보여주는 것으로, 교사의 가치를 은연중에 학생들에게 내면화시키는 기능을 할 수 있다. 특히 교사들이 과거의 역사속에서 소위 '현재적 의의'를 찾기 위한 시도로서 과거의 역사 사실을 현대사의 상황과 연관지으려는 노력에서도 설명논리와 가치적용의 단순화를 볼 수 있다.

[사례3-5]

교사 : 우리가 오늘 배운 건 후삼국시대를 거쳐 고려가 후삼국을 통일한 것까지 배웠어요. 그러면 지금 우리나라는 어떤 상태죠?

학생들 : 분단상태요.

교사 : 그러면 우리는 통일을 해야 할까?

학생들 : 예.

교사 : 네. 둘로 나눠져 있는 것보다는 하나로 합쳐 있는게 훨씬 우리한테 이롭겠죠? 자 그러면 어떻게 통일을 해야 할까요?

학생들 : (무력을 쓰지 않고 평화적으로 그리고 자주적으로 해야 한다고 응답)

교사 : 네. 아주 잘 말해주었어요.

이 예에서 교사는 통일을 '왜' 해야 하는지의 당위성을 '둘로 나눠져 있는 것보다는 하나로 합쳐 있는게 이롭기 때문'이라는 당연한 이치로 치부해 버리고, 통일의 방법도 역시 고려의 통일 방법과 같은 평화적이고 자주적이어야 한다는 결론을 손쉽게 끌어냄으로써 이의가 있을 수 없다는 인상을 갖게 한다. 역사 지식 제시의 단순 논리가 역사의 '현재적 적용'에서도 드러나는 대목이다.

이 연구에서 분석한 수업들에서는, 교사들이 학생의 능력이나 사회계급에 따라 역사지식을 다르게 분배하는 지식의 계층화는 일어나지 않았지만, 학생들은 교실에서 무엇이 지식으로 간주되고 문제가 되는가에 대한 교사의 정의를 받아들여야 했으며 그것은 교과서 기술자들의 정의를 반영하고 있다. 즉 교사가 어떠한 지식 내용을 어떻게 다루느냐 하는 것 다시 말해서 그가 사용하는 설명구도는 교사의 자율권이라기 보다는 교과서 지식과 그 진술 논리의 반영이라고 할 수 있으며, 수업장면에서의 대화구조는 바로 교과서와 교사의 설명논리 구조의 외형인 것이다.[35] 교과서에 기술된 역사적 사실과 사건은 수업중에 다루어져야 할 기본 지식으로서, 그것이 왜 중요하며 어떤 의미와 맥락속에서 의의가 있는지에 관한 부분은 교사에 의해 생략된다. 미국의 역사교과서에 진술된 내용을 중요성(saliency), 확실성(emphatics), 불확실성(hedges), 그리고 사실이나 개념에 대한 태도(evaluative)의 네가지 종류로 분리해 본 크리스모(A. Crismore)에 의하면, 교과서에는 중요성을 강조하는 언급보다는 확실성을 강조하는 진술이 약 3배 정도나 많았으며 불확실한 표현이나 평가적인 진술은 적었다고 한다.[36] 따라서 분석대상 수업들에서의 역사지식이 '중요성'에 대한 비중의 차이가 거의 없이 제시되고 그 '확실성'을 보강하기 위한 교사의 설명구도 속에서 다루어지는 것은 교과서의 진술 양식을 반영하고 있다고 하겠다.

4. 맺음말

우리나라의 예비교사들이 교실에서 다루어야 할 역사지식 내용을 조직하고 제시하는 방식은 지식의 종류에 따라 달라진다. 사실적 지식을 확인할 때 주로 사용되는 '연상작용'을 이용한 방식, 사실의 이유나 배경, 의의 등을 추출하고자 할 때 사용되는 '제한적 사고 유도' 방식, 그리고 복합적인 역사지식을 단순하고 간결한 논리구조로 설명하는 '이해 추구' 방식 등을 역사지식의 '형식' 즉 처리방식으로 구별해 볼 수 있었다. 그런데 지식의 종류와 상관없이 공통적인 점은, 역사적 사실들이 파편처럼 낱개로 제시되기 보다는 교사와 학생의 문답을 통해 일련의 연결 구도속에서 다루어진다는 것이다. 특히 한 단위의 수업은 단순화한 설명논리 구조를 갖추고 있는데, 이는 맥닐이 말했듯이 학생을 통제하고 학급의 질서를 유지하기 위함이라기보다는 역사지식을 그나마 '의미있게' 설명하여 '이해'시키려는 노력의 결과라고 보여진다. 즉 학생의 저항이나 불만을 줄이기 위한 '방어적'인 목적보다는 역사적 사실들을 연결짓기 위한 설명원리에 충실한 결과라고 할 수 있다. 이 과정에서 예비교사들은 계속되는 발문을 통해 교사의 설명논리에 학생들의 주의를 집중시키는데, 이것이 결과적으로 교실의 질서를 유지하는 부수적인 효과를 가져온다.

맥닐이 관찰한 미국의 역사교사들이 지식의 단편화나 신비화, 생략을 통해 학생들의 학구적 의욕을 미리 소진시키는 것과 달리, 예비 교사들은 학생들과의 문답과정을 통해 학생 스스로가 역사적 사실들의 연결고리를 교사와 함께 풀어가며 동시에 자신들이 수업에 적극적으로 동참한다는 느낌 즉 교사와 함께 지식을 다루고 있다는 느낌을 갖게 한다. 하지만 실제에 있어서는 교사의 지식 설명 구조에 학생들이 종속되어 있으며, 교사의 발문에는 '정답이 있다는 신화'가 학생들의 사고를 지배한다. 교사는 교수내용을 '완벽한' 설명틀 속에 가둠으로써 더 이상 논쟁의 여지가 없는 수준으로 고정시킨다. 따라서 토론이나 반대의견의 제시를 어렵게 하며 더 나아가서 역사적 지식의 고착화와 역사인식의 획일성이라는 내재적 기능의 위험을 안고 있다.

결국 '임의로' 선택되어 교과서에 수록된 역사지식은 역사교실의 현장에서 교사들에 의해 '객관적'인 것으로 규정되어 가르쳐지고 있음을 확인할 수 있다. 교실은 설득력있는 연계구조와 설명력이 동원된 충직한 지식 '소비'의 장이며, 따라서 새로운 해석이나 비판적 의식의 창출이라는 지식 생산의 기능은 함몰되어 있다. 교과서 지식은 '보편성'과 '객관성'의 포장을 하고 있어 교사들은 최소한 교과서 내용을 그대로 다루어줌으로써 교사로서의 기본적인 의무를 수행했다고 생각한다. 더구나 교과서 지식과 상충되는 교사 자신의 개인적 이념이나 지식을 실천하는 것은 학교와 사회에 대한 도전이요 저항으로 간주될 수 있다. 결국 현장의 교사들은 교과서에 제시된 지식의 내용과 형식의 구조속에서 나름대로 가능한 역사적 설명원리를 적용하여 지식을 처리하는 기능을 담당하고 있는 것이다. 이러한 교수방식이 교사의 '자율성'을 증거하지 못하고 주어진 지식과 관점의 소비적 전달자로서의 역할을 보여준다는 점에서 중등 역사교육에 있어서 '反헤게모니적'인 교수의 가능성은 희박해 보인다.

■ 주석

1 T. Parsons, "The School Class as a Social System", Harvard Educational Review 29 (1959). T. 파슨스, 「사회체제로서의 학급」, 이인효 외 편역, 『교육과 사회』, 교육과학사, 1991, 3-28면에서 재인용.

2 S. Bowles and H. Gintis, *Schooling in Capitalist America* (New York: Basic Books, 1976).

3 B. Bernstein, *Class, Codes and Control, Vol. 3, Towards a Theory of Educational Transmissions* (London: Routledge & Kegan Paul, 1975), pp.189-90. 나병현, 「교육의 상대적 자율성론 비판」, 강영혜 외 공저, 『현대사회와 교육의 이해』, 교육과학사, 1994, 484면, 510면에서 재인용.

4 L. Althusser, "Ideology & Ideological State Apparatues", in *Lenin and Philosophy & Other Essays* (London: Monthly Review Press, 1971), pp.154-155.

5 P. Bourdieu & J. Passeron, trans. by R. Nice, *Reproduction in Education, Society, and Culture* (London: Sage, 1977, Paris: 1970), p.xii, p.11-13. 나병현, 「교육의 상대적 자율성론 비판」, 493면, 502-510면, 513-514면에서 재인용.

6 F. Erickson, "Qualitative Methods in Research on Teaching", in M.C. Wittrock (ed.), *Handbook of Research on Teaching* (New York: Macmillan, 1986), pp.119-161.

7 Bowles and Gintis, "Contradiction and Reproduction in Educational Theory", in M. Cole (ed.), *Bowles and Gintis Revisited* (New York: The Falmer Press, 1988).

8 M. Apple, Teachers and Text, RKP, 1986, Chapter 8; Martin Carnoy and Henry Levin, *Schooling and Work in the Democratic State* (Stanford: Stanford Univ. Press, 1985), p.24.

9 Apple, Education and Power, 최원영(역), 『교육과 권력』, 한길사, 1988, 33-4면; Carnoy and Levin, Schooling and Work, p.47, p.50.

10 L.W. Benade, "Is the Althusserian Notion of Education Adequate?", *Educational Philosophy & Theory* 16(1), 1984, pp.43-51. 나병현, 「교육의 상대적 자율성론 비판」, 497면에서 재인용.

11 나병현, 「교육의 상대적 자율성론 비판」, 520-530면.

12 Gary L. Anderson, "Critical Ethnography in Education: Origins, Current Status, and New Directions", *Review of Educational Research* 59(3), 1989, p.257.

13 M. Apple, "Supporting Democracy in Education", in *Teachers and Text* (RKP, 1986).

14 Eric Bredo, Mary Henry, and R.P. McDermott, "The Cultural Organization of Teaching and Learning", *Harvard Educational Review* 60(2), May 1990, pp.251-253.

15 송호근, 『지식사회학』, 나남, 1983, 275면, 298면.

16 Bourdieu, "Systems of Education and Systems of Thought", in M. Young (ed.), *Knowledge and Control* (London: Collier Macmillan, 1980), pp.189-205.

17 Young, "An Approach to the Study of Curricula as Socially Organized Knowledge", in Young (ed.), *Knowledge and Control*, pp.32-35.

18 Nell Keddie, "Classroom Knowledge", in Young (ed.), *Knowledge and Control*, pp.133-160.

19 Linda McNeil, "Defensive Teaching and Classroom Control", in M. Apple & L. Weis (eds.), *Ideology and Practice in Schooling* (Temple Univ. Press, 1983), pp.123-132.

20 McNeil, "Defensive Teaching and Classroom Control", p.118, pp.134-136.

21 McNeil, "Defensive Teaching and Classroom Control", pp.137-140.

22 McNeil, "Defensive Teaching and Classroom Control", pp.137-138.

23 Walter Doyle, "Classroom Knowledge as a Foundation for Teaching", *Teachers College Record* 91(3), Spring 1990, p.351.

24 Doyle, "Classroom Knowledge", pp.355-356.

25 D. Lotie, "The Limits of Socialization", in *School Teacher* (Chicago: Univ. of Chicago Press, 1975); J. Goodman, "Field-based Experience: A Study of Social Control and Student Teachers' Response to Institutional Constraints", *Journal of Education for Teaching* 11 (1985), pp.26-49; M.B. Ginsburg and K.K. Newman, "Social Inequalities, Schooling, and Teacher Education", *Journal of Teacher Education* 36 (1985), pp.49-54.

26 Courtney B. Cazden, *Classroom Discourse: The Language of Teaching and Learning* (Portsmouth, NH: Heinemann, 1988), pp.45-55.

27 Hugh Mehan, *Learning Lessons: The Social Organization of Classroom Behavior* (Cambridge: Harvard Univ. Press, 1979); Cazden and Mehan, "Principles from Sociology and Anthropology: Context, Code, Classroom, and Culture", in Maynard Reynolds, *Knowledge Base for the Beginning Teacher* (New York: Pergamon Press, 1988), pp.47-57.

28 Cazden, *Classroom Discourse*, p.30, p.51, p.54, pp.59-60.

29 학생들의 발문이나 토론을 이끌어내는 교수기술로는, 교사가 질문이 아니라 진술을 한 뒤에 학생들의 반응을 기다리는 무질문(nonquestioning) 혹은 쉬는 간격(pausing)을 갖는 방법도 있다. 즉 학생의 사고를 자극하여 질문을 이끌어 냄으로써 학생들이 단지 응답만 하는 것이 아니라 교실 대화구조에 주도적인 참여를 할 수 있게 하는 것이다. William S. Carlsen, "Questioning in Classrooms: A Sociolinguistic Perspective", *Review of Educational Research* 61(2), Summer 1991, p.165, p.167, p.173; Mehan, "The Structure of Classroom Events and Their Consequences for Student Performance", in Perry Gilmore and Allan Glatthorn (ed.), *Children In*

and Out of School (Washington, DC: Washington Center for Applied Linguistics, 1982), p.75, p.79; Dillon, "The Remedial Status of Student Questioning", *Journal of Curriculum Studies* 20 (1988), pp.197-210; C. Conbleth, "Student Questioning As a Learning Strategy", *Educational Leadership* 33 (1975), pp.219-222.

30 Farrar, M. T., "Why Do We Ask Comprehension Questions? A New Conception of Comprehension Instruction", *The Reading Teacher* 37 (1984), pp.452-456.

31 Cazden, *Classroom Discourse*, pp.252-253.

32 여기서의 연상은 와츠(D.G. Watts)의 '연합적 사고(associative thinking)'와는 구별되는 것으로서, 역사적 사실의 '이미지(image)'를 통해 다른 관련된 사실을 떠올리거나 지각하는 것을 말한다. 김한종, 『역사학습에서의 상상적 이해』, 서울대학교 대학원 박사학위 논문, 1994, 115-123면.

33 이인효, 『인문계 고등학교 교직문화 연구』, 서울대학교 대학원 박사학위 논문, 1990, 198-199면.

34 정선영은 현장 역사교사들의 설명이 대부분 이야기식이며, 원인과 결과의 관계가 명확하지 않고 일반화나 법칙의 제시가 결여되어 있어 과학적 설명양식과는 거리가 멀다고 보았다. 정선영, 『과학적 역사설명논리와 역사교육에의 적용』, 서울대학교 대학원 박사학위 논문, 1993, 173-191면.

35 정선영은 고등학교 세계사 교과서의 분석을 통해 진술들간의 논리적 혹은 인과적 연결이 부족한 점과 성급한 일반화 등을 문제점으로 지적하면서, 이러한 교재분석의 결과가 교사의 설명양식과 비슷한 양상을 나타내고 있다고 했다. 정선영, 『과학적 역사설명논리와 역사교육에의 적용』, 145면, 191면.

36 '더욱 중요한것은...' '얼마나 중요한지...', '가장 기본적인 사실...'과 같은 진술은 내용의 중요성을 표현한 예들이다. '이것은 물론...' '이것은 사실이며 진실이다' '확실히...' '사실...' '정말로...' 등은 내용의 확실성을 표현한 것들이다. 또한, '아마도' '그들은(제3자)...생각했다' '어쩌면' 등은 불확실한 내용을 진술한 표현들이다. '불행하게도' '다행스럽게도' '역설적이게도' '놀랍게도' '흥미롭게도' 등의 용어는 교과서 기술자의 태도나 평가를 보여주는 예들이다. Avon Crismore, "The Rhetoric of Textbooks: Metadiscourse", *Journal of Curriculum Studies* 16(3), 1984, pp.279-296.

6
'우리'와 '타자'에 대한 역사교실담론

Ⅰ. 머리말

'우리가 누구인가'를 알고자 하는 호기심은 종종 우리가 다른 사람들과 무엇이 다른가에 대한 답을 찾음으로써 충족된다. 즉 정체성은 상대의 존재를 전제로 수립된다. 주체의 '홀로 서기'란 있을 수 없으며 타자와의 차이가 곧 정체성으로 재구성된다. 정체성은 자기가 아니라고 여겨지는 것과의 구별, '너와 다른 나'와 '나와 다른 너'의 구분에 근거를 둔다. 정체성은 다른 사람의 시선, 즉 자기가 아닌 존재로부터 자기를 확인하는 것에 기초한다.[1]

한 국가나 사회도 마찬가지다. 다른 사회, 다른 국가와 구별되는 정체성을 확립하기 위해 자신이 속한 공동체를 정의하는 것은 모든 문화가 실천하는 활동 가운데 하나이다. 따라서 한 영토나 국가에 대한 지배는 정치적·경제적인 힘의 행사뿐 아니라 보이지 않는 영역, 즉 상상의 세계까지 망라하게 된다. 문화에 의한 자기규정은 국민축제, 기원의 역사와 같은 다양한 장치나 의례적인 수단을 통해 이루어진다. 문화는 어떤 경계를 통해 강력한 차별화를 추진해 가는 동인이자 우리가 그 어떤 것에 귀속되는 것을 표상하는 '의미의 모체(matrix)'이다.[2] 그런 의미에서 문화란 '우리'를 '그들'과 구별하게 해주는 정체성의 근원이다.

그런데 대상을 표현하려는 모든 시도는 대상에 대한 선입견 즉 편견을 갖게 하는 일종의 '필터'를 피할 수 없다. 그래서 정체성은 때로 타자를 침묵시키며, 문화의 내부에서 정의되고 양육된 타자는 자칫 편협하고 허구적이다. 타자 정의는 주체의 지배 욕구를 투사하기도 하는데, 이 때 타자의 과거에 대한 인식은 주체가 상상하고 재구성하는 만큼 이루어진다. 그것은 역사 서사의 불가피한 자의성을 초래하며, 타자와의 의사소통을 왜곡과 조작으로 이끌기도 한다. 서구가 규정한 정의에 자기를 편입시키는 자기 확인 작업도 마찬가지이다. 식민지 시대에 오리엔탈리즘이 구성한 과거를 독립한 국가의 진짜 전통으로 만들기도 한다. 여기서 역사는 이미 존재했던 것을 밝히는 작업이 아니라 필요한 것을 창조하고 재발견하는 과정이며, 역사가 없는 곳에는 신화와 전설, 서사시가 동원된다.[3]

역사 교실에서 표상되는 '우리'와 '타자'도 예외일 수 없다. 학교 현장은 학생들이 속한 사회와 국가의 역사를 빌어 정체성을 인식시키는 담론이 공식화되는 곳이다. 하지만 역사교실의 우리 인식과 타자 이해는 종종 인종, 국가, 민족의 담론을 넘어서지 못한다. 우리의 자랑스러운 모습을 찾아내는데 몰두하는 한편, 그 일그러진 모습을 제대로 보지 못할 때가 있다. 그럴 경우 타자는 종종 주변화 되고 그들의 특수한 역사와 '다원적 정체성'은 존중받지 못한다.

> 문화는 대의명분들이 백주에 드러내 놓고 싸우는 전장이 될 수도 있다. 예컨대 타국의 고전보다는 자국의 고전을 먼저 읽도록 가르침을 받은 미국과 프랑스와 인도의 학생들이 거의 무비판적으로 자기 나라와 자기 전통을 받아들이고 거기에 충성스럽게 속해 있는 반면, 타국의 문화나 전통을 격하시키거나 대항해 싸울 대상으로 여기고 있다는 것이다 [……] 유감스럽게도 어린이들

과 청소년들은 (대개는 타문화를 비하시키면서) '자신들의' 문화의 독창성을 숭상하고 찬양하도록 교육받고 있다 [……] 그것은 무비판적이고 무사고적인 교육 형태이다.[4]

따라서 역사교실의 대화구조에 담겨 있는 정체성 담론을 살펴보는 것은 의미가 있을 것이다. 우리의 역사에 대한 자부심을 함양하고 동시에 다른 지역에 대한 호혜적 이해와 세계시민의식을 함양한다는 역사교육의 목표는 어떻게 실천되고 있는가? 우리에 대한 정의가 곧 민족, 국가와 일치되면서 과도한 미화나 예찬으로 흐르고 있지는 않은가? 그리고 그것이 곧 타자에 대한 편협한 인식과 태도를 조장하고 있지는 않은가? 그렇다면 교실의 정체성 담론은 자아와 타자에 대한 억압 기제로서 지배담론을 재생산하고 있는 것은 아닌가? 이 연구는 이러한 문제들에 대한 답을 구하기 위해 먼저 교실 내 의사소통의 문화와 그 특성을 다룬 논의들을 살펴보고, 이어서 정체성의 개념과 국가-민족을 둘러싼 그 형성 과정을 고찰했다. 그리고 주로 중학교 역사교실에 초점을 맞추어 '우리'와 '타자'에 대한 교실담론을 분석했다.[5]

2. 교실 의사소통의 문화

학교 교실은 지식을 다루며 그것은 본질적으로 하나의 권력으로 기능한다.[6] 부르디외(Pierre Bourdieu)는 학교가 정의하는 지식은 지배적인 가치를 따르는성향 또는 '습성'을 학생들에게 주입하는 대중 사회화의 도구라고 보았다. 영(M. F. D. Young)도 교실은 지배집단의 가치와 권력을 전파하고 유지하는데 기여한다고 했다. 맥닐(L. McNeil)에 의하면 역사교사가 교과내용을 엄격한 '사실'로 보이게 전달하는

것은 역사지식을 고착화하여 궁극적으로 사회통제에 기여한다고 보았다.[7]

그러나 수업은 복잡한 교실 환경에서 특정한 교과내용을 해석하고 실행하는 과정이며, 교실에서 다루어지는 역사지식은 교육과정에서 의도한 혹은 교과서에 기술된 역사지식과 반드시 일치하지 않는다. 무엇보다 교실지식의 관건은 교사에 있다. 교사의 개인적인 신념과 가치관 등은 교육 과정에 숨겨져 있는 부분이다. 그것은 역사교사가 어떤 역사지식을 수업내용으로 선정하고 그것을 수업과정 속에서 어떻게 다루는가에 영향을 미친다. 교사의 지식은 교과지식과 교수 상황에 특정적이며, 교사가 학생들과 나누는 대화 즉 교실담론을 통해 드러난다.[8]

교실에서의 의사소통은 단어, 이미지, 행위, 관계를 통해 일어나는데, 그것은 일상생활에서의 '정상적 의사소통'과 다르다. 즉 교실담화는 형식성과 냉정함 그리고 비동등성을 특징으로 한다. 무엇보다 교사가 가진 지위와 권력은 교실담론의 양식을 제한한다. 교사가 마치 교과서 저자처럼 갖는 권위는 학습자와의 대화와 소통을 제한한다. 교사가 수업목표를 정하는 것은 당연시되고, 교실에서 수준 높은 인지적 행동은 거의 대부분 교사의 몫이다. 교실에서 학습자의 성공은 교사의 견해를 수용하고 재생산하는 것으로 규정된다. 이러한 비동등성 때문에, 학생이 어떤 주장에 대해서 동의하게 되는 근거는 그 주장을 지지하는 논증이 타당하다고 믿었기 때문이라기보다 교사의 우월한 인지적 권위를 수용한 결과이다.[9]

따라서 교실담론의 상호작용에서 보이는 학생들의 침묵은 교실 내 권력관계나 헤게모니가 반영된 '침묵시키기(silencing)'의 이면이다. 교사와 학생들은 발언권을 확보하기 위해 눈길, 제스처, 자세 등을 사용하는데, 이 과정에서 학생들은 발언기회를 놓치거나 심적인 불편함으로 입을 다물게 된다. 또는 지식의 부족때문에 자신의 의미구축이 실패할까봐 두려워하고 소극적이 된다.[10] 즉 교실에는 '교사에 의해 인정받지 못한 풍부하고 다양한 목소리들'이 존재하며, 그들의 침묵은 '침묵당한 사람들'의 감추어진 저항 전략의 일환이기도 하다. 흥미로운 것은 지배 담론(다른 담론을 배제하거나 침묵시킬 수 있는 담론)이 침묵시키는 사람에 의해서 뿐만 아니라 침묵당하는 사람에 의해서도 유지된다는 것이다. 즉 공모의 증거이다.[11]

교실에서 일어나는 의사소통의 왜곡은, 교사가 학생의 목적과 상관없이 자신의 목적을 추구하는데서 비롯되기도 한다. 교사가 나쁜 의도를 가졌다는 것이 아니라, 시간의 압박 때문에 혹은 학생이 알면 이익이 될 진리를 가르치고 싶은 의도를 가졌기 때문이다. 그래서 관련 지식과 주장에 대해 학습자가 반응할 기회를 박탈하거나, 교사의 권위에 의거해 학습자가 반응하도록 교사가 제약을 가한다. 따라서 학습자가 의심을 하거나 질문하거나 추가정보를 탐색할 여지가 적다. 교사가 학생들의 반응을 억제하게 되는 다른 이유는 교사의 반응 즉 평가가 개입하는데 있다. 이것은 학습자가 가족이나 또래 집단과 경험하는 의사소통과 다른 점이다. 학생들과 나누는 대화의 흐름을 통제할 책임을 느끼는 교사는, 학생들이 말한 것을 긍정적으로든 부정적으로든 평가를 하여 반응해야 하는 부담 때문에 학생들의 발언기회를 가능한 줄이게 된다.[12]

교사의 질문 역시 대체로 닫혀있다. 교사는 학생들을 유도하거나 지시하고 정보를 주기 위해 질문한다. 하지만 많은 교실에서 교사의 질문은 학생들로 하여금 질문을 탐구하도록 자극하는 것이 아니라 '교사의 생각을 추측하게 하기' 위한 것이다.[13] 학생들이 침묵하거나 대답을 하려다 말 때 교사들은 어떻게 하는가? 자기 질문에 자기가 대답을 한다. 교사의 질문은 '학생이 교사를 초월할 수 있다'는 열린 의사소통 과정의 출발점이 되지 못한다. 학생들의 사고를 자극하는 가장 좋은 출발점은 학생들 스스로의 질문임에도 불구하고, 학습자의 질문에서 시작되는 교실 담론은 찾기 힘들다. 교사는 교과내용을 이미 알고 있을 것으로 기대되기 때문에, 교사가 대답할 수 없는 내용을 학생이 질문하면 이는 난감한(성가신) 것으로 취급된다.

이처럼 교실 담화의 비동등성과 왜곡, 교화적인 구조 때문에 교사의 말은 교실 전체 공식적 담화의 대부분을 차지한다. 대다수 교실의 언어체제는 교사가 구체적으로 이끌어 낸 말을 제외하고는 학생들이 말하는 것이 제한되어 있다. 교사들은 학생들에게 스스로 말하고 표현할 기회를 제공하는 것으로 흔히 지각하고 있지만, 교실을 관찰해보면 그렇지 않다. 교사는 자신의 언어 관행이 학생의 말을 억제할 수 있다는 것을 모르고 있다. 교실 의사소통에서 교사의 틀에 맞추어 '정확한' 대답을 해야 한다고 속박 받는다면, 교사의 권위에 반응하는 왜곡된 반응 습관이 학생들에게 주입된다.[14]

그렇다면 교실이 사회관계의 불평등을 재생산하는 공간에 그치지 않고 자율성을 드러낼 수 있는 가능성은 무엇인가? 먼저 교실담론의 '지적 엄숙주의'에 대한 도전이 요청된다. 교실에서 하는 말을 통해 교실에서 생산되는 앎의 성격을 살펴보면, 교사들은 흔히 일상적인 지식을 무시하고 교육과정 지식을 재생산하는 학교의 '게임'을 따라간다. 우리 자신을 인지적, 정서적으로 분할하는 것은 불가능함에도 불구하고, 학습자의 감정, 신념, 추론과 경험은 교사와의 의사소통 맥락의 일부분이 되지 못한다. 구성주의자들 역시 앎의 정서적 차원을 강조하는데 소극적이다. 하지만 앎이란 인식 주체의 감정과 분리된 것이 아니며 가치개입이자 주장이다. 학습은 학생의 사고, 인성, 감정의 내용을 변화시키는 것이며, 그 과정의 도구가 언어와 경험이자 곧 대화인 것이다.[15]

또한 교실 담론이 개인 대 개인의 관계를 바탕으로 전개되는 언설이라는 점에서 교사와 학생의 인간적인 교감, 개인적인 관계 형성이 중요하다. 교사가 배우가 되고 아이들은 그것을 봐줘야 하는 관객이 될 때 그 거리감은 학생들을 침묵하게 한다. 압박감과 두려움도 교실 대화의 흐름을 차단한다. 일부 교사들은 교실 내 권력관계에서 교사가 주도권을 갖는 지위의 차이를 상쇄시키기 위해, 다소 과장된 칭찬과 존중의 언사를 써서 지위 불평등을 줄이고 학생들의 참여를 자극하려고 노력한다.[16] 교과서 담론에 대한 메타담론도 시도한다. 교사는 교과서 내용에 대해 "나는 이렇게 생각 한다." 혹은 "내 의견으로는 [……]"과 같은 표현으로 개인의 의견을 말한다. 메타담론은 확실성을 중시하는 교과서 텍스트와 때로 반대되는 언술을 담게 되는데, 이 때 학생들은 교사와 같은 위치에서 교과서 지식에 대한 문제제기의 동기를 얻을 수 있다.[17]

교사가 잦은 질문으로 학생들의 사고와 대화참여를 자극해야 한다는 이론도 재고의 대상이다. 고차원의 지식이나 생각을 요구하는 교사의 질문은 오히려 아이들에게 부담과 위협이 될 수 있다. 교사가 질문을 하지 않는 것이 오히려 학생들의 발언을 유도했다는 연구 결과도 있다. 교사의 질문이 토론을 장려하는 본질적 수단은 아니며, 질문을 하지 않고 다양한 형태의 진술을 한 후 학생들의 반응을 충분히 기다려 주는 것이 학생들의 발언과 질문을 더 이끌어냈다는 것이다.

오히려 질문을 사용하는 것은 토론을 유도하는데 해악적인 것으로 밝혀졌다.[18] 만약 어떤 주장이 학습자에게 새로운 것이라면 즉각적인 수용이나 거부가 아니라 판단 중지의 반응이 나타나야 하며, 판단을 내리기 위해 의문점을 풀거나 논지를 분명히 하는 후속 작업이 이어질 것이다. 따라서 판단의 보류나 증거의 추가 확보를 권장하는 교사-학습자 관계가 필요하다.[19]

이 연구에서 관찰한 수업 중에서 다음의 사례들은 교사의 진술에 이은 학생들의 활발한 질문을 보여준다. 학생들은 교사에게 묻는 것을 크게 꺼리지 않았고 떠오르는 의문점들을 즉각적으로 질문했다. 때론 학생의 질문에 다른 학생이 답을 하기도 했다. 이런 교실에서는 교사와 학생들 사이의 자유롭고 편안한 분위기가 눈에 띄었다.

[사례1-1]

교사 4 : (고려의 북진정책에 대한 설명을 마치고) 자, 질문 있는 사람?
학생 1 : 여진은 나중에 어떻게 됐어요?
교사 4 : 예. 여진은 몽고족에 멸망당했어요. 그러다가 나중에 후금을 세웠죠. (중략)
학생 2 : 거란이 쳐들어 왔을 때요, 서희가 거란에게 뭐라고 하면서 거란을 쫓아 냈어요?
교사 4 : 아, 아까 설명했죠. (중략)

[사례1-2]

교사 5 : (고려 전기의 대외관계를 설명하며) 지금도 국제관계는 경제적 목적이 강해요.
얼마 전에 우리나라도 칠레와 무역협정을 체결했어요.
학생 1 : 누가 이익이에요?
교사 5 : 두 나라 모두 이익이지만 그래도 대부분 선진국이 이익이죠.
학생 2 : 칠레가 선진국이에요, 우리가 선진국이에요?
교사 5 : 우리가 선진국이죠. 칠레는 우리보다 못하죠. (중략) 자, 여기 이 사진에서 윤관의 복장을 보니까 어때요?
학생 3 : 장군인데 왜 갑옷을 입지 않고 관복을 입고 있어요?
교사 5 : 응, 정말 좋은 질문을 했어요. 왜 그랬을까?

학생 4 : 문신출신 장군이니까요.
교사 5 : 맞아요. 고려시대에는 문신들이 장군을 겸했어요.

결국 교실에서의 이상적인 대화는 교사가 간섭하거나 결정해주는 것이 아니라 학생들이 스스로 문제해결 방안을 찾아내고 성취감을 느끼는 것이다. 따라서 교실담론은 문제를 인지하고 그에 따른 혼돈과 갈등을 거쳐 학생들을 학습의 발견, 놀라움, 기쁨으로 인도하는 담론이어야 한다. '낯선 지역의 여행객'인 학생이 인식하는 자, 문제를 해결하는 자로서 자기 자신을 표현하도록 하는 것이다. 그를 위해서는 학습이 학생의 문제제기에서 시작될 수 있도록 교실담화를 구조화하는 것이 필요하다. 교실 담화가 교사-학생-교사가 아니라 학생-교사-학생 혹은 학생-학생-학생으로 이어지도록 다변화시킨다. 교사의 진술은 청자인 학습자가 그의 발화에 의미를 부여할 때에만 교육적 의의를 갖기 때문이다. 더구나 교실 담론의 매개체인 언어 자체가 이데올로기적 내용의 전달체이기 때문에, 학생들의 참여와 의미 창조 과정이 더욱 필수적이다. 어쩌면 학교교육의 종국적인 목적은 교사가 일이 없는 상태 즉 학습자가 혼자 힘으로 사고할 수 있는 상태에 도달하는 것일 것이다.[20]

다음은 학생들의 발표수업의 한 장면이다. 이 사례는 기본적인 단어의 뜻을 묻는 것부터 이유와 배경을 묻는 질문에 이르기까지 다양하게 질문을 제기하는 학생들의 모습을 보여준다. 학생과 학생들의 대화가 오가고 때로는 교사의 질문과 답변도 섞여졌다. 적극적이고 생산적인 교실 의사소통의 가능성을 보여준다 하겠다.

[사례2]

발표학생 : 카스트 제도는 브라만, 크샤트리아, 바이샤, 수드라를 말합니다.

학생 1　: 카스트 신분은 태어날 때부터 정해져 있는 겁니까?
발표학생 : 네. 그렇습니다.
교사 5　: 카스트 제도는 혈통입니까, 실력입니까?
학생　　: 혈통.
교사 5　: 오늘날에는 어때요?
학생　　: 실력.
학생 2　: 바이샤가 수드라랑 결혼할 수 있어요?
발표학생 : 결혼할 수 없습니다.
학생 3　: 대승불교에서 사찰은 뭡니까?
발표학생 : 사찰은 절을 말합니다.
교사 5　: 寺라는 한자에는 두 가지 뜻이 있어요. 하나는 절이란 뜻이고, 또 다른 하나는 제사지내는 사당이란 뜻이에요.
학생 4　: 아라한이 무슨 뜻입니까?
발표학생 : 아라한은 도를 닦아 높은 경지에 이른 성자를 말합니다.
학생 5　: 그럼 불교의 교리는 무엇입니까?
발표학생 : 자비와 포교입니다.
교사 5　: 그럼, 대승불교와 소승불교의 차이를 설명해 보세요.
학생 6　: 대승불교는 중생구제를 하고요, 소승불교는 개인해탈을 목적으로 해요.
학생 7　: 우리나라는 대승불교에요?
교사 5　: 우리나라는 주로 대승불교에요.
학생 8　: 질문 있는데요. 미륵과 석가모니는 어떻게 다른가요?
교사 5　: (설명한다.)

3. 역사교실의 정체성 담론

1) 정체성 형성과 국가-민족

진정한 적이 없이 진정한 친구는 있을 수 없다. 우리가 아닌 것을 증오하지 않고 우리를 사랑할 수는 없다. -마이클 딥딘, 『죽은 석호』-[21]

한 집단의 정체성은 자신과 잠재적 대립관계에 있는 타자에 의존하여 구성된다. 타자들이 곧 주체성의 '저자'가 된다. 그것은 독자가 저자의 텍스트의 의미를 구성하는 것과 비슷하다.[22] 타자는 '우리'의 고유한 이데올로기적, 문화적 지표들을 부각시키는데 소용이 된다. 푸코(Michelle Foucault)는 특히 근대 주체가 자신의 '외부' 또는 '타자'와의 분할과 감금, 배제에 의해 스스로를 구성하고, '진리'의 생산을 통해 자기와 타자를 통제한다고 주장했다.[23] 따라서 자아나 주체는 타고나거나 주어진 것이 아니라 담론에 의해 구성된다. 주체처럼 작용하는 것은 정치, 이데올로기, 경제, 역사, 성, 언어 등으로 이루어지는 거대한 불연속적 관계망의 일부이다.[24]

타자성의 생산도 마찬가지다. 타자성의 메커니즘은 타자에 대해 우리의 고유한 환상과 욕망을 투영하는 것이다. 이 때 모순된 심리적 정서 이를테면 낯설고 알려지지 않은 타자에 대한 욕망과 두려움이 함께 작용한다. 그것은 때로 배제와 억압을 넘어 타자의 희생과 죽음으로 향하려는 욕망을 의미한다. 당연히 타자성의 극단적 경우는 허구적인 타자를 매개로 어떤 것이나 상상할 수 있는 가능성을 제공해 준다.[25] 따라서 상징으로써 타자에 대한 상상을 장악하려는 것은, '타자들이 스스로 말하게' 하지 않고 타자를 전유하는 위험을 내포한다.[26]

서구 '주체'도 식민지 주민인 '타자'와의 대립 속에서 서구적 자아라는 자기 정체성을 확립하고 유지했다. 서구의 관찰자는 인종의 차이를 본질적인 기반으로 삼아 비유럽인들의 '타자성'을 선택적으로 규정함으로써 타자들을 생산했다. 타자의 차이는 자아의 근거로 전도되는데, 즉 식민화된 '타자'의 미개함, 사악함, 야만성은 유럽적 '자아'의 계몽, 문명, 올바름, 선함을 가능하게 만드는 것이다.[27] 사이드(Edward W. Said)는 유럽문화가 '은폐된 자기'이기도 한 오리엔트를 소외시킴으로

써 자신들의 정체성과 힘을 획득할 수 있었음을 강조한다.[28]

> "물론 모든 문화가 나름대로 중요하겠지만, 유럽이외의 문화가 보편적 가치를 획득하기 위해서는 유럽 문화의 구성 요소가 되어야 한다. 유럽 문화는 역사적으로 그리고 구체적으로 유일한 보편적 문화이다. 다른 문화들은 유럽적 사고에 기여하고 이에 흡수될 때에만 보편적 가치를 획득한다." -그람시의 옥중수고 중에서-[29]

정체성 개념은 흔히 인종, 민족, 국가와 같은 범주에 기초하며 소속, 기원에 대한 담론의 선점을 중시한다. 왜냐하면 지식의 헤게모니는 기원에 대한 장악에서 비롯되기 때문이다. 서구 주체의 자기 정체성 인식도 곧 동질적인 국민 정체성 관념의 구축이었다. 유럽은 내부에 타자성의 체계를 극화시킴으로써 국가-민족의 신화를 구축했다. 자기 집단과 다른 집단의 문화적 유형의 차이를 증폭시키면서 문화를 만들어내고 균질화를 추진해가는 정치기구는 바로 국가기구였다. 월러스틴(Immanuel Wallerstein)은 국가가 국민을 창출하는 것이지 그 반대는 아니라고 하면서, 국가는 가족이나 학교, 종교 등의 사회장치를 통해서 국민을 창출한다고 했다.[30] 그것은 과거의 흔적으로서의 전통이 살아 있다는 조건 아래 개인을 '집단 서사(collective narrative)'의 그물망 속에 편입시켜 가는 것을 의미했다.

사실 국가-민족이라는 개념은 근대의 산물이다. 근대 이전에도 하나의 민족을 이룬다는 감정은 존재했지만, 이때의 민족적 감정이라는 것은 집단의 목적이나 행동을 항구적으로 결정하는 요인이 되지 못했고, 모든 개인을 감정과 사고와 행동의 통일체로 결합시키려는 목적의식을 가진 의지가 아니었다. 국가-민족은 씨족이나 부족 혹은 종족 집단들, 즉 공통적인 혈통이나 주거지에 의해 결합된 인간집단과는 다르다. 그것은 국민주권사상의 발전이라는 역사발전단계를 배경으로 성립하는 개념이다. 우리가 일반적으로 말하는 민족형성의 객관적 요소인 공동의 혈통, 언어, 영토, 정치적 실체, 관습과 전통, 종교 등은 국가-민족의 존재나 그 정의를 내리는데 충분한 요소는 아니다. 축적된 문화와 함께 생생하고도 적극적인 소속의지 혹은 공동의지가 필수 요소이다.[31]

근대국가에서 내셔널리즘은 일종의 시민종교(civil religion)였다. 국가와 정권은 '상상된 공동체'의 감정과 상징 등을 애국주의를 강화하는데 활용했다. 민족어를 매개로 한 거주민의 동질화와 표준화를 의미하는 근대화 과정에서 민족이나 전통이 창안되고 민족의식이 동력원으로 활용되었다. 국민은 근대성과 발전을 실어 나를 수 있는 하나의 그리고 유일한 운반 수단으로 설정되었다. 국민 개념은 정체와 복고를 촉진하는가 하면 변화와 혁명의 무기 혹은 외세에 대항하는 방어벽으로 작동하는 효과적 수단이기도 했다. 이제 내셔널리즘은 전 지구상의 대부분의 국가를 움직이는 유일한 이념이 되었다.[32]

그런데 국민국가로서의 통합을 위해 문화와 정치적 단위를 동일화하고 문화적·국민적 일체감을 조성할 때, 집단기억 체계의 작동과 함께 정치의 차원이 개입된다. 즉 과거의 기억은 도덕적인 현상이자 동시에 정치적인 현상이다. 기억의 정치란 곧 기억의 조작, 정치적 신화의 창조와 같은 것을 말한다. 정치가 끼어들어 기억을 조작함으로써 집단적 망각, 진실 은폐·축소·과장, 기억의 집단적 왜곡이 생겨난다.[33] 르낭(Ernest Renan)은 국민 창조의 본질적 인자는 '망각'이며 '역사적 오류'라고 주장한다. 즉 "국민의 본질은 모든 개인이 많은 공통점을 갖고전 구성원이 많은 것을 망각하는 것"이라고 한다. 물론 르낭은 단순한 망각이 아니라 기억을 요청하는 망각을 강조했고, 그럼으로써

"국민의식이 창조되며, 공동체의 이익을 위해 개체의 희생을 감수하게 함으로써 국민은 정당하며 존재할 권리를 갖는다."고 했다.[34] 어쨌든 과거의 기억(혹은 망각)은 개인의 사회화나 집단적인 결속 그리고 사회적 정통성의 유지나 그것에 대한 도전에 결정적 요인으로 작용한다. 인종, 민족, 종족 집단은 모두 '과거 기억'의 소산이며 근대의 정치 현상이다.[35]

> 속지 않도록 하자. 우리가 다른 국민이나 자기 자신에 대해 품은 이미지는 어렸을 때 들은 '역사'와 연관되어 있다. 그 이미지는 평생 지워지지 않는다. 이 표상은 각자에게 세계의 발견이 되고, 여러 사회의 과거의 발견이 되기도 한다 [……] 과거의 이미지는 지식이나 이데올로기가 변화함에 따라, 또한 사회에 있어서의 역사의 기능이 변함에 따라 변형되어간다. 오늘이야말로 모든 역사의 표상을 대조해봐야 할 때다. 왜냐하면 [……] 현재 여러 사회의 과거는 모든 국가, 모든 국면, 모든 문화, 모든 민족의 대결 속에서 유례없을 정도로 핵심에 위치하는 것 중의 하나가 되어 있기 때문이다.[36]

그러므로 "과거를 어떻게 공식화하고 어떻게 재현하는가 하는 것은 현재에 대한 우리의 이해와 견해를 형성한다."[37] 학교교육은 그러한 과거의 재편, 과거에 대한 기억의 재배치 과정에서 중요한 위치를 차지한다. 푸코에 의하면 근대 이성 또는 지식은 질서의 담론이자 권력으로 기능하는데, 권력은 바로 공장과 학교, 군대와 감옥, 병원 등 일상적인 사회공간을 지배함으로써 스스로를 생산한다. 따라서 권력관계를 상정하지 않는 지식은 존재하지 않으며, 특히 학교에서 생산하는 지식은 전형적인 문화적 장치이자 권력 담론의 체계이다. 학교와 교실은 '하나의 역사에 대한 대체적인 서술'을 소외시키고 주변화하려는 담론의 체계를 그 대상으로 하기 때문이다.[38]

현재 우리나라 학교 국사교육은 민족의식의 고취 및 민족주체성 확립을 교육 목표로 한다. "우리 민족의 문화 전통을 확인시켜 민족사 전개에 적극적으로 참여하는 정신"을 기르고 "우리 민족의 모습을 세계사적 차원에서 파악하도록 하는 것"을 강조한다.[39] 중학교 국사교과서는 "우리의 역사를 사랑하고 [……] 오늘의 역사적 과제인 조국의 통일과 민족의 번영, 그리고 세계 속의 새로운 한국 건설에 이바지하는 일꾼이 될 것"을 학생들에게 요구한다. 고등학교 국사교과서역시 "민족사를 학습함으로써 [……] 우리 민족의 정체성을 확립하고 [……] 한국인의 자긍심을 함양하는 것"을 목표로 제시했다. 요약하자면, "우리나라 역사를 주체적으로 이해"하여 민족정체성 및 민족사에 대한 긍지를 함양하는 것을 주요 목표로 한다.[40]

이러한 교육목표는 '우리 민족'을 한국사 전개의 유일한 단일 주체로 상정하고 있다. 또한 민족의 본질은 불변한 것으로 전제되므로, '민족사'를 통해 정체성과 주체성을 확립한다는 것은 지극히 당연한 교육목표가 된다. 교과서 서술에서도 민족사의 유구함과 민족문화유산을 강조함으로써 국민적 통합의 의미를 부각시킨다.

그러나 민족을 마치 절대적인 것, 선험적인 객체로 인식하고 모든 정치적, 문화적 생활의 원천으로 생각하는 것은 역사적 실체를 왜곡시키는 것이다. 물론 우리 민족의 동질적 성향이나 민족적 정서 혹은 그것들이 쌓여서 형성된 역사적 축적물이 적지 않다. 특히 한민족 혈통의 순수성을 유지하고 있다는 믿음 즉 단일민족의 이념이 강한 우리나라에서 민족은 역사적 '운명공동체'로 규정된다. 하지만 역사를 민족의 틀 안에서만 사유하는 것은 '민족의식'의 과잉을 초래한다. 선사시대나 고대의 역사 추진의 집단적 주체로 민족을 내세우고, 전근대의 왕권강화를 국력신장과 일치시키고, 절대군주의 통치이념이었던 민본주의 사상을 인간 존중으로 해석하기도 한다. 정치사 서술은 통치체제의 합리성만을 강조하고, 권력집단의 효율적인 국민지배를 발전적인 사회로 서술한다. 결국 '민족' 중심의 역사 교육은 국가체제의 정당성에 신념을 갖게 하려는 목적을 담고 있으며, 동시에 지배층을 민족과 동일시하고 역사발전의 주체로 정의할 위험을 안고 있다. 그것은 '민족=지배층'이라는 등식의 계급적 관점을 과거 역사에 투영시킨 것에 다름 아닐 것이다.[41]

이러한 사유체계에서 '우리 민족'만이 아닌 '만인'의 평등 혹은 '개체'로서의 자유와 같은 의제는 자연스럽게 배제된다. 타자의 왜곡과 배제가 일어나고 '나', '개인'의 자유와 권리 역시 '사회', '민족'을 위해 배제된다. 민족의 초월적 지위가 상승되면 될수록 '개체'와 '타자'의 부재와 상실은 심화되고, 민족이라는 기호는 동일화와 배제를 통해 자신의 영토를 견고하게 구축해간다. 그 결과 우리 역사 속의 주요 '타자들'인 중국과 일본, 그리고 서구에 대한 편향적 인식을 초래한다. 중국에 대한 이해는 중화주의라는 초월적 기표를 해체하지 못하고, 일본에 반하는 것은 무조건 애국적인 것이라는 강박증이 생긴다. 근대에 들어 서구문명을 향하게 된 시선은 서구와의 동일성에 대한 희구로 이어졌다. 서구라는 '타자'를 합리적, 과학적, 이성적, 자유주의적, 민주주의적인 존재로 정의하는 것은 '우리'에게 결핍을 각인시켰다.

결국 본질론적 정체성 모델에서 '우리'와 '그들'이라는 이분법은 국가-민족 테제와 결합하면서 주체와 타자 모두에게 억압기제로 작동하게 된다. 그렇다면 과연 '우리'는 '타자'에 대해 사심 없고 진정한 지식을 가질 수 있을까? 타인을 억압하거나 조작하지 않고 문화적 차이를 재현할 수 있을까? 우리와 타자의 상생과 공존을 위한 기억들의 배치 변환이 역사교실에서 이루어질 수 있을까?

2) 교실에서의 '우리'와 '타자'

교실담론을 통해 재현되고 있는 우리와 타자의 모습에서 먼저 눈에 띄는 것은 '우리'의 정체가 다층적이며 선택적으로 정의된다는 것이다. '우리'는 흔히 '우리 민족' 혹은 '우리나라 사람들'로 지칭되지만 그 구성원을 보면 시대와 상황에 따라 다른 집단이나 계층을 지칭할 때가 있다. [사례3-1]과 [사례3-2]를 보면, '몽고의 침입에 혼자 살겠다고 도망간' 고려의 집권층은 '우리'가 아니고, 그에 저항한 '일반 백성과 노비들'은 '우리'가 된다. 교사는 몽고의 침입에 '우리 민족'이 강력히 저항했다고 하면서 '도망간 최우와 최씨 정권'을 비난하고 고려의 '노비와천민들'의 대항을 높이 평가한다.[42] 결국 교사의 설명은 '백성과 노비들'을 '도망가 버린 최우와 집권층'과 구별하여 '우리 민족'으로 동일시하는 감정이입을 보여준다. 동학농민운동을 진압하려고 한 왕과 정부군이 아니라 외세에 맞서 일어난 동학농민군을 '우리'와 동일시하는 것도 같은 맥락이다.([사례3-3] 참조)

[사례3-1]

교사 1 : (몽고족의 침입을 설명하며) '우리 민족'은 강력히 저항했어요. (중략) 노비와 천민들이 끝까지 저항했어요. 고려사에 보면 전쟁기간 중에 최우는 강화도에서 수만 냥의 돈을 들여서 잔치를 벌이는 어처구니없는 행태를 했다고 해요. 왕과 집권자들이 먼저 도망가고 [……]

[사례3-2]

교사 4 : 몽고가 쳐들어왔을 때 관군이 다 도망가 버리면 누가 '우리 민족'을 지켜요?

학생들 : 백성들.

교사 4 : 예. 일반 백성들하고 노비가 나서서 싸웠어요. 그런데 관군이 돌아와서 은그릇이 제대로 있나 세어보고, 남아있는 사람들을 도둑질했다고 잡아가고 그랬어요. 실제로 누가 가져갔는지 모르지만, 도망가 버린 사람들인 지배층이 그런 행동을 해서는 안 되겠죠?

학생들 : 예.

교사 4 : 최우는 '나만 잘 살겠다'고 강화도로 천도했어요. 여러분은 어떻게 생각해요?

[사례3-3]

교사 11 : (동학농민운동의 전개를 설명하며) 일본군이 우리 왕궁을 점령하자 농민군이 외세에 반대하며 일어났어요. 목숨까지 버리며 일어서는 우리 민족의 강한 '민족정신'을 보여주는 것이죠.

특히 외적의 침입에 맞서 싸운 전쟁 영웅은 '우리'를 표상하는 대표적 존재이다. [사례4]에서 거란의 고려침입을 막아낸 '우리'는 곧 서희, 양규, 강감찬 등으로 대변된다. 인물에 대한 객관적 평가보다는 그 업적과 성취가 더 중시된다. 그들이 자신들에게 닥친 시련과 모험을 비장하게 극복하고, 국가를 외세의 위기로부터 구한 인물이라면 그것으로 충분했다. '우리'를 곧 영웅과 동일시하는 인식은 어쩌면 100년 전의 역사교육과 흡사하다.[43]

[사례4]

교사 5 : 거란의 1차 침입 때 '우리'가 오히려 땅을 얻었죠? 누구죠?

학생들 : 서 희.

교사 5 : 맞아요. 서희가 말로 강동 6주를 뺏어왔어요. 정말 훌륭한, 위대한 장군이죠. (중략) 거란의 3차 침입 때도 장군이 등장하죠?

학생들 : 강감찬.

교사 5 : 강감찬이 귀주대첩에서 큰 승리를 거두었어요. 고구려 때 살수대첩이나 일제시대 때 김좌진 장군의 청산리대첩과 같은 것이죠. (중략) 우리 조상들 중에 강감찬 장군처럼 훌륭한 분이 있었기 때문에 지금 우리가 여기에 있을 수 있죠.

이처럼 교사가 정의하는 '우리'는 종종 역사 속에서 '선한 자, 강한 자, 올바른 자'와 동일시된다. 그것은 시대와 상황에 따라 왕이 될 수도 있고, 뛰어난 장수나 귀족이 될 수도 있고, 일반백성이나 노비가 될 수도 있다.

개항 이후의 한국사를 다루는 국사교실에서 '우리'는 일본이라는 '타자'에 대한 대자적 존재로 강하게 부각된다. 침략과 저항의 담론으로 일관하는 교실에서 학습목표는 '우리 민족의 수난을 아는 것'에 모아진다. 한 교사는 '일제의 침탈과 국권의 피탈'이라는 단원의 학습목표를, "우리나라가 일본에게 주권을 침탈당하는 과정을 알아야한다.", "을사조약이 국제간의 정당한 조약이 아니라는 것을 알아야한다."와 같이 당위적으로 표현했다. 을사조약이 어떤 근거에서 국제간의 정당한 조약이 아니었는가를 학생들이 스스로 납득하고 판단하는 것 보다 그것이 부당한 체결이었음을 받아들이는 것이 먼저 요구된다.

그를 위해 일본의 침탈과 그에 따른 '우리'의 수난이 강조된다. [사례5-1]과 [사례5-2]에서 몽고 침입에 대해 "몽고군의 말발굽 아래 짓밟혔다."라고 설명한 것처럼, [사례5-3]과 [사례5-5]에서 "우리는 일본 제국주의의 침략에 짓밟혔다.", "진짜 우리나라는 시체가 됐다. 만신창이가 됐다."는 표현이 사용된다. 교과서에는 "황룡사 9층탑 등이 몽고군에 의해 불타는 피해를 입었다."고 간단히 기술되고, "일본인 통감이 대한제국의 내정을 완전히 장악하기에 이르렀다 [……] 일제의 노예 상태로 떨어지게 되었다 [……] 군대 위안부로 만들어 비인간적인 생활을 하게 했다."처럼 완곡한 표현으로 서술된 것과 대조적이다. 교실 담론에서는 '처절한 피해', '가혹한 고통', '말살', '만행' 등의 극단적인 용어가 자주 등장한다. 침입이나 지배를 당한 '우리'의 역사를 묘사하는 자극적인 표현은 다분히 학생들의 감정을 자극하고, [사례5-4]에서 보듯이 학생들은 "우리나라가 바보에요? 왜 그런 불평등조약을 맺었어요?"라고 울분을 토한다.

[사례5-1]

교사 1 : 몽고의 말발굽아래 짓밟히면서도 고려 백성은 저항하며 싸웠어요. (중략) 육지에 남은 백성들은 처절하게 피해를 당하고.

[사례5-2]

교사 4 : 몽고의 3차 침입 때 우리 국토 한반도가 완전히 몽고군의 말발굽아래 짓밟혔어요.

[사례5-3]

교사 2 : 오늘은 '일제의 민족말살정책'을 배워봅시다. 일본이 올해(2005년)를 한국을 침략한 지 100년이 되는 해라고 기념한다는 뉴스가 나왔어요. 일본이 어떤 나라인지 알아야겠죠. (중략) 학습목표는 '우리 민족의 수난을 안다, 바람직한 한일관계를 생각한다'입니다. (중략) 우리 민족이 당해야 했던 고통은 어느 정도였는지 알아봅시다. (창씨개명과 신사참배를 설명한 후) 아마 여러분 할머니, 할아버지들은 지긋지긋해서 일제 시대 이야기를 하지 않았을 거예요. (중략) 우리는 일본제국주의의 침략에 짓밟혔어요. 위안부라는 성노예까지 만들었는데 [……] 정당한 전쟁이 아니죠?

학생들 : 예.

교사 2 : 침략전쟁을 위해 희생양으로 삼은거죠. 일제는 이렇게 가혹하게 우리 민족성을 말살하려 했어요. 그런데 우리가 너무 빨리 잊어버리고 있었던 것은 아닌가? (중략) 일본사람들은 사과하기는커녕 오히려 그 시절을 기념하고 있어요. 교과서에는 '이러한 일제만행은 세계사에 유래가 없는 일이었다.'고 적고 있어요.

[사례5-4]

교사 7 : 강화도 조약은 일본의 권리만 적은 것이고 조선의 권리는 없어요. 대신 의무만 강조되었으니까 불평등조약이죠. 왜 불평등조약인지 그 근거를 잘 알아야 해요. 현재 그런 내용이 있으면 평등한 조약이 되도록 노력해야겠죠?

학생 : 근데요, 우리나라는 바보에요? 왜 그런 조약을 맺었어요?

교사 7 : 예. 좋은 질문이에요. 당시의 국제정세가 어땠는지, 각 나라가 어떻게 대응해 나갔는지를 알아야겠죠? 그 때 조선은 무엇을 했어야 했나? 내가 그 때 살았으면 어떻게 했을까? 우리 조상은 바보, 멍청이여서 그랬을까? 우리가 역사를 배우는 이유는 다시는 그런 일을 겪지 않기 위해서겠죠?

[사례5-5]

교사 9 : 제1차 한일협약 때 외교고문이었던 스티븐스은 좋은 사람이에요, 나쁜 사람이에요?

학생들 : [……]

교사 9 : 제거되어야 할 사람이죠. (중략) 잘못된 을사조약에 적극적으로는 아니지만 참여했던 이완용, 박제순 같은 을사오적은 자랑스러운 이름인가요?

학생들 : 아니요.

교사 9 : 부끄러운 이름이죠. (중략) 1909년에 체결된 기유각서는 우리나라의 무엇을 뺏어가죠?

학생들 : 경찰권, 사법권.

교사 9 : 예. 이제 진짜 우리나라는 시체가 됐어요. 만신창이가 된 거죠. 그리고 1910년에 경술국치를 당하게 됩니다. 굉장히 씁쓸한 역사죠. 교과서 사진에 보면 우리 황실의 중심인 근정전에 일장기가 내걸려 있어요. 주권을 잃은 노예상태로 떨어졌다는 것을 의미하죠. (중략) 오늘 수업은 우리나라 주권이 침탈되는 과정을 배웠어요. 이런 부분을 안 배울 수는 없죠. 우리가 더욱 더 이를 악물고 배워야 해요. 을사조약은 강요된, 잘못된 조약이라는 것을 분명히 알아야 해요.

의욕을 가진 교사일수록 '타자'인 일본에 대한 정의는 격앙된 감정으로 표현된다. [사례6]의 교사는 운요호 사건부터 시작하여 강화도조약의 불평등함을 지적하고 이후 계속된 일본의 만행을 비분강개하여 열거한다. 결국 "일본은 나쁜 나라고, 일본의 편을 들어 준 나라들도 나쁜 나라들이다. 우리는 억울하게 나라의 주권을 뺏겼다."는 것이다. 일본은 못된 일만 한 나쁜 나라, 그 이상도 그 이하도 아니다. 국권을 탈취해 간 일본이라는 '타자', 그리고 식민지 경험을 하게 된 조선이라는 '우리'는 선과 악의 이분법으로 표상될 뿐이다. 때로 교사들은 '일본애들', '저것 들', '자기네들'을 '일제', '일본'과 동격으로 사용함으로써 일본을 폄하하기도 한다.

[사례6]

교사 11: (운요호 사건을 설명하며) 일본이 강화도에 배를 대고 정박하고 있었어요. 우리나라 사람들은 '저것들이 언제 쳐들어오나 보자'하고 기다리고 있었지. 그러자 싸움에서 불리한 쪽이 먼저 자기 옷을 스스로 찢으면서 싸움을 유발하는 것처럼 대포를 쏘고 쇼를 합니다. 하지만 우리나라 사람들이 가만히 쳐다보고 있다가 '지 혼자 쇼하다 말겠지.'하고 대응을 하지 않았어요. (강화도 조약의 제1항을 설명하며) 일본은 우리나라만 잡아먹으려고 했던 것이 아니라 청나라를 견제하려고 '조선은 자주국이다'를 내용에 넣은 것이죠. (명성황후 시해를 설명하며) 그냥 죽인 것도 아니고 경복궁으로 끌고 가서 불태워 죽였어요. 선생님이 너무 흥분해서 말이 안나오는데 당연히 분노할 일이지. 선생님이 이렇게까지 원통하지는 않을 텐데 [……]

이것은 '우리'를 편들고 '그들'을 비난하는 것, 학생들과 함께 분노하고 원통한 심정을 나누는 것에는 도움이 될지 모르나 '우리'나 '타자'에 대한 반쪽 이해에 지나지 않는다. '우리'와 '그들'을 넘어선 역사의 역학관계에 대한 냉철한 시선이 없이는, 일제의 침략성과 조선의 식민지 경험에 대한 학생들의 당시 합리적 이해와 판단을 기대할 수 없다. 일본 제국주의라는 '타자'를 동아시아와 세계의 정세 속에 위치시켜 국가들 간의 이해 및 정략적 관계를 치밀하게 읽어낼 필요가 있다. 유럽의 다른 '타자들'이 여러 대륙에서 벌인 식민지 쟁탈전에 대한 거시적 비교 시각을 도입하는 것도 일본의 '타자성'을 '타자화'하는데 도움이 될 것이다. 조선의 모습 역시 다른 국가들의 강제개항 및 식민지화 경험과 비교하고 그 잘못과실수까지 포함할 때 제대로 볼 수 있지 않을까?

한편 교실담론에 등장하는 서구의 이미지는 매우 우호적이다. '근대'를 발명하고 문물을 발전시킨 '선구적' 사람들로 정의되면서, 서구라는 타자는 근대의 개념과 함께 역사 전개의 기본 모델로 자리 잡는다. [사례7-1]에서는 고려의 지배층을 비판하는데 '서양의 노블레스 오블리제'가 등장하기도 한다. 또한 제국주의를 다루는 단원에서는 서구의 침략성을 지적하지만, 동인도회사 설립 및 그들의 초기 식민지 건설에 대한 비판적 언급은 찾아보기 힘들다. 하지만 서구인들을 칭하는 용어로 [사례7-2]에서처럼 '영국 애들'과 같은 비하적 표현이 등장하기도 한다. 이는 서양에 대한 우리의 태도에 양가감정이 존재한다는 것을 보여준다. 서양인들이 이룩한 소위 '근대' 물질문명의 성취에 대한 부러움과 찬탄이 있는 반면, 동시에 그들의 제국주의적 팽창과 침략에 따른 상실에 대한 피해의식과 질시의 감정이 있다.

[사례7-1]

교사 1 : (몽고침입을 설명한 후) 왕과 권력자들이 최선을 다해 싸워야 할텐데 [……] 오히려 천민이나 농민이 열심히 싸웠어요. 이 사람들은 왜 그랬을까? 고려왕조를 지키기 위해서? 아니면 살아남기 위해서?

학생들 : 살아남기 위해서

교사 1 : 한번 생각해 볼 문제죠. (중략) 서양의 경우 '노블레스 오블리제'가 있어요. 사회 지배계층은 국가에 대한 의무와 사명감을 갖고 있는데, 영국 이튼 칼리지 출신의 엘리트들이 2차대전 때 군대에 복무하여 2천명이 사망했다고 하고 미국의 아이젠하워 대통령 아들도 6·25 전쟁에 참가해서 전사했어요. 그러나 몽고의 침입 때 당시 왕이 곧 국가였는데

먼저 피신하고 호화로운 생활을 했어요. 왕과 지배층은 전부 도망가 버리고 [……]

[사례7-2]

교사 3 : 타이는 시암이라고 불리는데, 이 이름은 영국 애들이 지어준 이름이에요. (중략) 왕과 나'에서 [……] 왕과 그 아이들이 영어로 이야기해요. 타이의 왕들이 서양의 발전된 문물을 받아들이는데 앞장섰어요.

또한 서구라는 타자 집단에 대한 정의도 그 안에 다중적인 위계가 존재한다. 서구는 흔히 서유럽을 의미하는데, [사례8-1]에서 보듯이 그 중에서도 영국과 프랑스가 가장 선진적이고 모범적인 역사를 가진 나라로 평가된다. 같은 서유럽 국가들이지만 영국과 에스파냐의 역사 전개는 다른 기준을 적용받는다. 엘리자베스 1세의 동인도회사 설립은 영국이 인도를 식민지로 삼고 발전하게 되는데 중요한 역할을 한 치적이 된다. 하지만 펠리페 2세의 아메리카 식민지 건설은 '착취'와 '약탈'을 통해 결국 에스파냐의 몰락을 초래한 '실적(失跡)'으로 평가된다. 무적함대의 몰락을 강조하는 것도 영국 역사에 대한 우호적인 미화와 같은 기조를 띠고 있다. 이러한 서유럽 이해는 학생들이 대본을 쓰고 참여한 [사례8-2]의 역할극 대사에서도 그대로 반복된다.

[사례8-1]

교사 8 : 자 중앙집권국가로 일찍 발전해간 나라는 어디지? 백년전쟁을 통해서?

학생 : 프랑스, 영국.

교사 8 : (중략) 왕권신수설을 바탕으로 중상주의를 통해 국가의 힘을 키워가는 대표적인 나라가 어디에요?

학생 : 영국과 프랑스.

교사 8 : (중략) 에스파냐가 나중에 영국에 지게 되는데, 그 차이는 어디에 있었을까?

학생 : [……]

교사 8 : 에스파냐는 식민지 착취, 약탈에 중점을 뒀는데, 영국은 모직물 공업에 힘써서 산업발전에 노력하면서 결국 앞서 가게 된 거죠. 영국은 동인도 회사를 설립했는데 영국의 식민지 건설에 큰 역할을 했어요. (중략) 그리고 에스파냐의 무적함대를 물리친 후에는 해상권까지 장악했어요. 그래서 에스파냐는 몰락하고 영국은 발전하게 됐죠.

[사례8-2]

펠리페 2세 : 우리는 신대륙을 식민지로 삼아 금은보화를 얻어 부자나라가 되었소. 우리의 무적함대는 어떤 군대도 다 이길 수 있소.

엘리자베스 1세 : 이보시오. 앞으로 머지않아 당신의 무적함대는 패하고 말 것이오. 세계는 영국이 지배할 것이오. 수상, 우리 영국은 모직물 공업을 육성하고 동인도 회사를 지원하여 식민지 사업에 진출하도록 하시오.

루이 14세 : 우리 프랑스에선 내가 곧 국가요. 내 별명이 태양왕이오. 호화파티를 열 것이니 여러 국가의 왕들은 참석하도록 하시오. 단 참가비를 내야하오.

프리드리히 1세 : 우리는 언제 저토록 부강해질 수 있을까? 우리 러시아를 서유럽처럼 개혁시키고 발전시켜야겠다.

프로이센 : 나도 가만히 있을 수 없지. 우리 프로이센이 중심이 되어 통일을 하고 하루빨리 강대국이 됩시다. 자 나를 따르라!

서유럽 국가들에 비해 동유럽과 러시아는 세계사 교실에서 '서유럽을 쫓아가려고 노력하는 후진적인 나라들'로 정의된다([사례9-1] 참조). 러시아에 대한 부정적 담론은 개항 이후 역사를 다루는 한국사 수업에서도 등장한다. 당시의 국제적 역학관계에서 한반도에 미친 영국, 미국, 프랑스 등의 역할이 적었기 때문이기도 하지만, 비난의 어조는 러시아와 일본을 향해 있다. [사례9-2]에서 러시아는 구한말 '우리'의 최대의 적으로 등장하는 일본과 함께 마치 '먹이 감을 노리는 야수'로 정의된다. 그러한 은유는 선과 악의 대립구도에 가까운 담론이다.

[사례9-1]

교사 8 : 왕이 군대를 키워 보호하고 국가의 힘을 키워갔는데, 그 대표적인 나라는?

학생들 : 영국, 프랑스.

교사 8 : 맞아요. 자 그렇다면 이제 늦게 출발한 러시아를 봅시다. (중략) 자 이 그림은 러시아의 표트르 대제가 귀족의 수염을 자르는 것이에요. 러시아는 몽고지배를 받아서 아시아적 전통이 강했어요. 그래서 수염을 길렀는데, 표트르 대제는 수염도 깎고 근대적으로 변하자 그랬어요. 그리고 안 깎으면 세금을 부과했어요. (중략) 프로이센과 러시아는 서유럽에 비해 발전이 100년이나 늦어요. 근대의 출발을 늦게 시작했기 때문에 누가 앞장서느냐? 바로 군주 즉 계몽군주가 나서게 되죠. 스스로 개혁의 주체가 돼서 국가발전을 위해서 노력하게 되요. 국민을 계몽시키고. 서유럽을 빨리 쫓아가려고 노력했어요.

[사례9-2]

교사 10: 청일전쟁 후에 청나라와 우리나라는 어느 정도 대등한 사이가 되었는데, 다시 마수를 뻗친 나라가 러시아제국과 일본제국이었어요. (중략) 이렇게 러시아와 일본이 호시탐탐 우리를 노리고 있을 때, 우리도 [……] 독립국가로서의 모습을 갖추려고 노력하게 되겠지? 아직은 주인이 정해지지 않았으니까.

근대 이전의 한국사 교실담론에서 종종 평가 절하되는 '타자들'은 거란과 여진과 같은 북방 민족들이다. [사례10-2]가 보여주듯이 교사들은 요, 금이라는 국명을 쓰기 보다는 거란, 여진이라는 호칭을 더 자주 사용함으로써, 결과적으로 '통일국가를 형성하지 못한 야만적인 종족'이라는 이미지가 부각된다. 고려 수도인 개경을 내주고 왕이 나주까지 피난할 정도로 강성했던 요의 군사력에 대해서는 별 평가를 하지 않는다. 다만 '감히' 고려 내정을 핑계 삼아 침입해 온 것이 감정적인 '질타'의 대상이 될 뿐이다. 유일하게 여진의 문화를 '우리' 문화와 비교하여 높게 평가하고 강대한 민족으로 설명한 [사례10-1]은 예외적인 경우다. 반면에 중국 송나라의 문화는 그 우수함이 높이 평가되고 그것은 곧 국력의 우월함으로 평가된다. 역사교실의 담론에서 대체로 군사력을 국력과 일치시켜왔던 기조와는 다른 장면이다. 결국 교실담론은 '문명의 중국'과 '야만의 주변'을 차별하는 화이론의 투영에 가깝다.

[사례10-1]

교사 4 : 고려는 귀족적이었기 때문에 송의 발달된 문화를 가져와야 했어요. 그런데 송이 보기에도 고려가 조금 문화수준이 있고 또 거란보다는 군사적으로도 강대국인 것 같으니까 고려와 대외관계를 맺은거죠. (중략) 나중에 여진족이 통일을 하고 금을 세우게 되요. 그리고 우리에게 사대의 예를 요구합니다. 고려는 항상 여진을 야만족으로 생각했어요. 그런데 여진은 자체문자를 개발할 정도로 문화가 발달한 민족이에요. 우리는 당시 문자도 없었는데, 우리보다 2~300년 훨씬 먼저 문자도 만들었어요. 그런데 우리가 무시하던 여진족이 힘이 강해져서 우리에게 형님이라 부르라 하면 여러분 같으면 어떻게 하겠어요? 형님이라고 할거야?

학생들 : 못해요.

교사 4 : 고려 내부에서도 의견이 나뉘었어요. (중략) 여진은 나중에 후금을 세워서 우리나라를 쳐들어와요. 이처럼 우리나라 주변에 강대한 민족들이 많이 포진해 있었어요. 그런 위대한 민족들의 틈바구니에 살면서도 우리가 꿋꿋하게 잘 살고 있잖아요.

[사례10-2]

교사 5 : (고려의 북진정책을 설명하며) 그러면 고려는 왜 거란을 싫어해?

학생 : 발해를 멸망시켜서.

교사 5 : 네. 그리고 문화적으로 야만적이다, 즉 무식하다 이거야. 그래서 싫어했어요. 그런데 송은 고려랑 어떤 관계야?

학생 : 친선관계.

교사 5 : 송은 고려와 친해야 거란을 견제할 수 있었기 때문이죠. 자 거란이 이렇게 왕따를 당하니까 거란은 기분이 나빴겠죠? (중략) 거란의 2차 침입은 강조의 정변을 구실로 일어났는데, 남의 나라, 남의 가정문제를 간섭하면 돼요, 안돼요?

학생 : 안돼요.

교사 5 : 거란이 고려에 불만이 있으니까 트집을 잡은거죠. 이 때 거란은 수도인 개경까지 내려와요. 그래서 왕이 나주까지 피난하여 상당한 위기를 맞았어요. (천리장성을 설명하며) 고려는 천리장성을 쌓았는데, 중국의 만리장성은 천리장성의 10배나 되요. 인공위성으로 보면 만리장성이 보인다고 해요. 대단하죠?

이처럼 역사교실에서 타자들의 모습은 몇 개의 위계로 나누어진 이미지와 언설을 통해 등장한다. 교사들은 타자에 대한 특정한 인상과 이미지를 심어줄 수 있는 말을 하는데, 때로 그것은 상대에 대한 스테레오타입적 묘사를 그대로 빌려쓰거나 상대를 미화 혹은 비하하는 뉘앙스를 담고 있다. 특히 중국과 서유럽을 제외한 다른 지역이나 나라의 문화에 대한 교실의 이해는 피상적이며 그 역사의 의미는 제대로 평가받지 못한다. 아래의 세 사례가 보여주듯이, 동남아시아의 역사에 대한 교사의 설명은 단편적이며 언급하는 사례들이 서로 연계되지 않고 단순한 호기심 충족의 차원일 경우가 많다. 교사들은 대체로 동남아시아 각국의 위치, 과거 왕국들의 이름, 종교, 침입한 서구 국가의 이름, 식민지배에 대한 저항 등을 확인하는 정도에 그쳤다. 심지어 학습목표가 "유럽의 어떤 나라들이 동남아시아를 침략했고, 그에 대해서 어떻게 저항했는지 안다."로 제시되기도 한다. 눈에 띄는 것은 현재의 동남아시아 모습과 연계한 소개가 많았다는 것이고, 그 모습은 대체로 경제적으로 낙후되었다는 등 부정적인 것이었다. 드물게 우리나라 문화와의 비교를 시도하지만 그 설명이 애매하거나 혹은 지극히 상식적인 선에 그치고 만다.

[사례11-1]

교사 3 : 타이는 시암이라고 불리는데, 이 이름은 미개의 나라, 야만의 나라라는 뜻이에요. (중략) '왕과 나'에서 타이는 아시아적인 나라, 보수적인 나라, 옛날 같은 나라, 전근대적인 나라인데 [……] 미얀마는 군사정권이 지배하고 있어요. 우리와 관련된 것은 아웅산 폭발사건이 있고 또 유명한 아웅산 수지 여사 이런 사람이 있어요. (중략) 태국은 신혼여행을 많이 가는 곳이죠? 베트남은 월남전쟁 때 우리나라가 참전한 나라이고, 인도네시아는 배드민턴을 잘 하는 나라죠. 필리핀은 에스파냐 펠리페 2세의 이름을 따서 나라 이름이 정해졌어요. (중략) 우리나라로 치면 간디는 김구 선생님 정도에 해당되겠죠 [……] 베트남도 우리나라와 같이 남북이 분단되어 갈등과 전쟁을 겪었어요.

[사례11-2]

교사 4 : 미얀마의 불교유적은 우리나라하고 많이 틀리죠. 우리는 3층 석탑, 5층 석탑인데, 파간탑은 [……] 아마 미얀마 소승불교의 특징인가 봐요. 색깔도 이 사람들은 황금색을 좋아해요. (타이의 불상을 설명하며) 수코타이의 불상은 우리나라 불상에 비해 날씬하죠. 불상의 균형이 잘 안 맞죠? (중략) 우리나라에 유교는 정치사상으로 들어왔는데, 동남아시아에는 유교가 종교적인 성격도 강해요.

[사례11-3]

교사 5 : 그렇잖아도 못사는 동남아시아 지역이 이번 해일에 큰 피해를 입었어요.

한국사 교실과 세계사 교실에서 상반된 이미지로 등장하는 타자들도 있다. 그 중 하나가 바로 원 제국 혹은 몽고이다. 중학교 1학년의 사회교실에서 '세계최대의 제국'으로 등장한 '원'은, 중학교 2학년의 국사교실에서 '고려를 침입한 몽고족'으로 등장한다. 사회시간의 학습목표는 "몽고가 세계최대제국을 건설한 배경과 몽고제국이 세계역사에 끼친 영향을 안다."이고, 몽고는 '군사적 기동력을 토대로 세계최대의 영토를 다스리고 발달된 문화를 이룩한 위대한 나라'로 평가된다. 아래의 사례들에서 보듯이, 교사들은 한결같이 원제국의 세계사적 의의를 여러 측면에서 강조하고 부각시킨다. 고려와 조선의 제도 및 문화에 미친 원 제국의 영향도 강조된다.

[사례12-1]

교사 1 : 칭기스칸은 지난 1000년간 인류 역사에서 가장 중요한 인물 중의 한 사람으로 선정됐어요. 뉴스위크에서. (중략) 몽골은 '용감하다'는 뜻이야. 칭기스칸은 '위대한 군주'라는 뜻이다. 칭기스칸은 인류역사상 가장 큰 나라를 건설했어요. 세계 최대의 제국을 건설한 배경은 강력한 군사력, 탁월한 기마전술, 그리고 유목민족 특유의 개척정신과 기동성을 들 수 있어요. (중략) 아시아와 유럽을 연결하는 교통망을 만들었고, 물자, 종교, 사람, 과학기술의 이동과 교류가 활발해졌으며 [……] 13세기 후반 동서양의 문화교류에 지대한 공헌을 했다고 할 수 있지. 그것은 원이 무역, 문화, 종교에 관대한 정책을 폈기 때문이야. (중략) 쿠빌라이 칸은 우리나라에 침략하여 고려의 항복을 받았어요 [……] 고려도 몽고의 영향으로 제도를 정비했고, 조선의 역원제도와 암행어사의 마패도 몽고의 역참제와 허가증인 은패에서 비롯된 것이에요.

[사례12-2]

교사 2 : 원제국 건설의 힘은 어디에 있죠?

학생들 : 기동성.

교사 2 : 네. 바로 말 타기에 있었죠. 태어날 때부터 기동성이 뛰어났어요. 이동이 아주 신속하게 이루어졌죠.

[사례12-3]

교사 4 : (몽고제국의 등장배경을 설명하며) 몽고족은 싸움을 두려워하지 않아요. 왜냐하면 말젖 요구르트를 먹고 말고기를 먹으면서 엄청난 기동력이 있기 때문에 유럽인들이 매우 두려워했어요. (중략) 원은 이슬람과 인도로부터 연금술, 화학 등이 전래되어 수학, 과학, 천문학이 발달했어요. 고려에도 전파되어 고려도 수학, 과학, 천문학이 발달했어요.

[사례12-4]

교사 5 : (몽고제국의 등장을 설명하며) 몽고가 세계제국을 이룰 수 있었던 이유 중의 하나는 칭기스칸이라는 개인의 능력도 있어요. (중략) 원나라는 외국문화에 개방적이었고 [……] 호전적인 힘을 갖고 있었어요. 한민족이 아닌 민족이 중국 전체를 통치한 것은 원나라가 최초였죠.

그러나 '몽고의 침입'을 다루는 국사교실에서는 '원'이 아니라 '몽고'로 호칭이 바뀌고 '고려를 침략하여 억압한 야만적인 악덕 국가'로 등장한다. 국사수업의 학습목표는 "몽고가 고려를 침입하게 된 배경과 고려의 저항 내용을 안다."이다. 이제 칭기스칸은 '우리'에게 침략자이자 철천지원수에 지나지 않으며, 몽고의 침입배경은 그들의 의심과 정복욕 때문으로 설명된다.([사례13-1] 참조) [사례13-2]의 교사는, "유구한 역사와 문화를 가진 한족을 차별하다가 몽고가 멸망했다."고 하면서, 한족 중심의 시각에서 몽고족을 평가절하하고 그 패배의 필연성을 강조하기도 한다. [사례13-3]의 교사는 몽골제국의 등장을 10세기경의 거란과 여진의 등장과 마찬가지로 '동아시아 정세의 혼란'으로 정의하고, '잘 씻지 않는' 몽고족의 풍습을 비하한다.

[사례13-1]

교사 1 : 칭기스칸은 몽고인에게는 영웅이지만 우리에게는 '침략자'일 뿐이죠. 침략을 받은 입장에서는 철천지원수죠. (중략) 몽고의 사신이 피살되었다는 피상적인 이유를 내세워 침입했지만, 본심은 몽고의 정복욕이었어요.

[사례13-2]

교사 2 : 중국의 원래 주인은 한족인데, 그들을 차별한 결과 몽고 멸망을 초래했어요. 몽고족은 문화적으로는 약해. 말 타고 싸움하는 것밖에 몰라요. 가진 게 아무 것도 없어. 싸울 줄 밖에. 그런데 문화적으로 우수하고 수천 년의 유구한 역사와 문화를 가진 한족을 차별하다가 현재는 작은 국가의 하나로 남았죠. 결국은 문화적 뿌리가 약하기 때문에 그렇게 된 거에요. 지금은 중국과 비교할 수 없는 초원지역의 약한 민족으로 남아있죠.

[사례13-3]

교사 4 : 송은 은나라 때부터 내려오던 굉장히 전통 있는 나라예요. 한족이 세운 나라. 그런 송이 이런 짜잘한 나라, 이민족 유목민족이 세운 나라한테 조공까지 바칠 만큼 굉장히 약한 나라가 되어버려요. 그래서 몽골족에게 질 수 없다고 끝까지 저항했고 그래서 가장 차별을 받았죠. (중략) 몽골제국이 등장하여 [……] 동아시아 정세가 혼란스럽게 전개되었어요. 고려가 어느 정도 발전하고 있을 때인 10세기에 거란과 여진이 나라를 세우며 복잡한 국제관계가 되었을 때와 비슷해요. 또 다시 동아시아 정세가 혼란해진 것이죠. (몽고에 공녀를 바쳐야했음을 설명하면서) 왜냐하면 고려여자들이 물이 귀한 유목민족에 비해 깨끗이 씻으니까 더 예뻐 보였겠죠. 몽고여자들은 덜 씻고 덜 예뻤겠죠?

또한 교사들은 시간상의 제약으로 종종 설명의 단축과 '생략'의 어법을 사용했는데, 이는 교사가 의도하지는 않았지만 타자에 대한 잘못된 이해와 왜곡을 초래할 수 있다. 예를 들어 독립 국가였던 타이를 설명하며 "영국과 프랑스 사이에 위치한 완충지대였기 때문에 독립을 유지할 수 있었어요."라고만 말하고 타이인들의 독립을 지키기 위한 노력을 언급하지 않으면 마치 지리적 이점에 의해서만 독립을 유지한 것으로 암시할 수 있다. 윌슨의 '민족자결주의'를 소개할 때 "식민지들의 독립과 해방을 주장했다"고 그치면 마치 윌슨이 약소국인 식민지들의 입장을 옹호한 인물이라는 인상을 남기게 된다. 윌슨은 독일의 식민지들이었던 폴란드, 체코, 헝가리의 독립만을 의미했다는 것 그리고 자국의 이익을 위한 계산이 내포되어 있었다는 것을 언급하지 않은 결과이다.

역사교실담론에서 한 가지 놀라웠던 점은 바로 '영토 확장'에 대한 긍정적 혹은 당위적 평가이다. 고려의 숭불정책과 농본정책을 당시 고려 왕정의 필요에서 해석하는 반면, '북진정책'은 과거 고려의 시대적 정책이라기보다는 '현재화된' 목표로 동일시되어 그 포기에 따른 상실감이 감정이입 된다.([사례14-1] 참조) [사례14-2]의 경우 교사는 '제국'을 힘이 강하고 침략적인 속성으로 정의하고, 그런 제국이 우리나라에도 있었으면 좋지 않았을까 하고 넌지시 학생들에게 묻는다. 다른 힘 센 제국이 우리를 침략하면 '나쁜' 나라이지만, 우리도 한번 그들처럼 강한 제국을 가져 보았으면 좋겠다는 희구의 표현이다. '우리'와 '타자'를 재고 판단하는 잣대가 때로는 편의적으로 바뀔 수 있음을 보여주는 대목이다.

[사례14-1]

교사 4 : 고려는 통일신라 북쪽 경계선을 북쪽으로 더 올리려고 했어요. (중략) 그런데 결국 이자겸의 주장을 받아들여 사대를 했어요. 따라서 북진정책을 포기했다는 의미죠. 북진정책을 포기한 후 고려의 씩씩했던 기상이 상당히 수그러들었어요. 안타까운 일이죠.

[사례14-2]

교사 10: 로마제국, 중국제국, 대영제국, 러시아제국 이런 제국의 공통점은 뭐죠? 힘이 강하다, 질서가 잡혀있다. 침략적인 속성이 있다, 황제가 다스린다, 그런 것들이죠. 이런 제국이 우리나라에도 있었으면 좋았겠지? 우리도 공식적인 명칭으로 제국이라 했던 시기가 있었는데 그 때가 1897년 즉 대한제국 시기예요.

4. 맺음말

이 연구는 역사수업 현장에서 '우리' 및 '타자' 정의가 교사의 설명이나 교사와 학생간의 대화 속에서 어떻게 이루어지는지 살펴보았다. 물론 이 연구에서 관찰한 역사교실들이 갖는 대표성은 매우 제한적이지만, 역사교실에서 이루어지는 정체성 담론에 몇 가지 비판적 시사점을 줄 수는 있을 것이다. 분석 결과, 역사교실에서 '우리'와 '타자'를 정의하는 주된 역할은 교사의 몫이었다. 일부 수업에서 학생들의 적극적인 질문이 눈에 띄었지만, 그것은 지속적인 참여와 지식 생산으로 연결되지 못했고 교사의 설명구도를 크게 벗어나지 않았다. 교사의 정체성담론은, 교과서 텍스트에서 누락되거나 단편적으로 언급된 데 그친 '우리'와 '타자'에 대해 확장된 정의와 이미지를 부가했다.

무엇보다 한국사교실에서 현저한 것은 '우리'의 과잉이었다. 교사의 담론 속에는 '우리', '우리 민족', '우리나라'가 넘쳐났다. 하지만 '우리'는 '단일한 동일집단'을 지칭하는 것이 아니라 상황에 따라 '옳거나 선하거나 강한' 입장에 섰던 집단과 동일시되는 다층적 존재였다. 반면 역사 교실의 타자들은 '자기네들', '걔네들', '일본 애들', '영국 애들', '서양 사람들', '그 쪽 사람들'이라는 호칭으로 격하되기 일쑤였다. 과거의 지배집단이 내린 타자에 대한 정의가 고스란히 현재화되어 교실담론으로 재현되기도 했다. 특히 일본에 대한 감정적 정의가 거의 모든 교실담론에서 현저했고, 중국 문화와 서유럽 문명에 대한 호의적 정의는 여진, 거란, 동남아시아와 같은 타자들에 대한 폄하와 대비되었다. 학교의 교실현장에서 일어나는 이러한 정체성 생산은 교실 담론에 내포된 정치적 함의를 드러낼 뿐만 아니라, 국가와 민족의 담론을 넘어 타자를 어떻게 재현할 것인가의 문제를 제기한다.

그것은 타자들을 '분류'하여 위계질서 속에 넣으려 하지 않고, 동시에 이미 '타자화'된 우리 자신을 다시 타자화하여 재구성하는 작업을 요청한다. 그것은 자신을 낯설게 바라보는 훈련 즉 '주체를 낯설게 하기'이다. 차이와 다양성에 대한 인식을 고취하는 타자 이해는 결국 우리의 자기비판과 자기갱신을 자극한다. 우리와 타자의 상호공존과 연대를 강조하는 담론이 의례적 당위 표명에 그치지 않기 위해서는, 타자의 이질성이 곧 주체의 타자성에 다름 아니라는 평범한 진리에서 출발해야 할 것이다. '우리 속에 존재하는 타자의 목소리' 즉 '자아 속에 발견되는 타자의 흔적'은 정체성과 의식이 완전히 자존적 개념으로 굳어지는 것을 방지한다. 따라서 타자를 이해하려고 시도하는 사람은 항상 주관을 객관화하는 투사행위를 수행해야 한다.[44] 자기를 상대화하지 않으면 참된 역사가 아니며, "참된 역사가는 설사 과거가 자국의 명예가 되지 않더라도 자신이 연구한 과거에 대해 아무 것도 숨기지 않는 사람"이기 때문이다.[45]

"한 민족이 위대해지기 위해서는 스스로의 역사를 잘 알고 있어야 한다. 여기서 '잘 안다'라는 것은 그냥 '안다'는데 머물지 않고, 그것이 훌륭한 역사이건 추악한 역사이건 간에 있는 그대로 역사를 받아들인다는 뜻이다. 문제는, 때로 권력이 자신을 지키기 위한 도구로 역사를 이용한다는 것이다. 그러면 역사는 있는 그대로의 모습일 수 없다."[46]

■ 주석

1 정재서, 『동양적인 것의 슬픔-넘어섬, 그 힘의 예증까지』, 살림, 1997, p.114 ; 에드워드 사이드 著, 박홍규 譯, 『오리엔탈리즘』, 교보문고, 1996, 역자후기, pp.529-586.

2 강상중 著, 이경덕 · 임성모 譯, 『오리엔탈리즘을 넘어서: 근대문화 비판』, 이산, 1997, pp.13-15 ; 이옥순, 『여성적인 동양이 남성적인 서양을 만났을 때: 19세기 인도의 재발견』, 푸른 역사, 1999, p.18.

3 이옥순, 『여성적인 동양이 남성적인 서양을 만났을 때』, p.112, p.123.

4 에드워드 사이드 著, 김성곤 · 정정호 譯, 『문화와 제국주의』, 도서출판 창, 2000, pp.17-19.

5 본 연구를 위해 수업 녹화 및 수업 관찰에 응해 준 교사들은 모두 11명이었다. 이들은 고등학교에 근무하는 2명을 제외하고 모두 지방의 중학교에서 국사 혹은 사회를 가르치는 교사들로서, 남여의 성비는 비슷했고 교육경력은 3년에서 18년까지 다양했다. 각 교사별로 수업을 1~4시간씩 녹화하여 총 23개의 수업을 분석했다. 교사들에게는 연구의 목적을 단순한 수업관찰에 있다고 설명하고, 해당 주제에 대한 평상시 수업을 요청했다. 교사들이 연구주제를 알 경우 수업내용의 변화를 초래하여 연구결과를 왜곡시킬 위험을 막기 위해서였다. 수업녹화는 2004년 10월에서 12월, 2005년 3월에서 5월에 걸쳐 이루어졌고, 교사들의 수업 단원과 주제 중의 일부는 서로 중복되기도 했다.

6 M. Foucault, *Discipline and Punish: The Birth of the Prison* (London: Tavistock, 1977), p.27. J. J. 클라크 著, 장세룡 譯, 『동양은 어떻게 서양을 계몽했는가』, 우물이 있는 집, 2004, p.43에서 재인용.

7 이영효, 「교실역사지식의 내용과 형식」 『역사교육』 59, 1996, p.26, pp.30-33에서 재인용.

8 ibid., p.35.

9 로버트 영 著, 이정화 · 이지헌 譯, 『하버마스의 비판이론과 담론교실』, 우리교육, 2003, p.80, p.130.

10 John L. Keedy, Tracie G. Fleming, Deborah L. Wheat, & Rita B. Gentry, "Students as Meaning-makers and the Quest for the Common School: a Microethnography of a US History Classroom", *Journal of Curriculum Studies* 30(6)(1998), pp.619-645.

11 Kevin M. Leander, "Silencing in Classroom Interaction: Producing and Relating Social Spaces", *Discourse Processes* 34(2)(2002), pp.193-235.

12 로버트 영, 『하버마스의 비판이론과 담론교실』, pp.98-100.

13 ibid., pp.193-194.

14 ibid., p.153, p.168.

15 ibid., pp.54-55, p.77, p.116.

16 페에 치쉬 著, 이동용 譯, 『교실혁명: 어른들이 알고 있는 것보다 아이들은 더 잘할 수 있다』, 리좀, 2005, p.47, pp.344-345.

17 Avon Crismore, "The Rhetoric of Textbooks: Metadiscourse", *Journal of Curriculum Studies* 16(3)(1984), pp.279-296.

18 J. T. Dillon, "Cognitive Correspondence between Question/Statement and Response", *American Educational Research Journal* 19(1982), pp.540-551 ; Dillon, *Teaching and the Art of Questioning*, Fastback Series No. 194 (Bloomington, IN: Phi Delta Kappa, 1983) ; Dillon, "The Remedial Status of Student Questioning", *Journal of Curriculum Studies* 20(1988), pp.197-210.

19 로버트 영, 『하버마스의 비판이론과 담론교실』, p.115.

20 ibid., p.49.

21 이옥순, 『여성적인 동양이 남성적인 서양을 만났을 때』, p.67에서 재인용.

22 바트 무어-길버트 著, 이경원 譯, 『탈식민주의! 저항에서 유희로』, 한길사, 2001, p.317.

23 김상중, 『오리엔탈리즘을 넘어서』, p.21에서 재인용.

24 바트 무어-길버트, 『탈식민주의』, p.211.

25 뤼시엥 보이아 著, 김웅권 譯, 『상상력의 세계사』, 동문선, 2000, p.161.

26 타자성을 문화적으로 생산하는데 역사학은 인류학과 함께 중요한 공헌을 했다. 김근, 「중국, 그 읽기와 쓰기」, 정재서, 『동아시아 연구: 글쓰기에서 담론까지』, 살림, 1999, p.76.

27 안토니오 네그리, 마이클 하트 著, 윤수종 譯, 『제국』, 이학문선, 2001, p.151, pp.176-177.

28 김상중, 『오리엔탈리즘을 넘어서』, p.47에서 재인용.

29 Gramsci, Selections from the Prison Notebooks of Antonio Gramsci, ed. and trans. Quintin Hoare and Geoffrey Nowell-Smith(London: Lawrence & Wishart, 1971), p.159, p.416. 바트 무어-길버트, 『탈식민주의』, p.362에서 재인용.

30 김상중, 『오리엔탈리즘을 넘어서』, p.165에서 재인용.

31 한스 콘, 「민족주의의 개념」, 백낙청, 『민족주의란 무엇인가』, 창비, 1981, p.20.

32 베네딕트 앤더슨 著, 윤형숙 譯, 『민족주의의 기원과 전파』, 사회비평사, 1991, p.18; Ernest Gellner, *Nations and Nationalism* (Ithaca: Cornell University Press, 1983). 이재석 譯, 민족과 민족주의, 예하, 1988.

33 최창모, 『기억과 편견: 반유대주의의 뿌리를 찾아서』, 책세상, 2004, pp.201-202.

34 즉 프랑스 국민은 자신이 혈통 상으로 어느 종족의 후예인지 잊어야 하며 성 바르톨로뮤의 학살 등을 잊어야 한다는 것이다. 김상중, 『오리엔탈리즘을 넘어서』, pp.164-165에서 재인용.

35 김상중, 『오리엔탈리즘을 넘어서』, p.160.

36 마르크 페로 著, 박광순 譯, 『새로운 세계사』, 범우사, 1994, pp.21-22.

37 T. S. Eliot, *Critical Essays* (London: Faber & Faber, 1932), pp.14-15. 사이드, 『문화와 제국주의』, p.48에서 재인용.

38 김상중, 『오리엔탈리즘을 넘어서』, pp.38-40.

39 교육인적자원부, 『고등학교 교육과정 해설: 사회』, 2001, p.69.

40 교육인적자원부, 『중학교 국사』, 2002 ; 교육인적자원부, 『고등학교 국사』, 2002.

41 양정현, 「국사학습을 위한 한국 고대역사의 재구성」, 역사교육을 위한 교사모임, 『살아있는 삶을 위한 역사교육』, 도서출판 푸른나무, 1989, pp.257-71.

42 하지만 교과서는 "고려는 [……] 몽고군에 맞서 싸웠다"로 서술하면서, 저항의 주체를 '우리 민족'이 아닌 '고려'로 일관되게 지칭하고 있다. 또한 "최씨 정권은 모든 주민이 섬이나 산성에 들어가서 몽고군에 항전하도록 하고, 수도를 강화도로 옮겼다"고 서술함으로써, 교사들의 비난과는 다른 평가를 하고 있다.

43 이승원, 『학교의 탄생: 100년 전 학교의 풍경으로 본 근대의 일상』, 휴머니스트, 2005, pp.106-115.

44 H. G. Gadamer, *Truth and Method* (London: Sheed & Ward, 1975), p.236. J. J. 클라크, 『동양은 어떻게 서양을 계몽했는가』, p.279에서 재인용.

45 프랑스 중등교육 역사교과서(아세트판), 1975, 4권의 제1권 첫머리 부분. 마르크 페로, 『새로운 세계사』, p.14에서 재인용.

46 인도네시아의 중학교용 사회과 역사교과서(마투로지, 2000) 중에서, 이시와타 노부오, 고시다 다카시 編著, 양억관 譯, 『세계의 역사교과서: 전쟁과 식민지 지배를 테마로 본 11개국의 역사교과서』, 작가정신, 2005, p.18에서 재인용.

7
학습자 질문 중심의 역사수업

1. 머리말

수업의 성패가 학습자의 참여 여부에 달려 있다는 데에 이론은 없다. 수업에서 학습자 참여는 교실 의사소통에서 드러난다. 그런데 교실 수업은 종종 학습자의 관심과 참여와는 무관하게 전개된다. 수업은 학생들이 정해진 교과과정 내용을 습득하도록 구성되기 때문에 교사가 설계한 수업 목표와 수업의도가 교실을 지배하며 교사의 권위가 교실 의사소통을 장악한다. 학생들은 교사의 설명에 공감하고 동의하거나 혹은 아무런 반응을 보이지 않고, 설사 머릿속에 의문이 생기더라도 그것을 질문하려 하지 않고 그냥 덮어두거나 무시한다. "교사는 질문을 하지만 그것은 지식을 추구하는 것이 아니며, 지식을 추구하는 사람인 학생들은 질문을 하지 않는다."[1]

학생들이 질문을 하지 않는 것은 듣는데 익숙하기 때문이다. 특히 수업진도를 맞추기 위해 학생의 질문을 장려하지 않는 교사들의 태도에 오랫동안 적응했기 때문이다. 또한 학생들은 무엇을 질문해야 할지 모르거나 자신이 모르는 것을 인식해도 무엇부터 어떻게 질문을 해야 할지 모르는 경우도 있다. 학생들의 머릿속은 말없음표로 채워질 때가 많고 가끔 느낌표가 등장하며, 물음표는 생겼다가도 곧 지워지거나 사라지고 만다. 따라서 학습자의 문제 제기로 촉진되는 지식 생성의 과정을 교실 수업에서 찾아보기 힘들다.

그러나 학습은 학습자의 문제 인지 및 문제 제기에서 출발한다. 문제를 인지하는 것은 선행 지식과 새로운 학습 정보의 불일치를 깨닫는 것이다. 학습자의 문제 인식은 자연스럽게 문제를 해결하기 위한 질문으로 이어진다. 하지만 교실 수업에서 학습자의 질문을 이끌어내는 것은 열린 의사소통 구조를 바탕으로 한다. 즉 학습자의 순진한 관점이 존중되고 동시에 학습자가 교사를 초월할 수 있다는 가정이 용인되어야한다. 학습자가 교사의 말을 이해하기도 하고 오해하기도 하는 추론의 과정이 허용되어야 한다. 교실의 의사소통은 말, 이미지, 행위, 관계 등을 통해 일어나는데 교사의 우위를 가정하면 소통은 왜곡되기 쉽다. 학습자가 교실의 어떤 권위에도 억눌리지 않고 자신의 생각을 표현하고 목소리를 낼 수 있을 때 자유로운 교실 의사소통이 가능하다.

그런데 역사 교실의 학습은 도전보다 수용을 강조해왔다. 기본적인 역사 사실의 이해가 선행되어야 역사적 사고와 역사의식 함양이 가능하다고 보았다. 그 과정에서 학습자 스스로 자신의 아는 것과 모르는 것을 분별하여 문제를 인식하는 것의 중요성은 도외시되었다. 역사 교실은 교사의 지식 전수가 우선시되어 대화와 의사소통의 맥락이 자리 잡기 어려웠다. 역사 수업에서 학습자는 무수한 역사 사실과 추상적인 역사 개념지식에 의문을 제기할 시간이나 여력을 갖기 힘들다. 학습자가 역사적 사실이나 사건에 대해 의심하거나 질문하거나 추가 정보를 탐색할 여지가 없다. 역사 교사는 자신의 역사 설명에 제기될 수 있는 의문이나 가치 판단의 문제에 크게 비중을 두지 않는다. 역사 교실의 지배적인 분위기는 일단 교과서 역사서술의 논증을 납득시키는 것을 목표로 하며 학습자가 겪는 사고의 혼돈과 무질서를 포용하지 못한다.

이러한 교실 현장의 문제를 극복하기 위해 학습자 질문을 활성화하고 그 교육적 효과를 측정한 연구들이 국내외에서 전개되어 왔다. 이들 연구는 대체로 '학습자 질문 중심'의 수업이 학생들의 학업성취와 학업능력 신장에 기여하며, 더 나아가 학생들의 사고 및 탐구 기능도 향상시킨다고 밝히고 있다. 또한 학생 질문의 효과뿐만 아니라 학생질문 생성 훈련의 효과도 긍정적인 것으로 나타났다. 연구 수업은 국어나 수학 과목을 대상으로 한 것도 있지만 과학 수업에서 실행된 것이 많았고, 외국의 연구들 중에는 중·고등학교 수업이 아닌 대학교 강의에서 학생들의 질문 생성을 유도한 연구들도 많았다. 이 경우 학습자의 질문 강화 수업은 학생들의 비판적 사고력을 증진시키는 것으로 드러났다. 학습자의 어휘 및 언어 능력이 질문 생성 능력과 갖는 상관관계도 긍정적인 것으로 나타났다.[2]

이 연구는 기존 연구를 토대로 하여 역사 교실의 의사소통 흐름을 바꾸기 위한 시도로 기획되었다. 그를 위해 첫째, 교실 의사소통의 관행과 한계점을 지적하고 바람직한 의사소통의 과정과 그 특징을 정리했다. 둘째, 학습자 질문이 지닌 교육적 의의를 살펴보고 질문을 장려할 수 있는 다양한 생성기제에 대해 알아보았다. 셋째, 학습자의 질문을 주체적 학습의 원동력으로 정의하고 학습자 질문 중심의 역사수업을 실행하여 그 결과를 분석했다. 실험 수업은 학습자의 질문에 영향을 미치는 중요한 요인을 교사의 수업태도라고 보고, 수업에서 다루는 역사 내용지식, 학습자료, 교수방법 등이 학습자의 문제 인지 및 질문 제기에 미치는 영향을 살펴보았다. 그리고 학습자의 질문을 장려하는 수업이 학생들의 호기심과 학습동기 및 학업성취에 미치는 영향을 측정하고자 했다. 실험 수업은 학습자의 활발한 질문으로 의사소통이 전개되는 '학습자 질문 중심' 혹은 '질문 강화' 수업[3]의 가능성을 역사 교실에서 가늠해 본 것이다.

2. 교실 의사소통의 과정

교사와 학습자의 관계 즉 교사와 학습자가 서로에 대해 그리고 탐구 자체에 대해 어떤 전제를 갖고 있는가는 수업과정에 중요한 영향을 미친다. 교육의 도구는 언어와 경험이고 그 방법은 대화이다. 그런데 교실 담화는 학생들이 가족과 또래 집단에서 경험한 것과는 다른 의사소통을 보여준다. 가족과 또래 집단의 느슨하고 비교적 개방된 대화 경험은 교실의 형식성, 비동등성, 그리고 냉정함과 대조적이다. 교실 의사소통은 본질적으로 교화적인 구조이며 학습자간의 차이도 억압한다. 교사의 지식에 권위가 부여되고 학습자의 성공은 교사의 지식과 견해를 수용하는 것으로 정의된다. 학습자가 교사의 주장에 동의하는 근거는 그 주장을 지지하는 논증이 타당하다고 믿기 때문이 아니라 교사의 우월한 인지적 권위를 수용한 결과일 때가 많다. 학습자가 교사의 사고를 추론하여 '정확한' 대답을 해야 한다고 느끼는 것은 교사의 권위에 반응하는 교실 습관이다.

하버마스(Jurgen Habermas)는 교실의 왜곡된 의사소통을 화행이론(speech act theory)으로 분석한다.[4] 즉 교사가 겉으로는 중립적 언어를 사용하는 듯 하면서 청자를 설득하고 조정하기 위해 전략적으로 언어를 사용한다는 것이다. 교실의 언어체계는 교사가 이끌어 낸 말을 제외하고는 학습자의 말을 총체적으로 금지하는 특징을 보인다. 교사는 학생들에게 스스로 말하고 표현할 기회를 제공하는 것으로 지각하지만, 교사 자신의 언어적 관행이 자신이 진술한 목표와 상반되게 학생의 말을 억제할 수 있다. 교사의 질문은 어떤 식으로든 그리고 어느 정도이든 닫혀 있고, 학생들이 '교사의 생각을 추측'하여 교사가 기대하는 답을 하기를 기대한다. 교사의 질문에 학생들이 침묵하거나 대답을 하려다 말 때 교사는 자기 질문에 스스로 대답을 한다. 교사가 대답할 수 없는 내용을 학생이 질문하면 교사는 이를 난감한 것으로 여기고 회피한다.

그러나 문제를 인식하고 제기하고 그것을 해결하고자 하는 것은 교실 공동체의 성원인 학생의 권리이다. 학습자의 사고와 경험이 교실 의사소통의 일부분이 되지 못할 때 교실은 학습자의 관점에서 탈 맥락화하고 교실지식은 학습자의 스키마와 연계되지 못한다. 학습자가 명제나 개념 혹은 일반화의 형태로 지식에 대면했을 때 나타낼 수 있는 반응은 수용, 거부, 또는 (정보 부족으로 인한) 판단 중지로 나누어진다. 제시된 주장이 학습자에게 새로운 것이라면 통상 세 번째 반응이 나타나게 마련이지만, 판단의 보류나 증거의 추가 확보를 권장하는 교사-학습자 관계를 교실에서 찾기 어렵다. 학습자가 논리적 모순, 개념상의 혼란, 증거가 없는 진술을 인식하고 그것을 자유롭게 발언하고 질문할 수 있는 교실 환경이 조성되지 못한다.[5]

대신 교실에서의 발문이나 질문은 대부분 교사의 몫이다. 교사의 질문은 학습자의 인지 구조와 수준을 알아보고 확인하기 위한 목적으로 제기될 때가 많고, 때로 기존의 지식 구조를 해체하고 학습자의 사고를 자극하기 위한 것도 있다. 교사의 질문은 수업에서 의사소통 방식을 이끌고 동시에 통제하는 강력한 도구이며, 수업 상황은 대체로 '교사의 질문-학생의 대답-교사의 논평'이라는 흐름을 따라 이루어진다. 그런데 교사의 질문은 일반적인 질문, 예컨대 탐구를 위한 질문 혹은 정보 추구를 위한 질문과는 그 목적과 전제, 그리고 기대 등에 있어서 판이한 차이를 보인다. 즉 통상적인 질문이 답을 알고자 할 때 혹은 질문의 전제를 검증받고자 하거나 관련 정보를 알 필요가 있을 때 제기되는 것과 달리, 교사는 대부분 자신이 던지는 질문에 대한 답을 이미 알고 있기 때문에 답을 알기 위해 묻는 것이 아니다. 즉 교사의 질문은 학생의 이해를 확인하기 위해 습관적으로 나오는 경우가 많다. 대신 교사들은 학생의 질문을 피하거나 억제하는 경향이 있다. 특히 수업을 '지식 전수'라고 해석하는 교사, 그리고 교실을 확실히 통제하는 것이 수업에 필요하다고 생각하는 교사는 학생들의 질문을 장려하지 않는다.[6]

흔히 교실에서는 어떠한 내용이든 교사가 질문을 던지면 학생은 그에 대한 답을 생각하게 되고 그로 인해 학생들의 사고가 자극될 것이라는 것, 그리고 교사가 질문을 많이 할수록 그런 기회를 많이 제공하는 것이라는 생각이 지배적이다. 하지만 이는 결코 자명한 논리가 아니다. 교사의 질문은 그 목적과 내용, 시점, 그리고 학습자의 인지 특성 등 여러 요소들이 상호작용하여 결과를 초래한다. 교사가 질문을 하고 학생들로 하여금 생각할 시간적 여유를 줄 때 그들의 사고를 더 촉진하고 표현을 이끌어낸다고 하지만, 학생들이 문제 해결에 필요한 적절한 지식을 갖추고 열심히 궁구하는 의지와 자세를 갖지 않는 한 효과를 얻기 어렵다. 즉 질문의 의미나 효과는 인식 주체를 떠나 일반화될 수 없다. 교사의 질문이 학습자와 얼마나 '의미 있게' 연관을 맺고 학습자의 개입과 주의 집중을 이끌어내는가가 관건이다. 교사의 질문은 궁극적으로 학생들이 자신의 지식과 사고를 반성적으로 돌아보고 그에 내포된 모순, 불일치, 애매모호함 등을 인식하여 다시 '질문'을 제기할 때 의미 있는 교실 의사소통의 맥락에 자리할 수 있다.[7]

교사가 교실 의사소통 과정에서 학생이 아니라 자신을 질문의 주체로 인식하는 양상은 외국이나 우리나라나 크게 다르지 않다. 미국 교사들도 학생들의 질문을 중요한 지적 도구로 여기지 않는다.[8] 하지만 '질문이 있어도 하지 않는다.'는 학생들의 비율이 미국은 14.3퍼센트, 영국은 6.6퍼센트에 불과하여 우리나라의 62.5퍼센트와는 큰 차이를 보인다. 또한 미국과 영국 학생들은 자신의 의문이 교과와 관련된 내용일 경우 별 거리낌 없이 질문을 제기하는 것으로 나타났고, '덮어두거나 잊는다.' 혹은 '학원이나 과외선생님께 물어 본다.'는 비율이 우리나라보다 월등히 적게 나왔다. 미국의 경우 '쉬는 시간에 물어본다.' 혹은 '친구나 부모, 형제 등에게 물어서 해결한다.'는 비율도 매우 높았다. 우리나라 학생들도 초등학교에서는 교과와 관련이 적은 다양하고 창의적인 질문들도 자유롭게 제기하는 모습을 보인다. 하지만 중고등학교 수업에서는 교과와 직결되는 성격의 질문으로 한정되고 교실 질문의 대부분은 교사의 몫으로 바뀌게 된다.[9]

그렇다면 학생이 질문을 하지 않는 이유는 무엇인가? 그것은 일단 자신이 무엇을 모르는지 모르기 때문이다. 학업 성취가 부진한 학생은 자신이 이해하지 못했다는 것을 인식하지 못한 채로 교사 설명을 듣거나 수업 자료를 읽기도 한다. 모르는 대상을 알았다고 하더라도 '그것을 분명하게 표현하기 어려워서' 혹은 '모르는 것이 너무 많아', '질문할 만큼 중요하게 생각되지 않아서' 질문을 못할 때도 있다. 특히 학생들은 자신의 질문이 무지와 혼돈을 드러내거나 수업과정에 부적절한 것이어서 웃음거리가 될 것을 두려워한다. 교사의 강의를 중단시키고 질문을 하는 것은 동료들에게 자신을 드러내는 공개적인 행위이기 때문에, 학생들은 동료들의 관심이 자신에게 쏠리는 것을 부담스러워하고 자신이 '잘난 체 하는 것 같아서' 질문을 주저한다. 또한 학생들은

'교사가 무서워서', '교사가 질문에 응대하지 않을까 봐', '교사가 대답하기에는 너무 바쁠지도 모르기 때문에', '학습 진도를 나가는데 방해가 될 것 같아서', '교사가 자신의 질문에 질문으로 응대할까봐', 그리고 '교사도 모를 것 같아서' 질문을 하지 않는다. 교사의 부정적인 반응과 무관심은 특히 학습능력이 부족하거나 자기 존중감이 낮은 학생들의 질문을 방해한다.[10]

그러므로 교실 담론의 변화는 교실의 권위 분배와 교사의 태도 전환에서 시작된다. 교사는 학생들이 '스스로 모르는 것을 인지하는 능력'을 배양하도록 돕고 일단 모르거나 혼돈스러운 내용이 있으면 '주저 없이' 질문하는 습관을 장려하는 것이 바람직하다. 즉 교실 의사소통을 학생들이 자신의 인지와 사고의 불확실함을 해소하는 과정으로 재정의해야 한다. 학생이 질문하는 것을 '교사의 교실 통제권을 흔드는 것'으로 생각해서는 안 되며, 교사는 오히려 자신의 의견과 판단을 앞세우지 않고 '주의 깊게 침묵(attentive silence)'하는 방법을 활용할 필요가 있다. 학생들이 교실 대화에 참여하고 질문을 하는데 집중했을 때 교사의 설명도 새로운 사례를 보강함으로써 더 풍부해지고 수업 담론을 풍요롭게 한다. 이 때 교사와 학생이 함께 사고의 접점을 찾고 의미를 구축하는 '반성적 담론'(reflective discourse)이 가능하며, 수업의 초점은 학습의 산물이 아니라 학습의 과정에 맞추어진다.[11]

3. 학습자 질문의 의미와 생성 기제

학습자의 사고와 인지의 출발점은 학습자에 의한 문제 인식과 문제 제기에 있다. 인식 대상에 대한 주의(attention)는 곧 학습자의 스키마를 작동시켜 자신의 인지 여부를 확인하게 하고, 새로운 지식과 선행 지식 사이의 부조화 및 연관 관계를 파악하게 한다. 지식 부족에 대한 인식 혹은 기존 이해와 상충되는 내용에 대한 당혹감은 질문으로 표현된다. 즉 학습은 문제 인지에서 시작되며, 그에 후속되는 학습자의 자발적인 질문은 교육의 중요한 변인이다. 교육은 배우고자 하는 사람의 주체적인 의식과 활동을 통해 구현될 수 있기 때문이다.

지식의 성장 과정은 지식의 단순한 축적이 아니라 끊임없이 문제를 제기하고 그에 대한 답을 수정해나가는 계속된 자기부정의 과정이다. 즉 '무지-질문-지식'의 일회적인 과정의 집적이 아니라, '잠정적 지식-무지의 인식-질문-갱신된 지식-무지의 재인식-갱신된 질문'과 같은 나선형 궤도에 비유할 수 있다. 학습자는 현재의 지식에 대한 반성적 숙고의 결과로 무지를 자각하고, 그에 따라 생성된 질문을 해결하려는 노력을 통해 이전의 지식을 개선하며, 그 지식은 이내 또 다른 무지와 질문을 낳는다. 즉 지식은 기존의 체계를 그대로 둔 채 그 위에 조금씩 쌓아감으로써 목표에 접근해가는 형태로 발전하는 것이라기보다, 이전에는 옳고 타당하며 만족스럽게 여겼던 체계들이 그릇된 것이었음을 깨닫거나 혹은 불만족스럽게 느껴지는 체험을 통해 지식의 성장이 이루어진다. 질문은 '잠정적인 지식'에서 비롯되어 '보다 나은 잠정적 지식'의 상태가 되도록 이끄는 노력이다. 곧 질문은 '해결'되는 것이 아니라 계속 '새로운 모습'을 띠게 되는 것이다.[12] 그러므로 지식 생성의 과정에서 문제를 '해결하는' 능력보다 의미 있고 독창적인 문제를 '제기하는' 능력이 더 중요하다.

그런데 학습자의 질문은 그것이 지니고 있는 교육적 가치에도 불구하고 지금까지 '정답으로 채워져야 할 공백' 이상의 대우를 받지 못했다. 즉 학습자가 질문을 갖게 된다는 것은 불완전한 학습의 징표이며,

그것은 '이미 정해진 정답'으로 해결될 수 있다는 식으로 이해했다. 따라서 학습자 질문을 부차적인 것으로 혹은 더 효율적인 학습을 위한 수단 정도로 간주했다. 하지만 학습자의 질문은 학습을 가능하게 하는 원동력이며 그 자체로서 가치 있는 교육의 결과이자 목적이다. 학생의 질문은 교사에게 답을 요구하는 것이라기보다 오히려 스스로 답을 추구하는 과정의 일환이다. 질문 경험을 통해 학습자는 기존 지식체계에 따른 문제의식을 바탕으로 자신의 지식과 생각을 계속 반추하는 습관을 익혀 나간다.

질문은 자신이 지니고 있는 지식과 사고의 총체를 토대로 하여 일어나는 것으로, 가장 핵심적인 조건은 자신의 인지 구조와 갈등을 일으키는 새로운 상황에 직면하여 '불일치'를 인식하는 것이다. 불일치는 객관적으로 '발생'하는 것이라기보다는 주관적으로 '인식'하는 것이다. 인간은 완벽한 평형의 상태보다는 적절한 자극과 갈등을 선택하기도 하지만, 또한 불일치나 갈등, 모순 등이 없는 '평정된 상태'를 추구하고 그것으로부터 만족과 기쁨을 느낀다. 질문은 문제 상황을 스스로 인식하고 추구하는 기제이자, 동시에 특정 사태에 부딪혀 그것을 해결하기 위한 수단이기도 하다. 이러한 질문의 속성이 학습에 내재적인 동기를 부여하는 역할을 한다.[13]

하지만 질문은 무언가 인지적 구조 내의 불일치나 무지를 자각하는 것만으로 만들어지지 않는다. 막연한 인지 갈등과 혼돈을 느끼는 것은 질문을 제기하는 충분조건이 아니다. 질문은 단지 '모르는 것'과는 다르다. 질문은 자신이 무엇을 모르는가를 알만큼은 알아야 할 수 있다. 따라서 학습자가 지닌 배경 지식은 질문의 전제가 되며 그가 생성할 수 있는 질문의 수준과 내용을 결정한다. 초보자의 경우 자신이 무엇을 모르는지, 자신의 질문이 어떠한 맥락을 점하는 것인지, 그리고 어떠한 내용이 자신의 질문에 대한 적절한 답이 되는지 등에 대해 판단력이 결여되어 있다. 또한 질문은 막연한 의심 혹은 이해 부족을 느끼는 상태에서 알고 싶은 의지와 필요가 동반될 때 나타난다. 즉 답을 알고 싶은 마음과 그것을 아는 것이 중요하다는 느낌이 있어야 한다. 즉 질문의 관건은 학습 대상에 대한 주의 집중과 관심으로 인지 갈등을 인식하고, 자신의 기존 지식 및 스키마에 비추어 문제 상황의 내용을 분명히 정의한 후, 그를 해소하고자 하는 지적 호기심과 의욕을 갖는 것이다.

따라서 '나'의 질문이 '너'의 질문이 아니며, 아무리 수준 높은 질문이라도 자신이 스스로의 인지 구조 속에서 제기한 질문이 아닐 때는 그 질문에 주의를 기울이고 개입하는 것이 쉽지 않다. 학습의 주체는 학습자 자신이며, 다른 사람이 '좋은 생각 거리'라고 던져 주는 것은 학습이 일어날 수 있는 충분조건이라고 보기 어렵다. 그것은 다른 사람이 구성한 의미의 단편을 드러낸 것으로, 그 질문을 자신의 질문으로 삼아 진지하게 밝혀 보고자 하는 지적인 열망과 헌신을 이끌어 내기가 쉽지 않다.

새로운 질문을 지니게 된다는 것은 개인의 인식 구조가 변화하는 것을 의미하며, 그것은 혼돈과 방향상실을 거쳐 관점이 전환되고 안목이 재정비되는 과정이라 할 수 있다. 즉 막연했던 문제의식이 보다 분명한 형태로 초점을 맞춰가는 과정이다. 학생들은 질문을 하면서 생각하고 의미를 찾으며 새로운 정보를 기존의 친숙한 개념에 연관시킨다. 질문 과정은 학습 내용에 집중하고 개입하게 하며 자신의 생각을 사고하도록 돕는다. 이러한 인지적, 메타 인지적 과정을 통해 학생들은 자신의 학습을 인지하고 조절하며 학습에 주체적으로 참여하게 된다. 교사도 학생들의 질문을 통해 수업 내용을 더 명료하게 이해하고 새로운 해석의 가능성을 인식할 수 있다. 학습자의 질문은 교사에게 학생들의 내용 이해 정도 및 사고 수준을 알게 해주는 지표 역할을 하는데 그치지 않고, 교사 자신의 지식과 사고를 자극하고 확장하는데 기여한다.[14]

학습자 질문의 수준과 범위는 매우 다양하다. 단순히 가부와 정오(正誤)를 확인하기 위한 질문부터 무엇을, 왜, 어떻게 등 사실이나 개념의 정의 및 원인과 결과를 묻거나 사실들 간의 관계와 의미에 대한 질문 등이 있다. 학습자의 질문은 개념을 명료화하기 위해, 이유와 증거를 밝히기 위해, 관점 혹은 안목에 대해, 그리고 시사점과 결과 등을 밝히기 위해 이루어진다. 또한 비교하고 대조하는 수렴적 질문, 예측하고 추론하는 확산적 질문, 그리고 가치를 부여하고 판단하는 평가적 질문 등으로 나눌 수도 있다. 그런데 학생들의 질문 유형에 대한 조사들을 보면, 대체로 단답형의 단순 대답을 요하는 사실적 질문이 많았고 사고를 요하는 개방형의 질문은 드물었다. 한 예를 들면 '단순 정보나 단어의 뜻을 확인하기 위한 질문'이 전체의 33.2%로 가장 많았고, '교사가 한 말의 의미를 되묻는 질문'이 30.5%로 비슷한 비중을 차지했으며, 그 외 '탈맥락적이거나 엉뚱한 질문'이 13.3%였다.[15] 따라서 학생들의 질문이 개념 정의에서 출발하여 논지와 의미를 파악하고 더 나아가 응용, 분석, 판단, 평가 등의 사고로 발전할 수 있도록 동기 제공과 여건 조성이 필요하다.

그렇다면 학습자의 질문 생성을 돕기 위해서 어떠한 수업기제가 필요한가? 학습자의 질문이 만들어지는 과정 및 그러한 과정을 촉진시킬 수 있는 교육적 조건들은 무엇인가? 학생들의 지적 관심과 호기심은 학습자의 연령이나 경험 및 선행 지식 등에 따라 차이가 있으며, 교사의 수업 태도나 학습 내용의 특성, 학습 자료의 조직 및 자료 제시

방법 등이 학습자의 질문에 영향을 미친다. 학습자의 연령이 낮을수록 교과 외의 질문도 활발히 제기하며, 학생의 사전 지식이 풍부할수록 심화된 질문을 제기하기 쉽고, 교사의 관용적인 응대와 학생 질문에 대한 적극적인 보상 그리고 동료 학생들의 긍정적인 반응도 학습자의 질문 제기에 도움이 된다.[16] 즉 학습자의 특성과 수업 환경이 모두 학습자 질문의 빈도와 수준 및 내용에 영향을 미친다.

이 중 학생 질문을 유도하는 수업 환경으로 가장 중요한 요소는 수용적인 교실 분위기라고 할 수 있다. 학생들은 자신의 질문이 우호적으로 가치 있게 받아들여지는 교실 분위기에서 쉽게 질문을 한다. 무엇보다 학습자 질문에 대한 교사의 후원과 지지는 학생들의 동기유발에 중요한 영향을 미친다. 교사가 수업 중간에 가끔 수업을 멈추거나 학습 자료를 찬찬히 검토하게 하는 등 생각하고 질문할 충분한 시간과 기회를 주는 것 그리고 친절하고 도움이 되는 정보를 제공해주는 응답은 학습자의 의사표현을 이끌어내는데 도움이 된다. 학생들은 웃음거리가 되거나 당혹감을 느낄 것을 무릅쓰고 자신의 생각을 드러내는 것이므로 교사는 학생의 질문에 허점이 있더라도 즉각적으로 지적하거나 교정하기보다 스스로 질문의 초점을 다시 진술 할 수 있도록 유도하는 것이 좋다. 교실이 아닌 개인교습의 상황에서 학생들이 훨씬 더 많은 질문을 하는 것은 학생들이 교실에서 질문하는 것에 대해 느끼는 심리적 부담감이 어느 정도인지 짐작케 한다.[17]

교사의 수업관은 수업 환경을 결정하는 또 다른 요인이다. 수업을 일련의 지식 전달과정이라고 생각하는 교사에게 학습자의 질문은 거추장스럽거나 부담스럽게 느껴질 수 있다. 하지만 수업을 학생들과 함께 새로운 지식을 구축해가는 과정이라고 본다면, 학습자의 비판적이고 창의적인 사고와 표현을 진심으로 환영하고 격려하게 될 것이다.

학습자로 하여금 교과서나 교사의 설명에 대해 도전해도 좋다는 적극적 암시와 함께 교사가 자기 의심, 자체 아이러니 등을 보이거나 여러 해석의 맥락 의존성과 오류 가능성을 드러낼 때 학생들은 그들이 개입할 자리를 얻는 것이 용이해진다. 학생의 질문이 제기된 후에는 바로 답하는 것이 아니라 의문스런 상태를 지속시키는 것이 좋다. 이 상태는 무지와 당혹감의 경험과 함께 알고자 하는 열망이 유지되어 탐구가 일어나는 순간이다. 이 때 학생들의 다양한 응답이 등장하고 학생 간의 상호작용도 활발해진다. 교사의 진술은 학습자가 스스로 좋은 질문을 하도록 도움을 주기 위한 소극적인 장치로 작용하고 학생의 질문이 수업의 핵심으로 등장한다.[18]

탐구적인 수업관을 지닌 교사는 학습자의 사고와 문제인지를 돕는 수업전략을 구축한다. 교사는 학생들의 학습 유형이나 질문 행동의 특징을 고려하여, 학습자가 자신의 지식 체계에 내재한 허점과 불일치를 인지하도록 유도한다. 여러 유형의 인지 갈등을 겪는 과정을 통해 학습자는 자신의 인식체계를 반성적으로 돌아 볼 기회를 얻을 수 있고, 구조를 변환하여 내적으로 일관성 있는 인지 체계를 획득하려는 동기를 갖게 된다.[19] 학생의 질문을 유발하기 위해 교사가 질문 만드는 법을 학생들에게 안내하는 방법도 있다. 교사가 학생들에게 사고를 확장하는 질문의 가치와 목적을 설명하고 질문의 사례를 제시하여 학생들이 모델링하도록 하거나, 학생 스스로 자신의 학습 이해를 모니터하고 자가 질문(self-questioning)을 통해 질문하는 법을 익히게 한다. 교사가 학생의 입장과 생각을 확인하는 질문을 하여 학생들의 진술을 유도해내고 그 과정에서 학습자가 자신의 부족한 부분을 깨닫고 문제해결에 필요한 질문을 하게 할 수도 있다. 수업 도입부에 교사가 강의나 설명을 하지 않고 사진, 멀티미디어 자료, 교과서 설명문만을 제시한 후 학생들의 질문을 받는 것도 한 방법이다. 학습자의 질문을 돕기 위해 학습자의 선행 이해와 어긋나는 모순된 내용이나 자료를 제시하기도 하고, 교과서 내용도 사실과 의견으로 구분하여 그 관점을 평가할 수 있는 텍스트로 활용한다.[20] 이러한 과정을 통해 학습자 스스로 좋은 질문의 방향을 찾아가는 경험을 쌓게 한다.

하지만 일부 학생은 질문을 요청받는 것을 싫어하고 다른 학생들의 질문이 오히려 수업 집중을 방해한다고 생각한다. 스스로 생각해야 하는 수업에 부담을 느끼고 차라리 교사가 설명하고 정리해주는 수업을 선호하는 반응도 보인다.[21] 사실 문제를 해결하는 것보다 무엇이 문제인지를 알아내고 문제를 발견하는 것이 더욱 어려울 수 있다. 하지만 학생들이 질문하는 것에 부담을 느끼는 것은 그들의 자연스러운 호기심이 학교 교육을 통해 억제되어온 결과이기도 하다. 학습자는 본질적으로 많은 질문을 지니고 있다. 따라서 질문 제기 능력은 교사가 훈련시킬 특정한 학습 기술은 아니다. 즉 교사가 특정한 종류의 질문을 하도록 가르치거나 '좋은 질문', '중요한 질문'을 정의하는 주도권을 잡으면 학생들은 '자연스럽게 생겨나는 질문'을 억제하게 된다. 다만 질문보다는 대답하는데 익숙해졌던 학생들의 교실 의사소통 습관과 사고 습관을 바꿔 학생들의 자연발생적인 질문이 학습 경험의 중심이 되도록 해야 한다.[22]

4. 학습자 질문 중심의 역사수업 분석

1) 학습자 질문 중심 수업의 구성

교실 의사소통의 중요성과 학습자 질문의 의의에 대한 인식을 바탕으로, 이 연구는 학생들의 질문을 장려하고 유도하는 역사 수업을 기획했다. 실험 연구는 우리나라 한 지방 대도시의 공립중학교 2학년 학생들을 대상으로 진행되었다. 총 7개 학급 중에서 1개 학급을 실험 학급으로 무작위로 선정하고, 2009년 3월부터 4월까지 9주간 13차시의 역사수업을 연구자가 직접 실시했다. 해당 중학교 2학년의 나머지 6개 학급은 학교의 역사 담당 교사가 수업을 진행했다. 실험 학급의 학생 인원은 30명이었고 동수의 남녀 학생으로 구성되었으며 좌석 배치는 혼성으로 이루어졌다. 학생들의 가정환경은 대체로 중하층이었다. 수업을 하는 동안 연구자는 고정 비디오카메라를 교탁 위에 설치하여 전체 실험 수업을 녹화했다. 수업은 중학교 2학년 사회교과서의 '고대 지중해 세계' 단원부터 '중세 유럽사회의 형성과 발전' 단원까지를 내용으로 다루었는데,[23] 실험이 끝난 후에는 곧 이어서 학교 중간고사가 실시되었고 전체 평가문항은 해당 학교의 역사담당 교사가 출제했다.[24] 실험 수업이 진행되는 중에 학교에서 학부모들에게 수업을 공개하는 참관 수업이 1회 있었고 약 10인의 학부모가 실험 수업을 참관했다. 또한 연구자의 요청으로 역사교사 2명이 실험 수업을 참관하고 그에 대한 의견을 개진했다.

실험 수업은 학생의 질문을 이끄는 중요한 요인을 교사의 수업태도로 설정했다. 그리고 수업에서 다루는 역사 내용 지식, 학습 자료, 교수방법 등이 학습자의 문제인지 및 질문 제기에 미치는 영향에 유의했고, '질문 강화' 수업이 학생들의 호기심과 학습 동기를 유발시키고 사고 함양에 기여하는지 그리고 학습자의 질문 빈도와 질문 유형이 학업성취 수준과 관련이 있는지도 살펴보고자 했다. 그를 위해 실험학교의 역사 담당 교사가 다른 학급에서 진행한 수업도 비디오로 3차시 분량을 녹화하여 실험 수업과 비교했다. 비디오로 녹화된 수업들은 모두 녹취록을 작성하여 수업의 의사소통 구조와 학습자의 질문 생성 기제를 분석했다. 실험 수업의 진행과정과 특징은 다음과 같다.

- 질문하는 법에 대한 훈련이나 교육을 학생들에게 실시하지 않았다. 교사는 학생들이 수업 중에 모르는 것을 그냥 넘기지 말고 즉시 질문하여 궁금한 점을 해결하도록 독려했고, '학생들의 질문 위주로 수업을 진행한다.'는 사실을 강조했다. 즉 교사가 설명할 때나 교과서를 읽을 때나 상관없이 학생들의 머리에 의문점이 떠오려면 자유롭게 질문하도록 북돋았다.
- 학생들에게 미리 교과서를 읽거나 학습 자료를 보고 질문을 작성해 적어오게 하는 등의 예습 부담을 주지 않았다. 학생들은 순전히 수업 시간에 집중함으로써 갖게 된 질문을 제기하는데 노력하도록 했다.
- 주된 수업 자료는 교과서였고, 소단원별로 교과서 내용을 요약한 프린트 물을 학생들에게 나누어주고 노트에 부착하도록 했다. 수업내용을 정리한 칠판 판서는 따로 하지 않았고, 교사의 설명 중에 필요한 용어 혹은 개념을 쓰거나 지도 등을 그릴 때 칠판을 활용했다.
- 수업 초반부에 학생들의 내용 이해를 돕고 질문을 유도하기 위해 교과서 내용과 관련된 읽기자료와 지도를 복사하여 나누어주었다. 하지만 학생들은 교과서 내용을 이해하는데도 역부족이어서 다른 학습 자료까지 감당하기는 힘들다고 판단되었기 때문에, 이후에는 추가 학습 자료를 별도로 제작하거나 활용하지 않았다.
- 수업은 교과서 내용을 설명하거나 교과서의 탐구활동을 수행하는 과정으로 진행되었고, 학생들은 수업 중간에 수시로 모르는 것이나 궁금한 것을 교사에게 질문했다.
- 중단원을 마쳤을 때 수업시간에 미처 질문하지 못했거나 해소하지 못한 궁금한 사항을 노트에 적어 제출하게 했고, 교사는 학생들의 질문에 대한 답이나 의견을 각자의 노트에 적어 학생들에게 돌려주었다.
- 연구자는 실험학교 중간고사의 평가문항 작성에 참여하지 않았고, 평가문항의 내용을 모르는 상태에서 실험 학급 학생들에 대한 역사 수업을 마무리 했다.

이상에서 살펴보았듯이 실험 수업은 기존에 현장에서 널리 시행되는 역사수업의 전형을 크게 벗어나지 않았다. 학생들의 질문을 유도하기 위한 교육을 하거나 특정 교수법을 고안하여 실시하지 않았다. 교과서 외의 다른 교수·학습 자료를 제작하거나 동영상과 같은 멀티미디어 자료를 제시하여 학생들의 질문을 끌어내려는 특별한 방안을 구안하지 않았다. 수업시간에 질문이 나오지 않을 것에 대비하여 학생들에게 미리 교과서를 읽어 오게 하거나 질문할 것을 적어오게 하는 숙제도 내주지 않았다. 다만 교실대화를 가로막는 비동등성을 극복하기 위해 교사의 권위를 최소화하는데 주력했다. 무엇보다 학생들에게 위압적인 언어나 행동을 자제했다. 학생들에게 명령조로 지시하기보다 "~해볼까?", "~해보자" 등 권유하는 표현을 사용했다. 특히 학업성취가 부족한 학생들을 염두에 두고 그들이 수업에서 소외되지 않도록 교과서 읽기를 주로 시키거나 호명하여 생각을 묻기도 했다. 체벌은 없었으며, 옆 사람과 잡담을 하거나 떠드는 학생이 있을 경우 교과서를 들고 교실 뒤에 서서 수업을 듣도록 했다.

또한 교사는 학습자의 흥미와 참여를 이끌어낼 수 있는 언술양태를 활용하여, 학생들이 역사 사실 및 개념을 파악하는 것뿐만 아니라 역사적 인과관계와 의미를 이해하도록 도왔다. 교과서 내용을 설명하면서 단정적인 표현을 쓰지 않고, "그랬던 것 같다", "이렇게 생각해 볼 수도 있겠다", "왜 그랬을까 궁금하지 않아요?", "이것은 ~뜻이라고 한다", "이건 선생님도 잘 모르겠다", "그것은 무슨 뜻일까?" 등의 표현을 함으로써 학생들이 역사 지식을 고정된 암기 대상이 아니라 호기심과 의문의 대상으로 보게 하려고 노력했다. 또한 학생들의 질문은 어느 때고 환영했다. 교사의 설명을 끊고 학습내용과 관계없는 질문을 불쑥 해도 "그것이 궁금했었나 보구나!"라고 하면서 간단하게나마 응답을 했고, 좋은 질문이 나오면 "오, 그런 생각도 할 수 있었어?"하고 감탄을 표하기도 했다. 학생이 질문을 하면 교사가 곧바로 답을 말하기보다 다른 학생들에게 "여러분은 어떻게 생각해요?"라고 물음으로써 학생 전체의 생각거리로 만들었다. 교사가 확실히 모르는 질문에 대해서는 "선생님이 더 알아보고 다음 시간에 알려줄게요."라고 응대했다.

2) 학습자 질문의 내용과 빈도

그렇다면 실험 수업에서 학생들은 무슨 질문을 제기했으며 어떤 조건에서 더 활발하게 질문을 했는가? 1차시에 교사가 수업 내용에 대한 설명을 먼저 하지 않고 교과서나 프린트 물을 읽고 모르는 것, 의문나는 사항을 질문하라고 했을 때는 학생들의 질문이 거의 어휘나 단어, 용어의 뜻을 묻는 것이었다. 예를 들어 '오리엔트'의 뜻을 묻는 것에서 시작하여 '크레타', '미케네', '도리아', '폴리스', '왕정', '민주정', '암흑시대', '서사시', '스핑크스'의 뜻을 묻고, '패권', '융합' 등 어려운 한자어를 묻는 질문도 있었다. 그리고 너무 모르는 것이 많기 때문에 무엇을 물어야 할 지 혼돈스러워 했으며, '왜 그랬는가', '어떻게 되었는가', '무슨 의미가 있는가' 등과 같은 질문을 제기할 여지를 갖지 못했다. 즉 일단 단순 지명이나 인명 및 역사 개념의 뜻을 알고 기본적인 학습 내용을 이해하는데 질문의 초점이 맞추어졌다.

이처럼 교사의 강의를 선행하지 않고 학생들의 질문에 토대하여 수업을 전개했을 때, 학생들의 질문은 중구난방으로 산만했고 질의-응답이 대부분 수업 시간을 차지하면서 중요한 수업 내용이 누락되기도 했다. 따라서 교사의 강의 없이 학생들이 교과서나 학습 자료를 읽고 생각나는 질문을 자유롭게 하도록 한 방식을 바꾸어, 3차시 수업부터는 교사가 교과서 내용을 토대로 설명을 하면서 중간에 의문점이나 궁금한 점을 수시로 확인하며 학생들의 질문을 장려하는 방식을 채택했다. 학생들은 교사가 설명하는 중간에도 머리에 떠오르는 질문을 활발히 제기했고, 단순 사실을 확인하는 질문과 함께 역사적 사건의 맥락과 배경을 묻는 질문들도 등장했다.

학생들의 질문 유형은 크게 세 가지로 나누어졌다. 먼저 '쌍무가 무슨 뜻이에요?', '이성이 뭐에요?', '상공시민의 뜻이 뭐에요?'와 같이 일반 어휘의 뜻을 묻는 질문이 있었다. 이어서 역사와 관련된 용어나 개념의 뜻을 묻거나 확인하는 질문이 이어졌다. '공화정', '자영농', '포에니 전쟁', '마케도니아', '흑사병'이 무엇인지 묻거나, '카르타고가 페니키아의 후예에요?', '콘스탄티누스가 비잔틴 황제에요?', '십자군 사람들은 어디 사람들이에요?', '신성로마제국이 독일제국이에요?', '카노사가 사람이름이에요?', '첨탑이 고딕양식이에요?' 등 자신의 이해를 확인하는 질문들이 제기되었다. 그리고 역사적 사실이 왜, 어떻게 일어났는가를 묻고 비교하는 등 심화된 사고를 보여주는 질문도 이어졌다. '알렉산드로스가 왜 빨리 죽었어요?'처럼 단순 호기심의 질문도 있었지만, '흑사병이 어떻게 퍼지게 되었어요?', '왜 교황을 가두었어요?', '이슬람은 왜 예루살렘을 차지하려고 했어요?' 등을 묻기도 했다. 학생들이 다양한 질문을 제기하고 그에 대해 교사와 학생의 답변이 교차하며 전개된 수업장면의 사례들은 다음과 같다.

[사례1]

교사 : 로마의 공화정에서 귀족들의 원로원이 중요한 국가 일을 결정하죠. 원로원의 대표를?

학생 1 : 집정관

학생 2 : 콘술

교사 : 그렇지. 어떻게 콘술까지 생각했어?

학생 3 : 콘술이 뭐에요?

학생 4 : 집정관이 몇 명이에요?

학생 5 : 2명

학생 3 : 집정관 2명을 콘술이라고 불러요?

교사 : 그렇죠. 그러면 평민들이 모여서 만든 회의는?

학생들 : 평민회, 호민관

교사 : 호민관은 어떤 사람이죠? 보호할 '보' 평민 '민'자, 그래서 평민을 보호하는 관리라고 할 수 있어요.

학생 6 : 호민관이 평민 가운데서 제일 높은 사람이에요?

교사 : 그렇죠. 평민의 대표, 우두머리라고 할 수 있죠.

학생 4 : 그럼 원로원이 호민관 싫어했어요?

교사 : 글쎄... 아마 서로 대립했겠죠?

학생 4 : 아, 한나라당처럼......

[사례2]

교사 : 예수가 태어난 후를 AD라고 하죠.

학생 1 : 왜 예수를 기준으로 했어요?

교사 : 아마 유럽에서 많은 사람들이 기독교를 믿게 되면서 예수가 탄생한 해를 기준으로 정하기 시작했겠죠.

학생 2 : 지금도 믿고 있지 않아요?

교사 : 물론 지금도 유럽인들은 기독교를 믿고 있죠.
자, 기원 후 3세기 로마에서 약 50년 사이에 26명의 군인황제가 등장한다고 했죠?

학생 3 : 그럼 나라가 혼란에 빠지지 않나요?

교사 : 그렇겠죠. 그래서 로마사회의 개혁을 추진한 황제가 바로?

학생들 : 콘스탄티누스.

학생 4 : 선생님, 콘스탄티누스가 기독교를 공인한 사람이에요?

학생들 : 313년.

교사 : 그렇지. 그것도 사회 안정을 도모하기 위한 방법이었다고 할 수 있겠죠.

학생 5 : 콘스탄티노플이 뭐에요?

학생들 : 도시 이름이잖아.

교사 : 로마의 수도가 콘스탄티노플로 바뀌고, 476년에 서쪽에 있는 로마가 멸망했어요.

학생 6 : 그럼 비잔티움제국으로 계속 이어졌어요?

교사 : 그렇지.

학생 7 : 비잔티움제국이 동로마죠?
교사 : 그렇지. 그러니까 서로마가 망한거죠.

[사례3]

교사 : 카롤루스 대제에게 서로마제국의 황제라는 관을 씌워줬어요. 그게 몇 년이죠?
학생들 : 800년
학생 1 : 누가 줬어요?
교사 : 교황이.
학생 1 : 그럼 황제보다 교황 권력이 더 강했어요?
교사 : 아니죠. 카롤루스 대제가 로마 교황령도 마련해 줬잖아요.
학생 2 : 그럼 카롤루스 대제 이전에는 뭐에요?
학생 3 : 그런데 교황이 왜 서로마 황제라고 선포를 하고 그래요?
교사 : 교황을 보호해주고 로마 땅을 떼어준 것에 대해 고마움의 표시를 한거겠죠.
학생 4 : 서로마가 교황 것이었어요?
학생들 : 서로마는 카롤루스 대제 것이잖아.
학생 1 : 황제가 더 세니까, 교황이 관을 줘도 별 필요가 없잖아요.
교사 : 그래도 카롤루스가 교회를 장악하는데 힘이 되었겠죠.
학생 5 : 교회 권력을 잡았어요?
교사 : 교황으로부터 황제라는 직위를 인정받았으니까, 아무래도 교회를 통제하기가 더 쉬웠겠죠.

[사례4]

교사 : 길드에는 상업길드와 수공업길드가 있었어요.
상인이나 수공업자 노릇을 하려면 동업조합에 가입을 해야 하죠.
학생 1 : 노점상도 마찬가지에요?
교사 : 노점상도 상인이니까.
학생들 : 길드에 들어야 해요.
학생 2 : 길드가 뭐에요?
교사 : 길드는 동업조합이죠. 같은 직업에 종사하는 사람들끼리 만든 조직.

[사례5]

교사　: 오랜 전쟁으로 로마의 자영 농민들은 토지를 잃게 되죠.
학생 1 : 자영농민이 아닌 사람들은 남의 땅을 경작하는 거예요?
교사　: 그렇지.
학생 1 : 그 사람들을 뭐라고 불러요?
교사　: 예속된 농민인데, 나중에 농노라고 부르게 되죠.
학생 2 : 농민들이 전쟁에 안 나가도 되는 거 아니에요? 안 나가면 어떻게 되요?
교사　: 안가면 벌을 받겠죠. 재산을 몰수한다던가.

사실 학생들이 수업시간에 묻는 질문들은 역사 사실에 대해 묻는 단순한 질문뿐만 아니라 왜, 어떻게 등을 묻는 다소 심화된 질문에 이르기까지 교사가 수업시간에 단숨에 대답하기 힘든 것들이 많았다. 교사는 일단 수업 중에 아는 대로 답변을 해주고 미진한 것은 다음 시간에 보충을 하거나 잘못된 설명을 수정했다. '일리아드의 뜻이 무엇인지', '우르바누스 2세가 몇 살까지 살았는지'를 묻는 질문부터, '왕과 황제는 어떻게 다른지', '앵글로 색슨족은 왜 영국 쪽으로 멀리 갔는지', '교황을 어떻게 선출했는지' 등 학생들이 제기한 질문들 중에서 용이하게 즉답을 할 수 없었던 사례들을 정리하면 다음과 같다.

- (아테네 민주정과 달리) 우리나라는 외국인에게 시민권을 주나요?
- 그리스문화가 어떤 방식으로 로마 문화에 계승되었어요?
- 왜 로마 보병은 자신의 돈을 들여서 전쟁에 참여했어요?
- 로마 시민이 전쟁에 나가지 않으면 어떻게 되나요?
- 라티푼디움과 플랜테이션의 차이는 뭐에요?
- 기사와 영주는 혈연관계 아니에요?
- 국왕과 영주는 혈연관계인가요?
- 왜 영토라고 하지 않고 봉토라고 해요?
- 국왕하고 황제하고 어떻게 달라요?
- 성직자가 첩을 둔 것은 나쁜 건가요?

- 첨탑 성당을 지은 것은 하느님에게 가까이 가기 위해서 인가요?
- 십자군은 어디 사람들이에요?
- 왜 황제가 교황한테 무릎을 꿇고 사죄를 했어요?
- 황제가 교황한테 파문을 당한 것이 그렇게 중요해요?
- 카노사의 굴욕 때 제후들은 왜 교황 편을 들었어요?
- 왜 중세 때 국왕이 힘이 약했어요? 여러 나라로 나뉘어 있어서 그래요?
- 중세 때 왕은 어떻게 뽑았어요?
- 로마가톨릭하고 개신교하고 왜 나누어졌어요?
- 중세 때 기사무용담이 있었다면, 우리나라는 이순신 장군 이야기를 하면 되겠네요?

실험 수업이 절반 정도 진행되었을 때 교사는 학생들에게 수업 시간에 미처 하지 못했던 질문, 이해하지 못한 내용을 노트에 적어 제출하게 했는데, 이때 학생들이 노트에 적어 낸 질문의 유형도 수업 시간의 질문 유형과 크게 다르지 않았다. 학생들이 적어낸 질문은 대부분 역사 개념 및 용어, 지명, 인명, 사건의 뜻과 내용을 묻는 것이었다. 학생들은 '주종관계', '봉건사회', '무용담', '집정관', '봉토', '봉건제' 등의 뜻을 묻는 질문을 노트에 적었고, 그 외에 역사적 사실이나 사건의 이유와 원인, 배경 등을 묻는 질문들도 있었다.[25] 교사는 학생 각자의 노트에 일일이 답변을 적어 학생들에게 돌려주었다.

실험 학급 학생들이 질문에 참여한 정도는 다른 학급의 역사 수업과 비교했을 때 분명히 차이가 있었다. 다른 학급의 역사 교사는 주로 학생들과 문답을 주고받으며 강의식으로 진행했는데, 그러한 교사강의 수업을 '비교학급'으로 설정하고 학생들의 질문 및 답변 내용과 횟수를 비교한 결과 실험학급에서 학생들의 질문 횟수가 월등히 많았다.[26] 실험학급에서는 매 수업 당 18개~43개의 질문이 제기되었고 다수가 역사와 관련된 개념이나 용어의 뜻과 의미를 묻는 질문이었다. 수업내용과 직접 관련이 없는 질문도 많았던 것은 학생들이 교사에게 무엇이든 물어보는 것에 부담을 느끼지 않았음을 보여준다. 비교학급의 경우 교사의 질문이 많았기 때문에 학생의 답변 횟수가 실험학급보다 훨씬 많았다. 하지만 교사의 질문은 대부분 학생들이 간단하게 단답형으로 대답할 수 있는 내용이었고 '예, 아니오'로 응답할 수 있는 질문도 많았다. 왜, 어떻게 등을 물은 교사의 질문에 대한 학생들의 답변은 실험학급과 비교학급에서 그 빈도가 비슷했던 것으로 나타났다. 두 수업에서 모두 교사가 수업 진행을 지휘했지만, 실험학급에서는 학생들이 수업 중간에 수시로 궁금증을 묻는 질문들을 제기하며 교실 의사소통에 개입한 반면 비교학급에서는 교사가 교실대화의 전 과정에서 주도권을 갖고 질문도 독점했다. 따라서 두 수업은 '학생질문 중심의 수업'과 '교사질문 중심의 수업'으로 대비할 수 있다.

3) 질문 생성 요인 및 수업 결과

그렇다면 실험학급에서 학생들의 활발한 질문을 이끌어낼 수 있었던 요인은 무엇이었을까? 먼저 '역사 지식의 확정성'에 대한 신화를 허물고자 한 교사의 설명 방식을 들 수 있다. 예를 들어 교사는 "유럽 중세 권력 구조는 피라미드식 주종관계였다."라고 단정하여 제시하기보다, "중세 때는 왕의 권력이 제후들보다 항상 세지 않았고 오히려 더 힘이 없었을 때도 있었다고 한다."라는 식으로 설명했다. 또한 "유럽 중세 성당은 첨탑을 특징으로 하는 고딕 양식의 건축물이다."라고 사실을 전달하기보다, "중세 성당들은 왜 높은 첨탑을 세웠을까?"하며 스스로에게 묻는 것처럼 의문을 제기한다. 즉 교사의 발언은 '이미 정해진 역사 지식을 전달'하기 위한 것이라기보다, 교사 자신도 '확실히는 잘 모르겠다.'는 유보적 입장을 보이거나 '왜 그랬을까?'와 같은 물음으로 자신의 궁금증을 학생에게 드러내는 방식이었다. 따라서 학생들은 그러한 교사의 태도에 부담 없이 질문을 제기할 수 있었고 자신의 느낌이나 생각도 교사처럼 발언할 수 있었던 것으로 보인다.

또한 학생들이 어떤 조건에서 더 활발하게 질문했는가를 살펴보면, 교사가 설명을 끝내고 질문시간을 따로 줄 때보다는 학습 내용을 교사와 함께 다루고 있을 때 많은 질문을 했다. 교사가 특정 시간을 할애하여 "잘 이해가 안 되거나 의문 나는 점이 있으면 질문하세요."라고 질문을 촉구할 때는 오히려 학생들의 분위기가 가라앉는 모습을 보였다. 학생들은 교사가 설명하는 중에 혹은 교사와 학생 간의 질의-응답이 오고갈 때 머리에 떠오르는 궁금한 점을 물어보는 경우가 많았다. 즉 학생들의 질문은 주의를 집중하여 문제를 인지하는 바로 그 시점에 제기할 수 있도록 허용되어야 한다는 것을 시사한다. 학생들은 시간이 경과한 후에는 자신이 무엇을 몰랐고 궁금해 했는가를 잊어버리기 쉽고, 또한 '질문하세요.'라는 교사의 주문은 부담으로 작용할 수 있다. 실험학급의 교사는 자신의 설명을 중단시키는 질문을 흔쾌히 받고 격려함으로써 학생들의 질문을 원활히 이끌어낼 수 있었다.

실험 수업을 참관한 역사 교사들도 학생들이 교사의 설명 중에 궁금증을 주저 없이 묻는 수업 분위기를 특징으로 꼽았다. 그들은 학생들의 태도가 자유분방하다는 점을 공통적으로 지적했는데, 교사가 학생들의 엉뚱한 반응에도 부드럽게 지지해주어서 학생들이 자신의 생각이나 의견을 자유롭게 말하고 있다고 했다. 학생들은 교사가 묻는 것에 대해서도 답이 틀릴 것을 두려워하지 않고 활발하게 대답한다는 것이다. 참관 교사들은 실험 학급의 교실 의사소통이 마치 마인드 맵(mind map)을 그리듯이 교사와 학생 간에 꼬리에 꼬리를 물고 이어졌다고 평가했다. 교사의 설명과 발문에 학생들의 응답과 질문이 이어지면서 학습 내용을 계속 확장해 나가는 과정이었다는 것이다. 학생들이 교사를 어려워하지 않고 스스럼없이 대하는 태도, 학생들이 자신의 생각을 표현하려는 적극적인 의지를 표출한 점, 그리고 자유스러운 분위기에서도 수업 내용에 대한 집중도가 높았다는 점 등이 실험 수업의 특징으로 관찰되었다.

이처럼 열린 의사소통 방향을 설정하고 학생들의 질문을 이끌기 위해 전개된 실험 수업은 어떤 변화를 가져왔는가? 첫째, 수업분위기의 변화이다. 교사의 수용적인 태도는 학생들의 표정과 태도를 밝고 편안하게 만들었다. 이는 실험 수업을 참관한 역사교사들도 지적한 바이지만, 실험 학급에서 수행된 다른 역사교사의 수업 장면과 비교해서도 학생들의 표정은 경직되거나 긴장되어 있지 않고 오히려 다소 들뜬 모습을 보이기도 했다. 때로는 지나치게 자유분방한 행동과 발언이 나오기도 했지만, 이러한 부담 없는 수업 분위기는 학생들의 질문 횟수를 차수가 지날수록 증가시켰다. 학생들은 학부모 참관 수업이나 다른 역사 교사들이 참관하는 수업 때도 아랑곳 하지 않고 발랄하고 자유로운 분위기를 연출했다. 평상적인 교사 위주의 설명식 강의수업에서 볼 수 있는 긴장감이나 위축감, 무력감과는 거리가 먼 모습이었다.

둘째, 학생들의 반응 변화이다. 학생들은 처음에는 '질문을 만들기 싫다'라던가 '생각하기 싫다'는 반응을 보이면서 자신이 '무엇을 모르는지 생각하는 것' 자체를 귀찮아하는 반응을 보이기도 했다. 실제로 2차시가 끝난 후에 한 학생은, 학생들의 질문을 받지 말고 다른 수업들처럼 그냥 교사가 수업 내용 전부를 설명해달라고 요청하기도 했다. 또한 학생들은 교사가 설명한 주요 내용을 칠판에 판서해주기를 요청했고 판서 내용을 노트에 필기하는데 열심이었다. 즉 학생들은 역사 지식을 잘 정리하여 암기하려는 학습 관행에 익숙하여, '모르는 것을 질문하게 하는 수업'을 불편하고 비효율적인 것으로 받아들이는 태도를 보였다. 하지만 학생들은 서서히 자유로운 질문을 하기 시작하여, 수업이 거듭될수록 모르는 것을 서슴없이 묻고 자신이 알고 있는 것을 확인하는 작업을 했다. 학생의 질문에 다른 학생의 응답이 이어지기도 했다. 특히 단답형의 질문이나 단순한 질문이 나왔을 때 바로 다른 학생들의 대답이 이어졌는데, 그렇다고 하여 쉬운 질문을 한 학생이 크게 당황하거나 불편해 하지 않는 분위기였다. 다음은 실험 수업 마지막 시간에 한 학생이 써 낸 소감문의 내용이다.

> 지식 위주의 강의식 수업이 아닌 학습자 모두가 참여하는 활동적인 수업이었다. 학습 주제에 대해 문제의식을 갖고 스스로 생각하고 토론하고 발표하는 가운데 더 깊은 이해에 도달하고 사고하는 힘을 기를 수 있는 수업이었다. 이 수업은 재미있고 의미 있으며 활기가 넘친 수업이었다.

셋째, 교사의 인식 변화이다. 교사는 질문 강화 수업을 시작하기 전에 자신이 교사로서 모든 것을 알고 있어야 한다는 강박관념을 버리려고 노력했다. 즉 학생들의 질문에 대해 아는 대로 응답을 하되, 부족한 부분이나 모르는 것은 솔직히 인정하고 다음 시간에 제대로 설명하고자 했다. 하지만 교사가 확실히 모르는 개념이나 전혀 생각해보지 않았던 사실에 대한 학생 질문에 순간적으로 당황하기도 했고, 질문을 받으면 곧바로 답변을 해야 한다는 의무감을 쉽게 떨치지는 못했다. 학생들은 세세한 역사용어와 개념, 지명, 인명 등을 비롯해 교사가 당연하게 여겼던 역사 사실의 이유와 배경 등도 질문했기 때문에, 교사는 상당한 교재 연구와 수업 준비를 해야 하며 학생들의 인지 수준에서 제기될 질문에 미리 대비해야 한다는 것을 깨달았다. 또한 교사는 학생들이 '정확히 무엇을 모르고 있는가'를 알 수 있었다. 중학교 2학년 학생들이라면 응당 알고 있으리라고 생각했던 말의 뜻이나 의미를 모르는 경우가 허다했고, 매 수업마다 학생들의 역사 이해수준과 사고수준을 확인할 수 있는 중요한 기회가 되었다.

넷째, 학생 질문과 수업성취도는 반드시 일치하지 않았다. 실험 수업 후 실시된 중간고사에서 학생들의 성취도가 다른 학급과 큰 차이가 없었던 것은 '학생 질문 강화 수업'이 역사 지식 증대에 미치는 영향이 크지 않았음을 보여준다. 그것은 2달간이라는 짧은 실험기간의 영향일 수 있고, 교사의 허용적인 태도가 학생들의 수업 긴장도를 떨어뜨린 결과일 수도 있다. 특히 자유로운 수업 분위기로 인해 학생들의 소란과 잡담도 늘어나면서, 학생들이 교사의 강의 위주 수업에서보다 기본 학습 내용을 습득하는데 어려움을 겪은 탓일 수 있다. 또한 질문을 많이 하거나 창의적인 질문을 한 학생 중에 학교 중간고사 점수가 높은 학생들도 있었지만, 주로 용어나 개념의 뜻을 묻거나 정오를 확인하는 질문을 많이 한 학생들의 성적은 중간이거나 그 이하였다. 질문을 거의 하지 않은 학생들 중에 높은 점수를 받은 학생들이 있었고 주로 여학생이었다. 조용히 교사의 강의와 설명에 주의하면서 지식을 습득하는데 주력한 결과로 보인다. 중간고사 문항도 지식 이해를 측정하는 내용이었기 때문에, 그 학생들은 수업 시간에 제기된 사고형, 심화형 질문에 유의하지 않아도 좋은 점수를 받을 수 있었던 것 같다.

5. 결론

노벨 물리학상을 받은 이시도어 라비(Isidor I. Rabi)의 어머니는 아이가 학교에서 돌아오면 '오늘 무엇을 배웠니?'라고 묻지 않고 '오늘

좋은 질문을 했니?'라고 물었다고 한다. 학생들이 질문을 할 때 그들은 단순히 다른 사람들의 생각을 재생산하는 것이 아니라 자기 자신의 의미를 만드는 것이다. 학습자 질문 강화 수업은 교사와 학생이 기존의 교실 의사소통의 역할을 바꾸는 것이다. 학생은 관행적 교실에서 갖고 있던 심리적 위축감을 떨치고 머리에 떠오르는 대로 질문을 하고, 교사는 학습내용 및 학생질문의 답을 모두 알고 있어야 한다는 중압감을 덜어내고 학생들의 질문에 방어적인 태세를 취하지 않는다. 즉 교사와 학생은 함께 학습과제에 대면하여 각자의 인지 과정에 대해 끊임없이 조정을 해나가는 반성적인 과정을 경험한다.[27]

이 연구는 학습자의 적극적인 질문 제기와 교실 의사소통 참여로 이루어지는 역사수업의 가능성을 보여주었다. 기존 연구 중에는 '좋은 질문을 하는 법'에 대해 학생들에게 사전 교육이나 훈련을 시키는 것의 효과를 증명한 것들도 있지만, 본 연구는 질문하는 법에 대한 어떤 전략이나 기술에 얽매이지 않고 학생들이 머리에 떠오르는 의문점을 자유롭게 제기하도록 함으로써 '묻는 것'이 '기술'이 아니라 자연스러운 사고의 과정임을 체험하도록 했다. 학생들의 자유로운 질문을 장려하고 활성화하는 역사 수업은 학습 내용의 특성이나 학습 자료, 수업 방법의 영향을 별로 받지 않았다. 즉 학습자의 질문을 유도하기 위해 특별한 교수법을 고안하거나 특정 자료를 필요로 하지 않았고, 교과서 내용과 탐구활동을 다루는 평상적인 수업에서 학생들의 무수한 질문이 제기되었다.

학생들의 활발한 질문을 이끌어내는데 가장 큰 기여를 한 것은 교사의 수용적인 수업태도라고 보인다. 역사적 사실의 암기를 강조하거나 단정적인 해석을 주지시키기보다 역사 지식과 해석의 잠정적인 면을 드러내는 교사의 언술 양태 혹은 설명 방식도 학생들의 질문 유도에 한 몫을 했다고 본다. 또한 실험수업은 학생들의 학습동기를 높이는 데도 기여한 것으로 보인다. 학업 성취도가 낮은 학생들도 단순한 어휘의 뜻을 묻거나 수업내용과 관련이 없는 내용도 거침없이 질문했으며 틀린 답이나 엉뚱한 생각도 자신 있게 말하는 모습을 보였다. 수업에 긴장하거나 위축된 모습이 아니라 '묻는 수업'에 즐겁게 임하는 태도였다. 물론 학급의 절반 정도의 학생들이 질문에 적극 참여하지 않았고 여전히 '듣는 수업'의 자세를 보인 점, 그리고 가끔 수업 분위기가 산만하여 중구난방식의 학생 발언이 이어진 점 등은 실험수업의 문제점이라고 할 수 있다. 학습자 질문을 강화한 수업이 학습자의 학업 성취와 사고 증진에 미치는 효과가 분명히 측정되지 못한 것도 본 연구의 한계라고 하겠다.

이 연구가 보여준 것은 현장 역사수업에서 '학습자 질문 중심의 수업'이 가능하며, 그 물꼬는 교사의 수업관, 학생관, 역사관에서 시작된다는 것이다. 학습자 질문 중심의 역사수업에서 학생들은 자발적이고 주체적으로 역사 이해와 탐구 과정에 참여하는 존재로 자리매김했다. 이 연구결과가 향후 역사수업을 변화시키는데 작은 실마리를 제공할 것을 기대한다.

■ 주석

1 J. T. Dillon, "The Remedial Status of Student Questioning", *Journal of Curriculum Studies* 20, 1988, 197.

2 김지자, 『학생질문생성 및 응답활동 중심 수업이 학습능력 신장에 미치는 영향』(전주교육대학교 교육대학원 석사학위논문, 2006); 배재희, 『질문강화 수업이 중학생들의 질문 수준과 학업 성취도에 미치는 영향』(이화여대 교육대학원 석사학위논문, 2002); 최기원, 『학생질문생성 지도의 효과연구』(고려대학교 교육대학원 석사학위논문, 1999); 장진수, 『탐구수업에서 교사질문과 학생질문이 지적 호기심 수준에 따라 탐구기능에 미치는 효과』(한국교원대학교 대학원 석사학위논문, 1994); Diana L. Piccolo, et al., "Quality of Instruction: Examining Discourse in Middle School Mathematics Instruction", *Journal of Advanced Academics* 19(3), Spring 2008, 376-410; E. H. van Zee and J. Minstrell, "Using Questioning to Guide Student Thinking", *Journal of Learning Sciences* 6, 1997, 229-271; A. King, "Inquiring Minds Really Do Want To Know: Using Questioning to Teach Critical Thinking", *Teaching of Psychology* 22, 1995, 13-17; Hans Van Der Meij & J. T. Dillon, "Adaptive Student Questioning and Students' Verbal Ability", *Journal of Experimental Education* 62(4), Summer 1994, 277-291; P. Gray, "Engaging Students' Intellects: The Immersion Approach to Critical Thinking in Psychology Instruction", *Teaching of Psychology* 20, 1993, 68-74.

3 쇼델은 '학습자 질문에 의해 구축된 교실(question-driven classroom)' 즉 각 학생이 질문자로서 활동적인 역할을 하며 탐구를 증진하는 교실 개념을 제시했다. 와츠 등은 교사가 학생들의 질문을 자극하는 '질문 토대 학습(question-based learning)'을 제안했다. Michael Shodell, "The Question-Driven Classroom: Student Questions as Course Curriculum in Biology", *American Biology Teacher* 57(5), May 1995, 278-281; Mike Watts, Gillian Gould, & Steve Alsop, "Questions of Understanding: Categorizing Pupils' Questions in Science", *School Science Review* 79, Sep. 1997, 57-63.

4 Robert E. Young, *Critical Theory and Classroom Talk* (1991); 이정화, 이지헌 옮김, 『하버마스의 비판이론과 담론교실』(우리교육, 2003), 96-118.

5 로버트 영 지음(이정화, 이지헌 옮김), 『하버마스의 비판이론과 담론교실』, 114-117.

6 양미경, "가르침과 질문", 『교육과정 및 교수방법』(교육과학사, 2004), 195-216.

7 C. Chin, "Classroom Interaction in Science: Teacher Questioning and Feedback to Students' Responses", *International Journal of Science Education* 28, 2006, 1315-1346.

8 N. Postman, *The End of Education: Redefining the Value of School* (New York: Knopf, 1995), 173.

9 양미경, "학생의 질문 행동 및 내용의 특성과 그에 따른 교육적 시사점 분석", 『교육학연구』 40(1), 2002, 99-128.

10 Stuart A. Karabenick and Rajeev Sharma, "Perceived Teacher Support of Student Questioning in the College Classroom: Its Relation to Student Characteristics and Role in the Classroom Questioning Process", *Journal of Educational Psychology* 86(1), 1994, 90-103; 양미경, "학생의 질문 행동 및 내용의 특성과 그에 따른 교육적 시사점 분석", 113-118.

11 Emily H. van Zee, "Analysis of a Student-generated Inquiry Discussion", *International Journal of Science Education* 22(2), 2000, 115-142; D. Wood and H. Wood, "Questioning versus Student Initiative", in J. T. Dillon (ed.), *Questioning and Discussion* (Norwood, NJ: Ablex, 1988), 280-305.

12 양미경, "질문의 생성을 촉진하는 교육적 조건 연구", 『교육학연구』 33(1), 1995, 95-116.

13 A. C. Graesser and N. K. Person, "Question Asking During Tutoring", *American Educational Research Journal* 31(1), 1994, 104-137.

14 Barak Rosenshine, C. Meister, & S. Chapman, "Teaching Students to Generate Questions: A Review of the Intervention Studies", *Review of Educational Research* 66(2), Summer 1996, 181-221; Helena Pedrosa de Jesus, Patricia Almeida and Mike Watts, "Questioning Style and Students' Learning: Four case studies", *Educational Psychology* 24(4), August 2004, pp.531-548.

15 양미경, "학생의 질문 행동 및 내용의 특성과 그에 따른 교육적 시사점 분석", 119-120; J. T. Dillon, *Questioning and Teaching: A Manual of Practice* (New York: Teachers College, 1988); J. T. Dillon, *The Practice of Questioning* (New York: Routledge, 1990).

16 F. Biddulph, D. Symington, and R. Osborne, "The Place of Children's Questions in Primary Science Education", *Research in Science and Technological Education* 4, 1986, 77-88.

17 Alison King and Barak Rosenshine, "Effects of Guided Cooperative Questioning on Children's Knowledge Construction", *Journal of Experimental Education* 61(2), Winter 1993, 127-148; Graesser and Person, "Question Asking During Tutoring", 104-137.

18 R. Maskill and Pedrosa de Jesus, "Pupils' Questions, Alternative Frameworks and the Design of Science Teaching", *International Journal of Science Education* 19, 1997, 781-799.

19 Helena Pedrosa de Jesus, et al., "Where Learners' Questions Meet Modes of Teaching: A Study of Cases", *Research in Education* 78 (Nov. 2007), 1-20.

20 Helenal Pedrosa de Jesus & Aurora Coelhol Moreira, "The Role of Students' Questions in Aligning Teaching, Learning and Assessment: a Case Study from Undergraduate Sciences", *Assessment & Evaluation in Higher Education* 34(2), Apr. 2009, 193-208; Stuart M. Keeley, Rahan Ali, and Tracy Gebing, "Beyond

the Sponge Model: Encouraging Students' Questioning Skills in Abnormal Psychology", *Teaching of Psychology* 25(4), 1998, 270-274; M. L. Martinello, "Learning to Question for Inquiry", *Educational Forum*, 62, 1998, 164-171; A. W. Allison & Robert L. Shrigley, "Teaching Children to Ask Operational Questions in Science", *Science Education* 70(1), Jan. 1986, 73-80; King & Rosenshine, "Effects of Guided Cooperative Questioning", 130.

21 Christine Chin, David E. Brown, and C. Bertram, "Student-Generated Questions: A Meaningful Aspect of Learning in Science", *International Journal of Science Education* 24(5), May 2002, 521-549; 채상수, 『중학생의 질문의 답을 찾는 경향에 따른 과학학업성취도와 학생질문의 과학수업효과』(한국교원대학교 교육대학원 석사학위논문, 2005).

22 Angelo V. Ciardiello, "Did You Ask a Good Question Today? Alternative Cognitive and Metacognitive Strategies", *Journal of Adolescent & Adult Literacy* 42(3), Nov. 1998, 210-219; Michelle Commeyras, "What Can We Learn From Students' Questions?" *Theory Into Practice* 34(2), Spring 1995, 101-106.

23 이 수업에 사용된 교과서는 『중학교 사회 2』(중앙교육진흥연구소, 2008)였고, 13차시 동안 다룬 수업 주제는 1. 고대 지중해 세계 (1) 고대 그리스 사회와 문화, (2) 알렉산드로스 제국과 헬레니즘 문화, (3) 로마의 발전과 그 문화, 2. 유럽 세계의 성립과 발전 (1) 게르만족의 이동과 유럽 세계의 성립, (2) 비잔티움 제국과 그 문화, (3) 중세 유럽의 봉건 사회, (4) 중세 유럽의 문화, 3. 중세 유럽의 변화 (1) 십자군 전쟁, (2) 도시의 성장과 장원의 해체, (3) 중앙집권 국가의 출현이었다.

24 사회과목의 평가문항은 국사 문항 12문항을 제외하고, 세계사 내용을 다룬 오지선다형 객관식 문제 20문항과 단답형 주관식 문항 3문항으로 구성되었다.

25 학생들이 노트에 적어낸 질문들 중에서 단순 개념 확인이 아닌 심화형 질문의 사례는 다음과 같다.

ex. 오리엔트 문명은 왜 에게해로 전파되었나?/ 미노아인들은 왜 주로 배를 타고 다녔을까?/ 유스티니아누스 법전이 그 이전의 법전과 다른 점은 무엇인가?/ 게르만족들이 세운 나라들은 왜 빨리 멸망했는가?/ 앵글로색슨 족은 어떤 이유로 영국을 침략했는가?/ 영국의 원주민은 왜 앵글로색슨 족의 침입을 막아내지 못했는가?/ 프랑크 왕국은 왜 크리스트교로 개종했는가?/ 카롤루스 대제는 왜 이베리아 반도를 점령하지 못했는가?/ 카롤루스 대제가 죽은 이후에 프랑크 왕국이 세 나라로 나뉜 이유는 무엇인가?/ 로마교황령은 왜 생겨났는가?/ 중세 때 로마가톨릭의 교황은 어떤 방식으로 뽑았는가?/ 크리스트교는 왜 로마가톨릭과 그리스정교로 나누어졌는가?/ 로마가톨릭과 그리스정교의 교리 차이는 무엇인가?/ 교황이 항상 황제보다 지위가 더 높았는가?/ 왜 중세의 농민을 농노라고 하는가?/ 중세의 농노가 로마시대의 노예와 다른 점은 무엇인가?/ 농노가 장원에서 벗어나는 것은 평생 동안 불가능한가?/ 수도원 개혁운동으로 얻어진 결과는 무엇인가?/ 중세 때 기사들의 문학작품이 왜 흥행했는가?/ 중세 신학은 왜 이성보다 신앙을 중시했는가?

26 〈표 1〉 실험학급과 비교학급의 수업 당 학생 질문 및 학생 답변 횟수

질문/답변의 종류		학생질문 중심 수업	교사질문 중심 수업
학생질문	수업내용과 무관한 질문*	9.4	1.6
	일반 어휘 확인 질문	3.3	0.3
	역사관련 개념 및 용어 확인 질문	11.2	0.3
	원인과 과정 등 비교, 심화 질문	5.4	0.3
계		**29.3**	**2.5**
학생답변	예, 아니오의 응답	10.0	40.3
	교사질문에 대한 단답형 응답	87.6	138.7
	학생 의견 표현**	14.8	13.7
계		**112.4**	**192.7**

* 수업내용과 무관한 질문의 사례를 들면, "교과서 몇 쪽에 있어요?", "프린트 물 공책에 붙여요?", "창문 닫으면 안돼요?", "꺾은 선 그래프로 그려요?", "동물이랑 짐승이랑 뭐가 달라요?", "여호와의 증인은 뭐에요?", "힌두교에서 소의 머리를 자르나요?", "성균관대학교가 '이산'에 나오는 것이죠?" 등이다.

** 학생 답변에서 '의견 표현'은 어떻게, 왜 등을 물은 교사 질문에 대한 응답 및 학생 자신의 생각이나 느낌을 발언한 것이다. 예를 들면, 교사가 "중세 기사들이 왜 십자군에 합류했을까?"라고 질문하자, 학생들이 '천국에 가려고', '신앙심 때문에', '성지를 다시 찾으려고', '재물 욕심 때문에' 등으로 대답하는 것을 들 수 있다. 또 "폴리스에는 시민들이 있죠."라는 교사 설명에 "남자들만 시민이에요. 여성과 외국인은 아니에요."라는 학생의 발언, "소년십자군으로 참가한 아이들이 노예로 팔렸다."는 교사의 설명에 "불쌍하다."와 같은 느낌을 표현한 학생의 발언을 말한다.

27 Chin et al., "Student-generated Questions", 521-549.

3장

세계사 교육과 '타자읽기'

8
한국에서의 세계사 교육

1. 한국인의 '세계사' 인식

한국에서 세계사 교육의 역사는 약 100여년을 거슬러 오른다. 구한말까지 중국을 중심으로 한 아시아 지역과 관계를 구축해 왔던 한국은 서구와의 접촉을 통해 그들 문명에 대한 인식의 필요를 자각했다. 당시 전통의 화이론적 세계관을 계승했던 위정척사 계열은 그때까지도 외국사 교육의 필요를 크게 느끼지 않았고 중국과 조선을 중심으로 하는 세계사 인식을 고수했다. 그들은 유교문물 제도를 문화의 본령으로 보는 문화론적 입장을 취한 것이다. 하지만 서구화를 지향했던 문명계몽론자들은 중국 중심의 세계관을 벗어나 서구의 문명과 그 역사에 주목했다.

1880년대에 정부가 세운 육영공원과 개신교 선교사가 세운 배제학당 등에서는 헐버트의 『사민필지』, 쉐필드의 『세계역사』 등을 세계사 교재로 사용했다. 또한 외국사가 정식으로 조선 학교의 교육과정에 도입된 1895년 갑오개혁 이후에는 소학교와 한성사범학교에서 학부가 편찬한 『만국략사』를 외국사 교재로 사용했다. 『만국략사』의 편찬에는 일본인이 직접 관여했고, 이후 현채가 편찬한 『만국사기』도 일본인의 저서를 기본으로 한 것이었다. 이 시기 세계사 교재는 중국과 일본에서 번역된 외국사 교재나 혹은 중국인과 일본인이 저술한 것을 수입하여 편역한 것이 대부분이었다.

이들 교재의 공통점은 먼저, 세계 문명을 '부국강병'과 '민주주의'를 기준으로 하여 3등급 혹은 4등급으로 나누었다는 것이다. 개화의 등급에 따라 야만, 미개, 문명으로 나누었을 때 유럽, 미국, 일본은 문명국으로 분류되었다. 대부분 유럽 문명사 중심으로 구성된 이들 책자에서 조선은 미개 혹은 半개화 수준으로 파악되었다. 중국 역시 '퇴락하는 노대국(老大國)'으로 묘사되었고, 중국, 인도, 터키 및 아시아 다수는 실질적인 학문을 익히려 하지 않는 허례에 사로잡힌 半개화 국가로 분류되었다.

둘째, 각 대륙별로 현존하는 민족 혹은 국가를 문명 창출의 주체로 보고 각 국의 역사를 서술했다. 근대 국민국가의 형성과 발전을 인류의 보편적인 진로로 간주하고, 명치유신, 독일 통일, 이탈리아 통일을 근대 국민국가 형성의 과제를 완수해낸 역사로 파악했다. 따라서 인민주권의 이념에 의해 서구에서 근대 국민국가들이 광범하게 생겨난 19세기는 자유와 평등이 확대된 진보의 시대로 정의되었다.

셋째, 교재 집필자들은 당시 국제상황을 사회진화의 법칙 즉 '약육강식'의 원리가 관철되는 현실로 인식했다. 따라서 강자가 약자를 멸하는 것은 당연한 것이고 제국주의 침략은 오히려 문명화의 기회라고 간주했다. 프랑스가 태국을 식민지화하는 것과 영국이 인도를 식민지화하는 과정을 자연스러우며 당연한 일인 것으로 기술했다. 즉 서구 문명권의 동양 식민지배를 현실로 인정하는 강자의 논리에 서 있었다. 특히 일본 관련 서술을 긍정적으로 일관했다. 즉 일본이 명치유신을 전후로 구미 열강의 규모를 배워 국세가 크게 신장했다고 파악하고, 황인종 중에서 오직 일본인들만이 앞서 나간다고 기술했으며 청일전쟁에 관해서도 일본측의 입장에 기울어 있었다. 이것은 중화의 예속을 탈피해야 한다는 개화론의 입장에 치우쳐 구미나 일본의 침략적 속성을 제대로 통찰하지 못한 결과이며, 무엇보다 일본인의 세계 인식이 반영된 일본 교재를 편역한 결과였다. 하지만 이것은 당시 조선이 나름의 세계사 인식 체계에 대한 모색이 깊지 않았고, 동양의 전통이나 가치에 대한 새로운 조명도 이루어내지 못했다는 것을 보여준다.

넷째, 동양사와 서양사의 이분 구성을 추구했다. 1906년 이후 통감부에 의해 학제가 개편되면서, 고등학교 역사는 본국역사, 동양역사, 서양역사 각 3단위씩 편제되었다. 그것은 일본의 체제를 수용한 것으로, 아시아 문명의 가치를 부각시키고 동양사를 서양사와 대등하게 취급하려는 시도였다. 하지만 여전히 19세기 서구 근대 시민사회의 제반 원리가 보편적인 타당성을 가진다고 보았으며, 서양을 세계의 중심으로 여겼다. 동양사는 중국을 중심으로 서술하되 조선, 중국은 일본과 달리 자율성, 주체성, 발전성이 결여되어 있다고 보았다. 서양사는 서유럽사 중심이었고, 그리스, 로마, 유럽중세사를 중요하게 다루었다.

그 외에 고대, 중세, 근세라는 삼분법 혹은 최근세를 포함한 네 시기 구분법을 사용한 점, 문명을 주도할 사회 세력을 개명한 지식인과 같은 엘리트 집단으로 정의한 점 등을 들 수 있다. 폴란드, 월남 등 약소국의 사례를 소개할 때도 인민 대중의 무지와 이기심을 탓했다.[1]

이처럼 한국에서의 세계사 교육의 출발은 다분히 문명계몽론 혹은 개화자강론의 관점에서 시작되었다. 당시 국가 상실의 위기에 놓인 조선의 상황에서, 기술과 문명이 앞서 있던 서유럽의 역사는 보편적인 정당성을 확보하는데 어려움이 없었다. 서구의 권력은 곧 객관적인 역사 진실을 결정하는 헤게모니를 구현했다. 여기서 다층성과 복합성의 발견은 가능하지 않았다. 더구나 서구와의 일치를 추구하던 일본의 시각으로 채색된 교재의 도입과 출판으로, 일본의 제국주의적 동아시아 인식과 그 침략적 의도를 비판적으로 읽어내지 못했다. 초기 세계사 교재와 그 역사관은 역사지식에 내재한 권력 기제를 비판할 수 있는 여력을 갖추지 못했다.

지금 한국의 세계사 교육의 모습은 크게 변하지 않았다. 문명의 우열을 드러내놓고 가리지는 않지만 역사 설명 구도의 주요 개념과 체계는 서구의 기준을 따르고 있다. 고대, 중세, 근대의 시대구분법이 아직도 지배적이며, 서구의 시민혁명과 산업혁명은 근대 인류사의 가장 중요한 기획으로 평가받고 있고, 중국과 일본을 제외한 아시아 및 아메리카와 아프리카의 역사는 제대로 다루어지지 않고 있다. 지역별로 단원을 구성했지만 여전히 개별 국가와 민족을 그 구체적인 서술의 대상으로 삼고 있다. 달라진 점이 있다면 19세기 서구의 제국주의적 침략의 역사와 그에 대한 아시아, 아메리카 등의 저항 운동을 깊이 있게 다루고 있으며, 아시아 서술에서는 여전히 중국을 중심으로 서술하면서 일본을 비롯하여 동남아시아와 서아시아, 남아시아 등의 역사를 더 자세히 서술하고 있다는 점이다. 또한 역사의 중심 세력으로서 일반 민중과 대중에 대한 새로운 인식을 담고 있다.

2. 서구의 '세계사' 인식

100여년 전 서구의 세계 인식도 한국의 경우와 크게 다르지 않았다. 미국에서 1874년에 사용된 『일반사(general history)』라는 과목의 교재는 다음과 같이 기술하고 있다. "역사는 일련의 주요 문명국가들에 제한되며 그것은 백인종 혹은 코카시안이라는 거대한 인간집단을 말한다. 따라서 역사는 고도로 발달한 인류 집단에 관심을 갖는다. 왜냐하면 코카시안이 유일하고 참다운 역사적 인종이기 때문이다." 물론 1차 세계대전 이후 교과서들은 이처럼 과도한 인종주의를 버리고 '문명'이라는 개념을 통해 유럽과 그 문화적 주변국들의 이야기로서의 세계사를 다루었지만 서구중심적 사관은 흔들리지 않았다. 1931년에 출판된 『근대사Modern History』에서 칼 베커(Carl Becker)는 다음과 같이 말했다. "근대사는 특별한 의미에서 우리의 역사이다. 근대사는 우리 문명의 역사이며, 우리 문명이 지금과 같은 모습을 갖게 된 최근 몇 백년간의 역사이다."[2]

이처럼 서구유산을 강조하는 입장에서 보면, 역사교육의 주된 임무는 주로 유럽과 고대 지중해 사람들로부터 추출된 가치, 제도, 위대한 사상의 공동 유산을 새 세대에게 전달하는 것이다. 물론 서구가 '유일한' 역사문명이라고는 하지 않는다. 하지만 그들은 암묵적으로 인류에 미친 영향과 문화적 공헌에 있어서 가장 역사적이라고 주장한다. 서구 문명은 예외적인 독특성을 지닌 문명이라는 것이다. 새뮤얼 헌팅턴(Samuel P. Huntington)에 의하면, "서구문명의 본질적인 핵심은 기독교, 다원주의, 개인주의, 법의 규칙이며, 그것들은 서구가 근대성을 창안하고 전 세계로 확장하고 다른 사회들의 선망의 대상이 되는 것을 가능케 했다... 따라서 서구 지도자들의 주된 책임은 서구 문명의 독특한 특성을 보호하고 새롭게 하는 것이다." 이 견해를 따르면 학교에서의 세계사 교육은 서구의 타고난 특성들을 정의하고 그것을 다른 문명의 특성들과 대조하며, 그 '본질적이고 지속적인 핵심'을 함양하는 것이다. 서구 문명은 지난 500년 동안 자유 이념을 만들고 산업혁명을 만들고 근대성을 발명하는 등 세계의 진보적 변화의 주동자로 역할했

기 때문이다.[3]

따라서 1965년에 영국 역사가 휴 트레버-로퍼(Hugh R. Trevor-Roper)는, 아프리카는 역사를 가지고 있지 않으며 단지 "그림 같지만 전혀 관련이 없는 지구의 오지에 사는 야만족의 무가치한 나선"에 지나지 않는다고 했다. 존 빈센트(John Vincent)는 "우리는 아시아를 이해하지 못하며 그럴 필요도 없을 것이다"고 단언했다.[4] 특히 미국 사회에서 세계사를 담는 적절한 용기로서의 '서구문명'이라는 아이디어는 처음부터 교육적 구성물(teaching construct)이었다. 세계사는 '우리 문명'과 그 후손들의 이야기였고, '서구문명사' 코스는 미국의 정치적, 문화적 기원을 발견하려는 시도였다. 사회를 단결시키고, 미국을 위대하게 만든 가치와 제도에 대한 충성심을 일깨우기 위한 것이었다.

이러한 서구문명사에 대한 비판으로 등장한 다문화주의 역시 서구 유산을 강조하는 시각의 기본 가정들을 도전하지는 않았다. 백인 남성이 역사와 문화의 해석을 지배하는 것을 비판하면서도, 문명들이 각기 타고난 특성을 갖는다는 생각을 반박하지 않았다. 대신 어떤 문화가 본질적으로 다른 문화보다 더 낫거나 더 나쁘지 않으므로 세계사 과목이 서구 외의 다른 문명들과 인종집단들을 충분히 대변해야 한다고 주장했다. 세계사를 다양한 문명의 역사로 정의하고 유럽과 북미 외의 다른 세계지역의 긍정적인 특성들을 부각시켰다. 하지만 세계의 다른 지역은 독특한 업적과 문화를 갖고 있으면서도 인류역사에서 중요한 발전이 일어난 장소가 되지 못하고 '오래 전에' 거대한 문화를 건설했던 지역으로만 다루어졌다.

이러한 인식에 대하여, 1960년대에 세계사를 개척한 학자들인 윌리엄 맥닐(William McNeill), 리프턴 스타브리아노스(Leften Stavrianos), 마샬 호지슨(Marshall Hodgson), 필립 커튼(Philip Curtin) 등은 국가

-민족은 인류의 과거를 이해하는데 부적절한 체계이며 세계사는 인류역사에서 각 공동체 집단 간의 상호작용을 조사하여 전 인류의 문화와 경험을 탐구하는 것이라고 정의했다. 단순히 문화 A에서 상황이 어떠했고, 문화 B에서는 무슨 업적을 세웠고, 문화 C에서 어떤 흥미로운 것을 성취했는가만을 보는 것이 아니라 광범위한 전 세계를 아울러 변화에 대한 설명을 해야 한다는 것이다. 즉 16~17세기에 지구적 해양세력으로 유럽 국가들이 등장했다면 그것은 예찬되거나 비난받아야 할 사실로서가 아니라 세계적 규모의 역사적 문제로 제시되어야 한다. 문제를 탐구하는 공간적 배경도 유럽만일 수는 없으며, 변화의 대리인들로서 북아프리카 무슬림, 인도양 주민들, 아메리카 원주민 등을 포함하는 범지역적 영역을 포함해야 한다는 것이다.[5]

그러므로 세계 각 지역의 인류 집단과 그들의 상호 관계의 역사를 구축하기 위해서는, 어느 한 문화가 다른 것보다 본래적으로 우월하다는 입장을 불식하고 더 나아가 국가-민족 단위의 세계사 인식을 극복해야 한다. 최근 미국의 세계사 교과서 시장에도 '전 지구적 범위(global coverage)'를 다루는 교과서가 많이 나와 있지만, 역시 주요 문명 및 서구와 연관된 운동들에 많은 지면을 할애하여 강조하고 있다. 따라서 세계사 교육이 보다 포괄적인 문화 이해에 공헌하기 위해서는 현재 서구 국가들의 우월적 지위에서 거슬러 올라가 지난 과거의 역사를 재단하는 우를 범하지 말고, 대규모의 장기적인 이슈들을 시대와 지역을 가로질러 정의하고 비교하려는 시도가 필요하다.

3. '국가-민족'의 경계를 초월하기

근대 서구문명은 기본적으로 영국, 미국, 프랑스, 독일 등 각 서구 국가들에 의해 구현된 근대화의 성공에 의해 평가받아 왔다. 세계사 교육에서 다양한 문화들을 어떻게 배열할 것이며 각 문화에 몇 페이지를 할당한 것인가를 결정하는데 있어서도, 현재 각 국이 지닌 정치, 경제적 권력의 지위가 중요한 잣대로 영향을 미치며 그들 국가의 문화적 원동력으로서 각 문명권의 비중이 부각된다. 즉 세계사의 각 지역과 문화권의 역할을 판단할 때 궁극적으로 그 문화가 구현된 현재 각 국가들의 지위에 대한 판단이 소급 적용되는 것이다. 또한 세계사 교육과 자국사 교육의 비중도 상호 밀접한 연관을 갖는다. 최근 영국과 프랑스, 미국 등에서는 자국사 교육에 더 많은 시간을 할애해야 한다는 주장이 강화되고 있고 한국에서도 역시 국사교육의 강화를 강조하는 민족주의적 입장이 큰 영향력을 행사하고 있는데, 이러한 자국사 중시 경향은 다른 문화에 대한 관심과 개방적인 이해에 장애가 될 수 있다.

오랫동안 '민족주의' 혹은 '국민주의' 시대의 종언이 예언되었지만 그것은 더욱 강화되고 있다. 내셔널리즘(국민주의)은 특정 국민의 구성원들이 만든 특수한 문화적 인조물이다. 내셔널리즘은 19세기에 창출된 후 규격화되어 다양한 사회적 토양에 이식되었고 다양한 정치적, 이데올로기적 패턴과 합체되어 갔다. 현대세계에서는 누구도 특정의 국민에 귀속될 수가 있고, 귀속되어야 하고, 또한 귀속된다. "내셔널리즘은 개인에 있어서 '신경증'과 마찬가지로 근대발전사의 불가피한 병이고, 널리 세계에 만연한 무력감의 딜레마에 둥지를 튼 거의 불치의 병이다"고 평가받기도 했다. 우리는 무의식중에 내셔널리즘의 존재를 실체화해서 그것을 이데올로기의 하나로 분류한다. 국민과 국민주의는 '자유주의'나 '파시즘'의 동류로서 다루기보다 '친족'이나 '종교'의 동류로서 취급된다. 즉 인류학에서 '친족'이나 '종교'를 정의하듯이 국민이라는 것은 이미지로서 마음에 그려진 '상상의 정치공동체'이며 '최고의 의지결정주체'이다. 왜냐하면 아무리 작은 국민이라도 이것을 구성하는 사람들은 그 대다수의 동포를 아는 것도, 만나는 것도, 혹은 그들에 대해 듣는 일도 없으며 다만 공동의 이미지를 공유할 뿐이기 때문이다. "내셔널리즘은 국민의 자의식의 각성이 아니다. 내셔널리즘은 원래 존재하지 않는 곳에 국민을 발명하는 것이다." 내셔널리즘의 '발명'은 '상상'과 '창조'가 아니라 '날조'와 '기만'에 견주어지기도 한다. 왜냐하면 제한된 국경 안의 주권을 가진 존재로 상상되는 국민 속에 현실로는 불평등과 착취가 있다고 해도, 국민은 언제나 수평적인 깊은 동지애로 마음에 그려지기 때문이다. 그리고 결국에는 이 동지애로 인해 그리고 한정된 상상력의 산물 때문에 과거 2세기에 걸쳐 수천, 수백만의 사람들이 서로 죽이고, 혹은 오히려 스스로 죽음을 향해 나아갔던 것이다.[6]

그런데 근대 국가 성립 이전에도 인종, 민족 집단 공동체가 존재했다. 한정된 영토 내에 주권을 확립하고 공통의 역사적 기억과 문화를 가진 집단체로서의 국가(nation)는 서구에서도 13세기부터 국가 혹은 왕국간의 경쟁과 전쟁의 과정을 통해 형성되었다. 19세기에 서구에서 등장한 근대 내셔널리즘은 다분히 공업화와 근대화의 산물이었다. 내셔널리즘의 기본적 특징인 동질화된 문화, 동일 언어에 의한 표준화 교육, 자치적 국가 등은 모두 공업화에 의해 설명된다. 공업화 이전의 사회에서는 엘리트와 대중의 사이가 문화적으로 격리되어 있으므로 국민주의가 생겨날 여지가 적었다. 근대는 익명의 사회이지만 인쇄술에 의해 사회적 상호작용을 전혀 갖지 않는 익명의 개인 사이에 「상상의」 끈이 생겨 그 결과 동질적인 시간과 공간을 공유하는 '상상의 공동체'에 대한 소속감이 생겼다. 공동체란 본래 대면적 혹은 개인적인 접촉을 기반으로 생활양식을 공유하는 집합체이지만, 문자를 읽는 사람들이 '국가'로 상상되는 공동체의 맹아를 형성했다. 그리고 국민의식은 전체 구성원에게 공통의 법적 권리와 의무를 부여하는 지배 이데올로기가 되었다.

더 나아가 민족은 단순히 상징체계의 표현이나 정치적 수단으로서의 이익집단이 아니라 근대사회에 사는 고독한 군중에게 이름과 아이덴티티를 부여해 주는 것이었다. 이익과 정서의 끈을 결합하는 점에 있어서 민족은 계급보다 더 유효한 개념이었다. 20세기의 국민의식은 민족 정서가 활성화되면서 민족을 쇠퇴시키지 않고 오히려 부활시켰다. 또한 위로부터의 조작을 통해 민중이 국민으로 통합되어 가는 과정이었다. 민족은 역사적 기원과 문화를 공유하는 집단으로 이해되어 왔지만 그러한 역사와 문화의 전통은 창조된 것이다. 원초적 끈이라고 생각되는 민족의 특징의 대부분은 고정적인 것이 아니, 역사의 제 단계에서 선택된 상징들이다. 그것은 타자와 다르다는 의식을 갖게 하는 원천이 되고 민족의 아이덴티티를 유지, 강화한다.[7]

하지만 세계사는 단순히 국가들의 개별 역사들을 모아놓은 것이 아니고 그 우열을 가리는 것도 아니다. 여러 지역과 국가의 경계를 가로질러 작동하였던 메카니즘을 밝히고, 그 사건들에 대한 서로 다른 진술이나 해석을 분석하는 것이 중요하다. 그리고 세계사교육은 문화적 차이, 독특성, 다름(otherness)을 고정시켜서는 안 되고 '문화적 중립'을 추구해야한다. 문화적 중립은 양비론이나 양시론 혹은 판단을 하지 않는 것을 의미하지 않는다. 오히려 그것은 모든 인간이 창조적인 역사적 행위자가 될 가능성을 가졌다는 인식을 장려하며, 각 문화의 형성과 변화의 배경 및 문화 간의 상호적 맥락에 주목한다. 그렇다면 세계사교육은 '민족의 기원'을 찾는 정체성 정치학(politics of identity)

으로부터 해방될 수 있을 것인가? 서구 문명과 서구 국가들의 근대화를 기준으로 구축되어 온 세계사 교육은 과연 극복될 수 있을 것인가?

4. '세계사 교육'은 가능한가?

현재 역사라는 학문의 영역에서 주도권을 갖고 있었던 유럽의 헤게모니는 도전에 직면해 있다. 근대 역사 서술의 핵심인 이성과 진보에의 신념이 흔들리면서 경제적 근대화, 자유주의적 민주주의로 대표되어 온 '보편적 역사'는 그 뒤에 감추어진 서구의 지배와 권력의 메카니즘을 드러내야 했다. 보편적인 역사를 구축하려는 시도는 다양한 역사적 경험과 사실들을 극도로 단순화시키고 추상화시키는 '환원주의(reductionism)'라는 비난을 받았다. 서구에 의해 지배되는 하나의 단일한 역사 안에 다른 문화들을 동화시키는 서술은 '보편 역사'처럼 피해야 할 어떤 것이 되었다. 레비-스트로스(Claude Levi-Strauss)는 역사를 가진 유럽인과 '역사가 없는 사람들(peoples without history)'로 구분하는 것은 제국주의적 억압이라고 보았다.

한편에서는 과학, 이성, 동화(同化)의 전제적인 보편 역사와 정치적 억압에 저항하여 지역 담론(local narratives)이 등장했다. '거대서사(grand narrative)'와는 달리 지역 서사는 전지 전능함이나 보편적 정당성을 주장하지 않았고 객관적인 역사 진실을 주장하기보다는 오히려 주관적이었다.[8] '야만적이며 원시적이고 후진적인 관습, 편견, 무지'로 여겨졌던 지역 담론은 더 이상 주변화되지 않는다. 비서구인들에 대한 서구의 정복을 합법화하는데 공헌하였던 문화적 제국주의의 역사가 해체되고, 동화의 내러티브 대신에 저항의 내러티브가 자리잡았다. 역사를 발명하고 강요하고 전수해 준 유럽의 거대 담론은 지배의 지위를 상실했고, 로칼 텍스트(local text)와 함께 다양한 역사 담론의 하나가 되었다. 클리포드(James Clifford)는 세계 문화사의 비극적이고 희극적인 구조를 담을 수 있는 거대 담론은 없다고 단언한다.[9]

그리고 특정 분야의 역사지식을 완벽하게 종합한다는 생각이 퇴조하고 있다. 피터 노빅(Peter Novick)은 '완벽하고 포괄적인 종합이라는 개념이 소멸'하고 "담론 공동체로서, 공동의 목표, 기준, 목적으로 결집된 학자들의 공동체로서의 역사학은 더 이상 존재하지 않는다."고 했다.[10] 다면적이고 분화된 포스트모던 사회에서 역사상의 어떤 사실도, 어떤 사건도 그리고 어떤 측면도 고정된 의미나 내용을 갖지 않는다. 궁극적인 역사적 실재는 없는 것이다. '역사'는 권력의 행사를 위하여, 사건들의 혼돈에 부여한 서사적 질서(narrative order)로 이루어진 허구일 뿐이다.

소위 '보편 역사' 혹은 '거대서사'의 해체를 추구하는 역사인식은, 서양 역사발전의 틀에 의해 구성된 세계사에 대한 비판으로 나아간다. 세계사 교재의 저자들은 주로 문명의 진화적(evolutionary), 진보적(progressive), 물질적인(materialistic) 변화 이론을 채택했다. 세계 역사의 변화는 점진적이고 항상적으로 일어나며 그 변화는 인간 생활의 질을 향상시켜왔다고 본다. 또한 인간 본성에는 공통의 보편적인 특성이 있으며 그러한 인간의 본질이 사회를 단일 노선을 따라 진화시켜왔다고 가정했다. 역사가들은 인류의 여러 문명들을 일관된 형식으로 통합할 수 있는 법칙과 규칙을 찾으려고 시도했고, 근대화론이나 기술결정론은 역사의 지속과 변화 그리고 인과관계를 하나의 사고 틀 안에 제한해 왔다. 이에 대해 리처드 로티(Richard Rorty)는 "진리의 준거틀은 자기가 속해 있는 문화이며 결국 자문화중심주의를 띨 수밖에 없다. 다원화된 사회, 문화는 다원화된 진리를 가질 수밖에 없다. 자문화 중심주의의 편견을 인정한다면 그것은 배타주의를 의미하지는 않는다. 다양한 문화 사이의 갈등을 조화할 수 있는 합리성과 같은 기준을 제시하는 것은 자기기만이다. 문화적 다양성과 동시에 개방성을 인정해야 한다."고 했다.[11]

전문 역사학은 그 연구범위와 접근에서 점차 유럽중심주의에서 벗어나 아시아, 아프리카의 역사로 관점이 이동하고 있다. 서구 근대문명의 세계적 보편성을 부정하면서 지역권의 문화적 특수성에 주목했으며 '서구'에 대한 대안으로 '동아시아'라는 지역단위가 등장하기도 했다. 19세기 말에 제국주의의 세계적 팽창이 전개되던 시기에 일본이 만들어 낸 '동양'이라는 개념에는 '동양을 구제할 문명 지도자로서의 일본'이라는 침략적 국가주의가 숨어있었는데, 20세기 말은 자본주의의 전 지구화에 의해 강박적인 동화와 획일화가 본격적으로 전개되는 시기라는 점에서 시대적 유사성을 보인다. 그러나 '동양'이란 말은 역사학의 용어로는 부적절한 것이며, '동아시아' 역사 서구의 대안이 될 수 없다. 동아시아와 서구 담론의 이분법은 경계되어야 한다.

물론 세계사에서 비교와 우열의 장르는 서구중심적이었으며, 동아시아는 피동태의 주변세계였던 것이 사실이다. 그런데 한때 동양이란 신비는 서구인들이 만든 원시성을 바탕으로 한 허구적인 것이었지만, 이제는 동양인들 스스로가 우월성으로 장식되는 신비성을 만들어내고 있다. 자연과 인간의 합일, 상생의 힘으로서의 상극, 유기체적 우주관 등이 그 담론의 내용이다. 또한 서구가 동양을 그들의 상황과 필요에 맞게 수용하려 하는 반면, 동아시아는 이제 후발 자본주의와 아류적 신제국주의의 모습을 띠고 있다. 하지만 동양은 아직 스스로에게도 알려져 있지 않고, '하나'의 동양은 존재하지 않는다. 따라서 문화적 동질성의 추구라는 당위적 주장보다는 그 현실적 다양성에 대한 인식이 우선되어야 한다. 문명 간에는 엄밀한 분리가 불가능하며, 분리를 전제한다면 한 문화 안의 다양성, 차이, 복합성이 희생되고 만다. '문명 충돌' 개념도 민족, 인종, 종교 간의 갈등을 조장하는 논리로 변형될 수 있다. 탈근대 담론 역시 서구의 도구화된 이성을 비판하는 것이지 이성에서 도피하자는 것이 아니다.

세계는 모든 사회들이 근대화의 길을 따르면서 동질화되어 온 것이 아니라, 지속적인 대결과 갈등 그리고 상호지역간의 적응과 변형에 의존하여 왔다. 이 '세계화(globalizing)'의 영향은 매우 혼란스러우며, 세계의 과거사에 대한 다층성과 복합성의 재발견이 그 어느 때 보다 중요하다. 그것은 세계의 과거들이 모두 동시에 현재하고 충돌하고 상호 작용하면서 현재사를 만들고 있기 때문이다. 대안의 세계사를 지역사 혹은 지역학적 관점에서 찾는 역사가들은 세계의 보다 많은 사람들을 세계사에 포함시킨다. 그리고 지역에 따라 변화의 방향과 속도가 다르기 때문에 보편적인 지역을 선택하기 위한 변화 이론을 사용할 필요가 없다.[12] 더구나 시대구분과 일반화에 사용되는 역사이론은 역사의 지속과 변화의 동력에 대한 이해와 가치 뿐 아니라 정치적 고려를 반영하고 있기 때문이다.

하지만 역사라는 용어가 단순히 독립된 개개의 사실들의 덩어리를 의미하는 말이 아닌 이상 모든 세계의 역사에 동등한 비중을 두는 백과사전식 세계사 교육을 경계해야 한다. 또한 세계사 학습에서 문명들과 그 비교는 중요한 주제이지만, 장기간에 걸친 여러 문명과 사회들의 정치, 경제, 사회, 문화별 특성과 시간에 따른 변화를 '비교'하고 '설명'하는데 몰두하면서 우리는 인간 삶의 역동적인 드라마와 그 속에 살아 움직이는 과거를 놓치기 쉽다. 특히 역사적 인물들은 일어나기로 되어 있는 일을 성취하는 역할에 규정된 폐쇄적인 역사에 갇혀서는 안 된다. 세계사 교과서에서 역사적 인물은 미지의 미래를 향해 용기와 상상력을 가지고 살아간 인간 존재들로 보이지 않고, 그들 문화의 특정한 측면을 보이기 위해 무대에 오르는 인간으로 그려진다. 예를 들어 "포르투칼인들은 아시아로 가는 길을 발견하고 무역을 열려는" 목적을 위해 아프리카 서해안으로 항해했다고 교과서는 기록한다. 하지만 그들은 좀 더 단기적인 목표와 이익을 추구했던 것이고 그것이 궁극적으로 초래할 상황에 대해서는 전혀 알지 못했다.[13]

이제 세계사 학습은 자기 자신의 삶과 문화의 경계에서 벗어나 인간 경험의 다양성을 경험하는 하나의 방식으로서, 그리고 여러 지역의 다양한 역사를 통해 다른 사람들과 공동체를 이해하는 데서 더 나아가 '사람들이 세상을 다르게 생각하도록' 돕는 과정으로 그 가능성을 모색해야 할 것이다.

■ 주석

1 양정현, 『근대 개혁기 역사교육의 전개와 역사 교재의 구성,』 서울대학교대학원 사회교육과 역사전공, 교육학박사학위논문, 2001, pp.109-149.

2 Ros E. Dunn, "Constructing World History in the Classroom", in Peter N. Stearns, Peter Seixas and Sam Wineburg (ed.), *Knowing, Teaching, & Learning History: Naional and International Perspectives* (New York: New York Univ. Press, 2000), pp.121-140.

3 Dunn, "Constructing World History in the Classroom", pp.121-140.

4 Hugh Trevor-Roper, *The Rise of Christian Europe* (London, 1965), p.9. 리처드 에반스 (이영석 옮김), 『역사학을 위한 변론』(서울: 소나무, 1999), p.236에서 재인용.

5 Dunn, "Constructing World History in the Classroom", pp.121-140.

6 Benedict Anderson, *Imagined Community: Reflections on the Origin and Spread of Nationalism* (London, 1991), xii.

7 요시노(吉野耕作), 『문화내셔널리즘의 사회학』, 나고야대학 출판부, 1997.

8 Jean-Francois Lyotard, *The Postmodern Condition: A Report on Knowledge* (Minneapolis, 1984), pp.xxiii-xxiv. 리처드 에반스, 『역사학을 위한 변론』, pp.202-203에서 재인용.

9 Kerwin Lee Klein, "In Search of Narrative Mastery: Postmodernism and the People Without History", *History & Theory* 34(4), 1995, pp.275-298.

10 Peter Novick, *That Noble Dream: The 'Objectivity Question' and the American Historical Profession* (New York: Cambridge Univ. Pr., 1988).

11 Gary Thoma, "What's the Use of Theory?", *Harvard Educational Review* 67(1), Spring 1997, pp.75-104.

12 Bentley, "Cross-Cultural Interaction and Periodization in World History", *American Historical Review*, June 1996, pp.749-770.

13 Peter N. Stearns, "Getting Specific about Training in Historical Analysis: A Case Study in World History", in Peter N. Stearns, Peter Seixas and Sam Wineburg (ed.), *Knowing, Teaching, & Learning History: Naional and International Perspectives* (New York: New York Univ. Press, 2000), pp.419-436.

9

세계사 교육의 방향과 가능성

1. 머리말

'세계사(world history)'는 무엇인가? 세계사는 세계 각 지역 혹은 국가와 민족의 역사를 단순히 더한 것을 말하지 않는다. 세계의 여러 인류 집단과 그들의 삶의 총체를 역사 속에서 파악하고 이해하는 것은 곧 비교와 판단, 해석과 의미부여를 내포하기 때문이다. 따라서 세계사는 각 지역 혹은 집단의 역사를 바라보는 특정한 시각과 이론에 근거하여 기술되어 왔고, 그것은 세계사 교과서의 구성과 세계사교육에 큰 영향을 미쳐왔다.

그런데 최근 우리는 역사학에 대한 새로운 인식을 경험하고 있다. 지난 100여년 간의 근대 역사학에 대한 총체적인 반성과 비판이 제기되고 대안의 역사에 대한 논의가 무성하다. 세계사에 대한 관점 역시 전환기를 맞이하면서 세계사 구성의 대안적 시도가 진행되었다. 그것은 세계사교육에 대한 본질적인 성찰을 요구했고, 과연 세계사 교육이 가능한 것인가 라는 문제를 제기하고 있다.

이 글은 이러한 역사 인식의 변화에 주목하여 세계사 구성의 새로운 시도들을 소개하고, 더 나아가 후 세대들에게 세계사를 가르친다는 것의 의미와 그 가능성을 가늠해보기 위한 시도이다.

2. 역사 인식의 변화

민족국가 중심의 근대 역사학이 등장하였던 19세기 유럽인들에게 있어서 역사는 자유와 진보의 실현이었으며 유럽은 그러한 역사 전개에서 선구적인 지역이었다. 당시 유럽에는 민족주의가 팽배했고 권력과 국가를 기술한 역사가 공민교육에 필수적이었다. 프랑스에서는 초등학교 때부터 역사를 배우게 하는 제도를 만들고, 모든 역사가들은 국민적 합의의 토대 위에서 조국의 기치 아래 프랑스인들을 집결시키려 했다. 역사교과서는 국민국가 건설의 위대한 전통을 높이 찬양했고 역사는 국민을 동원하기 위한 일종의 호소였다. 당시 유럽의 역사가들은 자유주의, 민주주의, 산업화의 개념을 기초로 한 근대화 이론의 틀에 맞추어 역사를 해석했다. 그것은 세계사에 대한 매우 유럽 중심적이고 낙관적인 해석이었다. 그들은 서구의 생활방식이 세계로 확산될 것을 믿었고, 비록 유럽의 팽창과 지배 그리고 산업화의 과정에 의해 엄청난 고통이 초래되더라도 비서구 국가들이 근대화하지 않는 것보다는 근대화하는 것이 낫다고 보았다. 그들은 아시아와 아메리카, 아프리카뿐만 아니라 슬라브 지역과 스칸디나비아 지역을 역사가 없는 곳으로 간주하기도 했다.[1]

오스왈드 슈펭글러와 아놀드 토인비는 그처럼 유럽 중심적이고 민족국가 중심의 시각을 넘어서고자 시도했다. 그들은 '문명'을 세계사 연구의 기본 단위로 수립하고 세계의 여러 문명을 유럽문명과 함께 다루었다. 특히 개별 문명을 발달시키는 요인이자 문명간 상호관계를 결정하는 것으로 사상과 이념(ideologies)의 중요성을 강조했다. 슈펭글러는 역사를 세계 종교에 토대한 문명 복합체(civilizational complexes)의 연속으로 보는 문화적 결정론을 내세웠으며, 토인비 역시 초기 저작에서 사회구조와 환경이라는 요소에 초점을 맞추었으나 후기에는 종교를 문명이 성취한 가장 지속적이고 중요한 것으로 보았다. 하지만 그들은 '문명'을 탄생, 성장, 쇠퇴, 죽음을 맞는 유기체로 보고 개별 문명의 흥망을 신의 의지에 종속된 것으로 보는 등 유럽 중심의 진화론적 시각을 극복하지 못했다.[2]

근대화론은 20세기에도 세계사에 대한 역사가들의 인식과 기술을 지배했다. 그것은 이성과 진보에 대한 신념을 바탕으로 산업화, 합리화라는 단선적인 역사 발전과정을 설정했고, 역사는 경제적 근대화와 자유주의적 민주주의라는 일관된 목표를 향해 나아가는 거대 구조의 틀 속에 정의되었다. 역사가들은 인과적 설명을 통해 역사와 사회의 현실에 통일된 의미를 부여했고, 곧 역사를 하나의 총체적인 발전과정으로 파악하는 '보편 역사' 즉 '거대서사(master narrative)'를 등장시켰다.[3]

그러나 두 차례의 세계대전을 거치면서 유럽의 쇠퇴와 조락이 심화되었고 유럽중심적인 역사 담론은 새로운 세계질서에 부응해야 했다. 과학의 발달과 산업화가 생활의 풍요와 함께 인류에게 전쟁과 같은 재앙을 초래하면서 인류 역사의 진보에 대한 의심과 불안이 축적되었다. 현실은 더욱 더 이해하기 힘들어졌으며, 과거를 재구성하는데 대한 회의와 불확실성이 역사가들을 지배했다. 역사학은 점차 민족주의 역사를 거부하고 비교사를 권장했으며 모든 것은 역사가에 의해 창조되었다는 주관적 상대주의가 확산되었다. 탈식민지화 현상과 함께 구조주의가 유행하면서 그것은 유럽중심주의를 상대화시키고 다른 공간 속에 존재하는 타자에 대한 발견을 자극했다. 역사는 복수형의 개별적인 역사들로 해체되었다.[4] 또한 비서구인들이 자신들의 역사적 공헌과 문화적 차이에 대한 자각과 인식을 요구하면서, 근대화론은 서구 제국주의의 다양한 억압에 대한 이론적 협력자로 비판받았다. 즉 사회와 역사를 유기체와 유사하게 보고 성장과 발전, 후퇴와 정체 등 유기체적 용어들로 세계사를 기술하는 것은, 서구 헤게모니 및 지구적 불평등을 합리화하는 기제로 작동한다는 것이다. 이제 '역사가 없는 사람들(people without history)'에게 있어 세계사는 과학적 역사가 아니라 사회적 관계, 상징 체계, 지배와 저항의 담론, 주관적인 정체성의 내러티브로 대체되었다.[5]

결국 '역사'라는 거대서사는 계몽 이래의 '근대'라는 기획의 산물이었다. 과학과 이성의 보편 역사를 구축하려는 시도는, 거대한 역사적 경험과 사실들을 단순화시키고 추상화시키는 '환원주의(reductionism)'를 초래했다. 또한 보편적인 정당성과 객관적인 사실로 포장되어 기술된 역사에는 서구의 지배와 권력의 메카니즘이 감추어져 있었고, 그것은 서구에 의해 지배되는 하나의 단일한 역사 안에 다른 문화들을 동화시키는 서술을 의미했다.[6] 하지만 역사는 일사불란한 거대 단일체가 아니라, 이질적이고 비연속적인 파열적 복합체이다. 역사는 잠재된 이성의 자기구현도 아니고, 계급의식의 발현도 아니고, 한 생산양식에서 다른 생산양식으로의 단선적 진보도 아니다. 오히려 역사적 현실은 다양하고 불투명하며 불확실하고 모순적이다. 그리고 그처럼 복합적인 현실 상황에서 행하는 개인의 결정과 행위도 애매 모호한 이중성을 지닌, 불일치를 내포한 다면적인 것이다.[7]

역사가들도 이러한 역사의 다층성과 복합성의 재발견을 통해, 역사의 구조보다는 구체적인 경험에 그리고 현실 자체보다 인간이 인식하고 경험한 현실에 보다 관심을 두기 시작했다. 역사의 어떤 한 측면을 다른 것보다 우선하고 다른 모든 것을 그 주변으로 분류하는 것이 아니라, 이전에는 사소하다거나 의미 없다고 여겼던 주제들에 주목했다.[8] 소외된 사람과 지역 즉 '작은 역사의 이야기'에 대한 관심의 증대는, 과학적 설명의 역사를 버리고 역사의 수사학적 전통 즉 서사적 역사를 복원시키는 것과 함께 했다. 클리포드(James Clifford)가 단언한 것처럼 세계 문화사의 비극적이고 희극적인 구조를 담을 수 있는 거대담론은 없으며, '야만적이고 원시적이고 후진적인 관습, 편견, 무지'로 여겨졌던 지역 서사(local narratives)는 이제 더 이상 주변화되지 않는다. 그것은 서구의 정복과 억압에 대한 저항이며, 동시에 일국사(一國史) 및 지배 엘리트의 역사와 대비되어 역사담론의 하나로 작동한다.[9]

또한 역사 인식에서의 '근대성' 비판은 기원(origin)과 목적(purpose)을 가진 일 방향의 단선적 역사 이해를 거부한다. '계기적 인과관계' 혹은 '기원'의 망상을 비판한다는 것은, 사건의 원형이라고 여겨지는 사건들만을 역사의 인과 관계적 설명요인으로 선별하는 방식의 오류를 지적하는 것이다. 미리 정해진 기원에서 출발하여, 미리 정해진 궤도를 따라, 미리 정해진 목적지에 도달한다는 도식적 역사이해는, 서로 다른 시간대의 복잡한 중층성을 설명하지 못한다. '원인'의 개념은 명백히 연속적인 시간 개념에 토대를 두고 있는데, 그와 같은 시간관은 세계를 바라보는 서구적 방식이다. 따라서 하나의 '기원' 대신에 여러 개의 '출발점'을 발굴하고, 불연속적인 것들을 통해 우연적 현실의 무게를 인정하자는 것이다. 출발점은 있지만 원인은 없는 역사를 이야기하고, 역사의 지속과 변화 그리고 인과관계를 하나의 사고 틀 안에 제한하지 않는 것이다.[10]

최근 역사의 해체, 역사의 분열은 현실을 명료하게 이해하지 못하는 무기력증의 반영이기도 하다. 역사는 더 이상 확실하고 보편적인 가치를 향해 전진하는 사회의 옹호자가 아니며, 역사가는 더 이상 총체적인 현실을 파악하려 하지 않는다. 푸코는 거대한 종합의 완성, 연속성, 보편적 구조, 총체성 등의 개념을 거부하고 단절과 불연속성을 강조했다. 역사가의 담론은 대상이나 계열에 대한 기술에 국한될 뿐이며 역사는 단순한 줄거리나 이야기에 불과하다. 계열이란 사건이 하나의 전체로 통일되지 않고 그냥 배열된 상태를 말한다. 인간 역시 더 이상 역사진보를 추구하는 활동적인 주체로 간주되지 않는다. 역사학은 이제 변형과 변화의 학문이 아니며 역사는 잃어버린 것에 대한 아련한 노스탤지어로 가득 차 있다.[11]

더 나아가 에마뉘엘 토드는 모든 혁명적인 시도를 전체주의적인 시도와 동일시하고 일종의 정신분열적인 행동으로 간주함으로써, '역사 속에 합리성이 작용한다'는 총체적 접근방식의 전제를 해체했다. 그는 "프랑스 역사를 물리치자"는 제목의 글에서 세상은 부동하며 그 본질은 고정불변이고 인간은 무분별하다고 보았다. 퓌레도 혁명의 본질을 '전체주의'로 규정했다. 그는 "혁명은 끝났다"고 공언하고 프랑스 혁명의 정통성(자유, 평등)을 부인했다. 대중의 등장을 몰상식하고 역행적인 것으로 정의한 그는, 하층민 내지 평민들의 개입으로 인해 혁명은 계몽주의 개혁가들이 지정한 레일을 일탈했다고 했다. 이러한 반혁명적인 담론은 역사를 완전 말살하려는 시도라고 비난받았지만, 혁명뿐 아니라 역사는 신화적인 것이 되고 말았다.[12]

이러한 역사 인식의 변화는 서구문명 전반에 대한 반성에서 비롯된 것이었다. 그리고 소위 '보편 역사' 혹은 '거대서사'의 해체를 추구하는 역사인식은 서구 역사발전의 틀에 기초하여 구성된 세계사 기술에 대한 비판으로 이어졌다.

3. 세계사 구성 모델

세계사의 내용과 시대구분 및 구성 원리는 세계사에 대한 역사가들의 인식을 반영한다. 세계사가들은 인간 본성에는 공통의 보편적인 특성이 있다고 보고, 여러 시기의 문명들과 그 연계를 일관된 형식으로 설명할 수 있는 법칙과 규칙을 찾으려고 시도했다. 그리고 교육적 목적을 위해, 세계 여러 지역과 시대의 역사 전개를 그 유사점과 차이점에 따라 분류하고 구분하여 왔다. 그런데 세계사를 지역별로 그리고 시대별로 구분하는 데는, 개별 문명의 지속과 변화의 패턴을 인식하고 수많은 정보를 분류할 일관된 기준과 원칙이 필요했다. 유럽의 역사를 중심으로 문명의 진화를 다루어야 하는지, 혹은 사하라 이남의 아프리카와 콜럼버스 이전의 아메리카에도 동등한 비중을 두어야 하는지 등을 결정해야 했다.[13]

이 과정에서 역사가들은 과학기술과 물질문명의 발달을 시기 구분의 중심 준거로 삼았고, '국가'를 중심으로 주도적인(hegemonic) 세력의 흥망을 설명했다. 세계 문명의 발달은 고대/중세/근대(ancient/medieval/modern)라는 단계로 구분되었는데, 이 삼분법은 중국, 인도, 아프리카, 이슬람 세계의 역사에는 적용되지 않는 유럽 중심의 근대화 이론을 반영한 것이었다. 그것은 서구 문명사를 기준으로 세계사를 분류하고 정의한 것으로서 유럽의 세계사적 우위를 설명할 수 있었다.[14] 이후 강력한 서구의 이미지와 서구 문명사는 세계사의 주류로 계속 번성했다. 역사학의 끊임없는 세분화와 전문화의 과정 속에서도, 서구의 상대적 우월성과 서구 지배를 정당화하는 세계사는 '서구화의 세계혁명(world revolution of westernization)'이 이루어진 20세기에 절정을 이루었다.[15]

그러나 서구문명의 발달을 그 중심에 두었던 세계사 설명방식은 지속적인 공격의 대상이 되어 왔다. 역사가들은 '문명'이라는 개념 자체에 의문과 회의를 제기했고, 유럽 문명이 세계 문명의 '보편적' 기준이 될 수 없다고 보았다. 서구 지배의 억압에 대한 전 세계적인 저항과 자율도 확산되었으며, 서구 중심의 역사 대신에 문화적 다원주의(cultural pluralism) 혹은 비(非)역사적 신화(ahistorical myth)가 등장했다. 세계는 모든 집단과 사회가 '근대화'의 길을 따르면서 동질화되어 온 것이 아니라, 지속적인 대결과 갈등 그리고 적응과 변형을 경험하여 온 것으로 이해되었다. 그리고 '세계화(globalizing)'의 과정은 매우 복합적이고 지역에 따라 변화의 방향과 속도가 다르기 때문에 그 흐름을 일직선상에 배열할 수 없다는 것이다. 이제 남자가 여자를, 소수가 다수를, 백인이 다른 인종을, '선진적' 국민이 '후진적' 국민을, '정상'이 '비정상'을 규정하고 지배하는 기술 체계는 더 이상 세계를 설명하지 못한다. '중심부'와 '주변부', '서구'와 '나머지'로 나누어진 세계가 아니라, 다만 각기 독특하고 다양한 문화를 가진 지역과 집단이 존재할 뿐이다.[16]

세계사가들은 생산수단의 혁신, 생산관계의 변화, 이념·사고·종교의 변화, 인구의 변화, 생태 환경의 변화 등 다양한 요소를 기준으로 역사를 기술하여 왔지만, 어떤 주제와 관점을 근거로 하더라도 세계역사를 분류하는 것은 다양한 방식으로 읽힐 수 있는 광범한 과거에 어떤 질서를 부여하기 위한 역사가들의 발명에 지나지 않는다.[17] 시기구분 역시 하나의 현실이라기보다 인위적인 개념에 불과하다. 고대, 중세, 근대의 삼분법은 르네상스 휴머니스트들의 시대의식과 계몽사상가들의 역사관에 의해 확립되었다. 하지만 사실 '고대'의 어느 부분이 '근대적'일 수 있으며, 현대사의 일부분이 어떤 의미로는 '고대적'일

수 있다. 세계의 과거들이 모두 동시에 현재하고 충돌하고 상호 작용하면서 현재사를 만들고 있기 때문이다. 예를 들어 '중세인'의 생활이라고 할 때 '중세인'은 오랜 기간에 걸쳐 거의 불변의 특성을 지닌 사람들을 뜻하게 되므로 실제로는 존재하지 않았던 사람들이다. 만일 우리가 중세를 획일적인 동질성을 가진 시대로 파악하여 거기에만 알맞은 역사를 서술하려고 노력한다면 '사실상 일어나지 않은 역사'를 만드는 결과가 된다.[18]

그러나 오랜 세월 축적되어 온 인류의 광범하고 다양한 사건과 행위들을 묶는 개념이나 구조적 이해 없이, 역사를 끝없이 조각 내는 것은 무모한 일이다. 여러 지역과 시대의 역사를 가로지르는 주요 흐름과 특성들을 추적하는 것은 지속과 변화의 힘에 대한 우리의 이해와 가치를 반영하며 세계의 역사를 읽는 하나의 코드이다. 1960년대와 1970년대의 세계사의 부흥은 정치, 경제의 문제 및 사회적 토대와 구조를 중시하는 사회과학자들과 다양한 지역 간의 문화적 교류에 주목하였던 역사가들의 등장으로 이루어졌다. 특히 세계사에 대한 주요 저작들을 발표하였던 사회학자들의 구조적 접근은 광범한 사회적, 경제적, 정치적 추세를 거시적으로 비교 분석하는 계량적 추세와 함께 했다. 그 중 스콕폴(Theda Skocpol)은 『국가와 사회혁명』에서 농촌사회에 혁명을 일으키는 요인과 조건들을 거시 구조적으로 분석한 비교역사 모델을 제시했다. 그녀는 농촌사회와 농민혁명에 대한 비교 연구를 통해 프랑스, 러시아, 중국, 이란 등 여섯 개의 주요 국가체제와 사회들을 분류하였는데, 중국에서의 유교이념과 같은 문화적 변수들은 도외시했다.[19]

월러스틴(Immanuel Wallerstein)은 16세기에 비로소 무역과 노동분화에 기초한 세계경제가 등장했다는 세계체제론을 들고 나왔다. 그는『근대세계체제』에서 근대의 상업적, 자본주의적 세계가 등장하게 된 가장 중요한 변수를 경제에서 찾았고, 서유럽이 시장체계의 확산을 통해 전 지구를 지배하게 된 배경을 구조적 접근으로 설명하고자 했다. 하지만 유럽자본주의의 기원에 대한 그의 관심은 '기타' 사회와 지역에 대한 시각의 불균형을 초래했다. 서유럽을 근대세계체제의 주요 과정이 일어난 핵심지역으로 여기고 그 자본주의적 팽창을 인류역사의 원동력으로 보는 점에서 월러스틴의 세계위계질서는 매우 유럽중심적이다. 월러스틴의 자본주의적 세계체제가 세계사를 지배한 5세기의 대부분 기간동안 사하라이남의 아프리카, 남아시아, 동아시아와 같은 거대한 지역들은 암흑지역이 되고 만다. 월러스틴은 그 지역들을 세계체제에 '외재적(external)'인 지역으로 칭했다. 유럽의 국가들은 주도적이고 역동적이며, 세계체제에 들어가게 된 '반(半)주변(semi-periphery)'사회들은 수동적이고 체제의 부분으로 전락한다. 아시아, 아프리카, 라틴아메리카의 경제는 수출을 위해서만 전개되었다는 인상을 주며, 해당 지역에서의 전(前)자본주의적 공물체계 및 다양한 노동체계(노예제, 소작, 자유 임금농)의 발달 등은 주목받지 못했다. 월러스틴의 이론은 결국 서구의 등장과 유럽에 의한 세계의 변형과정에서 '동양'은 서구스타일의 자본주의를 발달시키지 못했기 때문에 그들의 역동성을 상실했다는 주장의 근거를 마련해주었다.[20] 또한 월러스틴은 이념이나 가치가 세계질서의 자본주의화에 역할을 했다고 보았지만, 문화는 항상 종속변수로 다루어졌으며 과학 혁명과 기술혁신, 탐험가와 군주 등 개인의 영향도 전쟁, 전염병보다 중요하게 취급되지 않았다. 월러스틴은 인간 대신에 구조, 제도, 체제 등 컨텍스트를 내세웠다.[21]

한편 근대화 모델과 다르게 세계사를 구성하려는 역사가들은 각 문명들 사이의 교류가 기원전부터 활발히 존재했다는 사실을 밝혀내면서 지역, 집단, 문명간의 상호교류에 지대한 관심을 갖게 되었다. 맥닐(William H. McNeill)은 사상과 종교를 인간 경험의 기본 요소이자 문명의 발달과 상호작용을 이끄는 주요 동력으로 다루었다. 그는 '문명'을 분석체계로 삼고, 세계사를 다양한 문화권 사람들 사이의 상호작용이라고 정의한 후 원거리 무역, 종교와 질병, 군사력의 확산 등에 관심을 가졌다. 그는 『서구의 흥기』에서 유라시아 문명들의 상호 교류를 밝히면서, 역사적 변화는 새로운 집단 및 문화와의 만남에 의해 촉발되었음을 강조했다.[22] 벤틀리(Jerry H. Bentley) 역시 이념적, 종교적, 문화적 요소들에 초점을 맞추어 대략 800년에서 1500년 사이에 전 지구적인 체제가 형성됐다고 보았다. 특히 세계의 '위대한' 종교들이 새로운 문화 유형뿐만 아니라 무역과 정치적 동맹을 확산시키는데 중심적인 역할을 했다고 했다.[23] 「세계사 저널(*Journal of World History*)」을 발간하고 있는 세계사학회(World History Association)의 로스 던(Ross Dunn), 그리고 국제문명비교학회(International Society for Comparative Study of Civilizations)의 존 호드(John Hord)와 데이빗 윌킨슨(David Wilkinson) 등도 경제적 요소 보다 종교, 예술, 과학을 통한 접촉을 보다 중시했다.[24]

월러스틴과 비슷한 세계체제론을 내세운 아부-루고드(Janet Abu-Lughod)는 『유럽 헤게모니 이전의 세계(Before European Hegemony, 1989)』에서 오히려 1250년에서 1350년의 시기가 인류 역사에 있어서 결정적인 전환점이었다고 주장했다. 그녀는 유럽헤게모니가 등장하기 수세기 전에 중국, 인도의 주요 도시를 기반으로 장거리 무역과 문화적 교환체계를 중심으로 한 세계체제가 구축되었다고 주장했다. 그녀는 거대한 아시아 무역체계를 다루면서 상업제도와 무역로 만이 아니라 아시아에서의 선페스트의 영향, 몽고무역루트의 붕괴, 명 제국의 정책결정 등 우연한 사건과 개인의 역할도 중시했다. 그녀의 연구는 월러스틴의 유럽중심적 세계체제이론을 수정하기 위한 것이었는데, 유럽이 이슬람문명의 주변지역에서 헤게모니 지역으로 도약하게 된 배경을 유럽 자체의 요인에서 찾음으로써 그 경쟁문명들과의 상호관계가 미친 영향을 중시하지 않았다.[25]

이들 연구의 공통점은 '고정된 사이클을 순환하는 문명'에 초점을 맞추지 않고, 거대한 역사 현상들 속에서 다양한 인류 집단 간의 상호연결유형과 체계를 읽어내고자 했다는 데 있다. 이들은 '문명', '상호교류지대(interactive zone)' 등의 개념에 대해 일치된 정의에 이르지는 못했지만 문명간의 만남이 갖는 역사적 중요성에 대한 인식을 공유했다. 즉 문명간의 상호교류를 역사적 변화와 혁신의 주된 원동력으로 보고 있다. 아무리 복합적이고 거대한 문명이라 하여도 그것은 결코 자족적인 것이 아니며, 문명의 경계를 가로질러 항상 중요한 상호작용이 있어왔고, 그러한 접촉이 빈번히 일어나는 장소에 위치했던 사회들이 문명을 선도했다는 것이다. 그 과정에서 무역과 경제뿐만 아니라 종교, 정치, 계급, 가족, 기술, 예술 등이 문명의 중요한 요소이자 그 정체성을 형성하고 유지, 변화시키는 역할을 했다고 본다. 유럽 대도시의 성장은 유라시아를 배경으로 다른 문명들과의 접촉을 통해서 가능했으며, 남중국해안과 인도양 해안을 거쳐 동아프리카 해안에 이르는 해상 교통로는 상품뿐만 아니라 중요한 사상과 기술의 변화 및 종교와 예술의 전파를 초래했다. 세계사에 대한 이러한 관점은 자국사 중심의 좁은 역사 인식이 아니라 문화적 상호작용의 과정을 통해 국가나 지역의 역사를 보다 광범위하게 이해할 수 있는 토대를 마련해준다.[26]

전통적인 삼분법을 극복하려는 시도도 이어졌다. 인류의 역사 전개에 결정적인 영향력을 행사했던 주도 요인에 초점을 맞춘 접근법(leading-sector approach)은, 대체로 1492년을 전후한 시기를 세계 전 대륙의 통합된 세계사가 시작된 때로 보고 있지만 다양한 다른 요소들을 시대구분의 기준으로 삼았다. 세계사를 다섯 시기로 나누는 입장에서는 그 기점을 BC 1,000년, 450년, 1450년, 1750년, 1920년으로 삼고, 각 시기를 ① 중국, 인도, 지중해 문명의 형성기, ② 새 문명권의 등장 및 접촉 확산, ③ 서구의 등장, ④ 세계경제의 형성, ⑤ 현대로 명명했다. 한편 벤틀리는 세계사를 여러 문화간의 역동적인 상호관계를 기준으로 하여 여섯 시기로 나누었다.[27]

(1) 초기복합사회(3,500－2,000 B.C.): 메소포타미아, 이집트, 인도, 중국의 정착농경사회, 청동기술과 말의 이용, 국가와 사회 위계를 수립, 유지
(2) 고대문명(ancient civilization, 2,000－500 B.C.): 전차의 등장, 철 기술의 확산, 운송기술의 향상, 문화교역의 확장, 농경의 확장, 세계인구의 극적인 증가, 중국의 周와 페르시아의 접촉
(3) 고전문명(classical civilization, 500 BC－500 AD): 유교, 불교, 그리스철학, 기독교 등 문화적, 종교적 전통의 발전, 중국의 한나라, 페르시아, 인도의 마우리아 왕조, 로마제국의 4대 문명, 광범한 도로망 건설, 한나라와 로마제국의 붕괴로 막을 내림
(4) 후기고전시대(500－1,000): 중국의 당나라, 이슬람의 압바스 왕조, 비잔틴 제국 등 세 제국의 문화교류, 인도양에서 동아프리카 해안에 이르는 해상교역 활동, 유목제국의 등장으로 종말
(5) 유목제국시대(transregional nomadic empires, 1,000－1,500): 셀주크투르크, 몽고족의 대제국 건설, 티무르 제국, 해상과 육지의 실크로드를 통한 무역의 증대, 대규모 이주, 원 제국의 팽창, 원거리 무역, 중국의 원과 서유럽 사이의 직접 관계 수립, 유라시아의 경제 성장
(6) 근대(1,500－현재): 모든 지역과 사람들의 지속적 접촉, 참다운 세계사의 시작

한편 대안의 세계사를 지역사 혹은 지역학적 관점에서 찾는 역사가들은, 주요 문명의 발전 정도에 상관없이 세계의 보다 많은 사람들을 세계사에 포함시킨다. 이 지역접근법(regional strategy)은 유라시아의 역사를 세계사의 주된 흐름으로 통합하는 방식과 달리, 지역에 따라 세계관과 문화가 다르고 그 변화의 방향과 속도가 다르기 때문에 어느 한 지역을 보편적이거나 선구적인 지역으로 선택할 필요도 없다고 본다. 하지만 이러한 지역적 접근은 모든 세계의 역사에 동등한 비중을 두는 백과 사전적인 세계사 구성을 경계한다. 역사가 단순히 독립된 개개 사실들의 덩어리를 의미하는 말이 아닌 이상, 장기간에 걸친 여러 문명과 사회들의 정치, 경제, 사회, 문화별 특성과 시간에 따른 변화를 해석하는 다층적 기제가 동원된다. 즉 세계사를 단순히 주요 문명의 집합으로 정의하지 않고, 지역 간의 상호변화 및 각 문명 간의 관계(무역, 기술전파, 문화접촉, 질병)를 고찰한다. 지역접근법의 사례로는 서아시아, 동아시아, 유럽, 아프리카의 4대 지역으로 나누는 경우와, 더 세분하여 일곱 개의 권역(동아시아, 남아시아, 중동, 서유럽, 동유럽, 사하라이남 아프리카, 라틴아메리카)으로 나누는 경우 등이 있다.

중국, 인도, 일본 중심의 아시아 지역사 구성에 비판적인 역사가들은, 남동아시아가 16세기까지 아시아, 동아프리카, 유럽을 연결하는 거대한 무역망에서 역동적인 중계지였음을 강조한다. 그들은 남동 아시아인들이 국제적인 해상 무역에 활발히 참여했고 그에 따른 인구증가, 도시성장, 중앙집권적 관료정치체제의 등장을 경험했다고 보았다. 그리고 그처럼 유례가 없는 교역의 번영과 상업 팽창은 이슬람교의 확산과 동시에 일어났는데, 이슬람 상인들과 항해사들은 거대한 아프로-유라시안 해상무역네트워크의 중심이 되었고 말레이반도는 15세기 중반에 이슬람 전파의 중심지가 되었다는 것이다. 역사가들은 남동아시아의 국가들과 그들의 다양한 문화를 부각시키면서 동시에 남동아시아를 여러 지역의 사람, 산물, 사상이 만나는 코스모폴리탄 지역으로 정의했다.[28]

세계사 내용구성의 또 다른 방안은 주제접근법이다. 종교, 전쟁, 기후, 시간, 농업, 상업, 과학, 질병, 혁명, 성, 설탕, 매너, 지식의 역사 등 세계사를 들여다보는 다양한 주제를 설정하고, 해당 주제와 관련된 역사를 시간과 공간의 다양한 스펙트럼 속에서 살펴보는 것이다. 이 방안은 한정된 주제의 역사에만 국한하는 것이 아니라 세계 역사의 장면을 시대와 지역을 아울러 주제별로 살펴보는 것을 포함한다. 예를 들어 불교, 기독교, 이슬람교의 등장, 각 종교의 교리와 전파 과정 및 기능을 통해 종교의 역사를 살피면서, 동시에 그 배경이 되었던 인도사회, 로마사회, 아랍사회의 단면까지 이해할 수 있다. 정치, 경제, 사회, 문화의 영역에서 다양한 주제를 설정하고 그것이 어떻게 지속되고 변화되었는가를 살피는 것은, 주제와 관련된 각 지역의 역사에 대한 이해를 도우면서 동시에 지역간의 비교 인식을 위한 것이다.[29]

이처럼 시기별, 지역별, 주제별 세계사 구성은 여러 다양한 사회와 집단의 역사를 살피는 대안적 모델들이다. 이들 방안은 현재까지 존재했던 인류 집단의 역사를 지역이나 문화권 혹은 주제에 따라 살펴보는데 그치지 않고 그 유사점과 차이점을 확인하면서 역사의 흐름과 유형을 살핀다. 또한 각 문명의 독특성을 이해하는데서 더 나아가 다양한 문화와 공동체간의 상호 작용과 그로 인해 초래된 변화를 읽어내고자 한다. 이처럼 세계 역사 전개에서의 문화적 다양성과 개방성의 양상을 밝히는 것은 동등하고 역동적인 인간 삶의 드라마와 그 속에 살아 움직이는 과거의 복원에 기여할 수 있을 것이다.[30]

4. 세계사 교육의 가능성

오랫동안 많은 역사가들은 세계사가 가능하고 바람직하며 중요하다고 생각하지 않았으며 따라서 세계사는 역사가의 연구 영역으로 자리잡지 못했다. 그것은 '역사'를 곧 서구문명사와 동일시하는 서구 역사가들에게 '세계사'의 필요가 크지 않았기 때문이기도 하다. 하지만 무엇보다 세계사가 역사학의 주변으로 여겨진 것은 역사학의 세분화와 전문화의 영향 때문이었다.[31] 세계사는 과거에 대해 신빙성 있는 진술을 하기에 너무나 애매하고 광범하기 때문이다. 그러나 역사연구의 시간과 공간의 범위가 줄어든다고 하여 역사의 정확성이 증가하는 것은 아니다. 광범한 지역에 대한 장기간에 걸친 역사연구를 통해서도, 인류의 다양한 경험과 개별적 사례들을 유형화할 수 있는 개념체계를 구축하고 일반화를 시도할 수 있다.

세계사는 우리 과거의 역사를 들여다보는 비교의 창이다. 우리는 세계사를 통해 다른 지역 역사의 흐름을 살피고 그 지속과 변화의 과정 속에 우리의 역사를 자리 매김 한다. 무한한 세계사와의 만남은 개별 집단과 지역에 대한 제한적 인식을 넘어서게 하며, 세계사 학습은 자기 자신의 삶과 문화의 경계에서 벗어나 인간 경험의 다양성을 경험하는 하나의 방식이다. 그것은 여러 지역의 다양한 역사를 통해 다른 사람들과 공동체를 이해하게 하고 '사람들이 세상을 다르게 생각하도록' 돕는 과정이다. 세계사가(世界史家) 역시 한 집단의 담론의 세계 내에 갇혀 안주하는 것이 아니라 그 문화적 경계를 넘고자 추구하는 사람이다.[32]

그런데 세계사 인식은 민족, 국가, 지역의 역사에 대한 비교의 관점을 함유하고 있다. 특히 국가, 성, 인종 등에 기초한 집단 정체감을 기술하고, 불평등한 권력 조건 하에서 서로 다른 집단과 문화들 사이의 접촉의 과정과 결과를 해석하고 설명하는 작업은, 세계사를 보는 역사가들의 이념적 차이를 선명하게 드러낸다. 그것은 자문화중심주의 혹은 배타주의의 위험성을 안고 있으며 인류의 상호이해가 아니라 오히려 인류의 편견과 불평등을 조장하는 영향을 미칠 수도 있다.

사실 '세계사'라는 개념에는 이미 중심과 주변에 대한 인식이 내재되어 있다. 세계사의 시기를 구분하거나, 주요 사건과 흐름을 정의하거나, 각 국가와 지역의 역사를 다루는 비중을 정하는 등의 모든 과정에 가치 판단이 개입된다. 그것은 현재 세계사 전개에서 개별 국가나 지역이 차지하고 있는 정치, 경제적인 지위와 역할 및 세력 우위를 반영한다. 세계사를 보는 우리의 관점과 시각 역시 이미 서구 중심으로 편향되어 있다. 세계사 교육과정은 서유럽의 역사와 문명을 그 중심으로 삼고 중국과 일본을 제외한 아시아, 아메리카, 아프리카의 역사와 문화는 비중 있게 다루어지지 않는다. 문명의 기원에서 시작하여 그 전개와 발전을 설명하는 교육과정은 서구문명의 승리를 인정하고 그 기원을 추론한다. 그리고 그것은 서구와 미국 중심의 서양문명에 대한 학생들의 동경과 무비판적 수용에 공헌한다. 문제는 그러한 서구중심의 세계사 인식을 비판하는 사람들도 그에 대한 대안을 갖고 있지 못하다는 점이다. 비서구 지역의 역사 및 문화의 독자성을 세계사 내용 구성으로 수렴해내지 못하고, 우리 역사의 고유한 가치와 의미를 세계사의 관계망 속에 확실히 자리 매김 하지도 못하고 있다.

무엇보다 세계사 구성과 기술의 최대 관건은 지난 500여년의 역사에 대한 시각이다. 서구 사회의 시각에서 '신대륙 발견'은 세계사의 기념비적인 사건이었으며 이후 경제적, 정치적 통제에 이은 비서구 사회의 서구화를 의미했다. 팽창 이전에 유럽은, 아시아와 아프리카를 잇는 거대한 무역체제의 중심 지역들과 비교하여 상대적으로 변두리에 있었다.[33] 그러한 유럽이 세계를 지배하게 된 것은 흔히 예외적으로 우호적인 환경의 산물로 보는 시각이 지배적이다. 즉 서유럽인들은 유라시아에서의 끊임없는 권력투쟁을 통해 강해졌고, 유럽은 로마의 유대-기독교문화에 이슬람 문화로부터 창조적인 자원이 유입된 독특한 문화적 온실이었다는 것이다. 다른 문명들로부터 사상과 물품을 수용하고 통합하는 개방성, 과학적 사고의 혁명에 의한 기술과 도구의 개발, 그리고 그에 이은 산업혁명과 시민혁명을 바탕으로 한 유럽 문명은 민주적 헌법과 자유시장경제의 달성으로 절정에 이르렀다고 보았다.[34]

그러나 지난 500년간을 단순한 서구 지배의 시대로 정의하고 그 성공의 원인을 추론하는 환원주의적 설명은 비서구 사회에 대한 무지와 서구 사회 자체에 대한 몰이해를 동반한다. 서구의 팽창과정은 단일적이지 않았고, 유럽인과 '타자'와의 관계는 일방적인 것이 아니었다. 상대방에 대한 상호간의 인식과 태도 역시 종교적 신념, 문화적 가치, 그리고 경제적 고려 등 경험에 따른 차이를 보였다. 유럽의 침투에 대한 비서구사회의 대응은 수동적인 체념과 포기 혹은 도전과 저항 혹은 수용과 적응을 통한 근대화의 추수와 생존 추구 등 그 양상과 전략이 다양했다.[35] 따라서 '서구의 지배'가 정치, 경제, 기술, 문화 등 전 영역에 걸쳐 전 세계에 영구적인 영향을 미치고 국가들간의 장벽을 무너뜨렸다는 평가는 지나친 단순화이다. 비서구 세계의 겉모습은 서구화되어 보이고 서구의 근대 정신이 중동, 인도, 중국의 전통문화에 변화를 자극했지만, 그 내용은 서구 문화와 큰 차이가 있고 저변의 문화는 여전히 지속되고 있기 때문이다. 하지만 유럽인들은 과학과 기술의 우위에 대한 자신감으로 아프리카, 아시아, 아메리카의 물질문화와 도덕 수준을 평가하고 분류했다. 그것은 아프리카인의 노예화를 정당화하는 인종주의를 초래했고, 유럽의 정복과 식민 지배를 도덕적으로 정당화하는 이데올로기를 형성하는데 영향을 미쳤다. 결국 그들의 세계사는 비서구 사회와 문화를 다양한 이념과 표상으로 기술하지 못했다.[36]

유럽의 팽창 시기는 서구인들의 새로운 자기 정의가 구축된 때이기도 했다. 근대 국가들은 이질적인 요소들을 동질성과 단결의 이미지로 엮어 집단적 정체성을 구축하는데 노력하였는데, 근대화와 산업주의의 역사적 산물인 '민족주의'가 전통과 지속성을 가진 자명한 원리로 등장했다. 그것은 '민족'이라는 내러티브를 통해 집단에 대한 개인의 소속감을 강화시키는 '상상적 힘'을 발휘했다. 역사적 기억을 통일시키고 현재에 대한 합의를 확보하는 것은 바로 '상상된 공동체(imagined community)'인 '민족'이라는 의지였다.[37] 유럽 국가들의 자기 정체성은 '민족'이라는 집단을 단위로 형성되었고 거기에 서구의 '우위적 지위'에 대한 인식이 더해지면서 자기 도취적인 왜곡을 함유하게 되었다. 특히 제국주의 팽창 시기에 서구인들은 서구의 경험을 구조화하는데 문화적, 인종적 반대개념을 사용하며 자신들의 '주관'을 객관화했다. 이성과 反이성, 진보와 원시, 남성과 여성과 같은 이분법은 서구의 정체성 수립과 동시에 '타자'에 대한 서구의 태도와 이미지 형성에 기여했다.

서구의 자기 정의는 서구 헤게모니가 세계사 담론을 지배하게 되면서 아시아, 아프리카인들의 서구 인식 및 자기 정체성 인식에 개입했다. 식민지 팽창은 정치적, 경제적 팽창만이 아니라 보편적인 정체성과 그에 따른 가치체계를 배양하고 부과하는 결과를 초래했다. 서구가 비서구인들에게 자신의 문화적 기준을 절대적인 것으로 계속 수출하는 동안, 비서구의 문화는 서구화의 미명 아래 제대로 평가받지 못했으며 과거의 존엄성은 손상되었다. 비서구 국가들은 서구학자들이 정의해 놓은 틀에 따라 세계사와 자국의 역사를 가르치는 오리엔탈리즘의 전형을 보여주었다. 그리고 서구 언어와 개념으로 표현된 비서구에 대한 기술은 비서구인들로 하여금 세계의 '주류(mainstream of civilization)'에 자신들의 성취를 위치시키도록 자극했다. 하지만 서구 지배에 의한 차별적인 정체성 효과가 반복되면서, 비서구인들은 그들과 똑같은 가치와 문화적 정체성을 수용할 것을 요구하는 서구 권력을 거부하며 전복과 저항의 전략을 만들어냈다. 그들은 서구 지배에 완전히 통제된 순수한 희생자가 아니었다. 오히려 자국 전통의 복합성을 토대로 서구의 극단적인 남성성을 거부하면서 그것을 문화적 침략에 저항하는 방어수단으로 활용했다. 그럼으로써 그들은 원시에서 근대로 그리고 정치적 미성숙에서 성숙으로라는 단일한 발전 노선을 이탈하고 우회했다.[38] '서구(the West)'에 초점이 맞추어진 세계사는 집단적 정체성과 집단의식의 이러한 다층성을 담아내지 못했다.

지금도 세계의 주요 국가들은 자신들의 이미지대로 미개발국가들을 개발함으로써 문화 권력을 확장하려고 노력한다. 진보에 대한 신뢰와 세계 역사의 선도자로서의 서구 인식도 건재하다. 후쿠야마는, 자유주의적 민주주의가 진실로 전 지구로 확산되었으며 소비에트의 붕괴이후 전 지구가 근대 서구문명의 규범으로 응집될 것이라고 주장했다. 그는 근대 자연과학과 경제적 근대화가 민주적 제도와 자본주의의 발전에 중요한 토대를 제공했다고 주장한다.[39] 하지만 세계의 경제발전과 국제 정치 질서를 주도했던 유럽과 미국의 문명사적 위상은 100년 전보다 훨씬 상대적인 것으로 격하되고 있다. 서기 1000년에서 1990년대 중반까지의 인류 역사를 '문명권' 단위로 조망한 페르난데스

-아메스토는 서양의 현재 위상을 그의 저서에서 다음과 같이 요약하고 있다.

> "세계사에 관한 책들이 흔히 묘사하거나 '설명'하려고 하는 서양의 세계 지배는 미리 운명이 정해진 것도 아니고 항구적인 것도 아니라고 본다. 나는 서양의 세계 지배가 일반적으로 생각하는 것보다 훨씬 나중에 생긴 일이며, (그 전의 다른 주도적 문명권과 비교해 보더라도) 더 강하거나 영구적이지 않다고 본다. 그러므로 내 책은 더 많은 지면을 여타 세계에 할당했다."[40]

그에 의하면, 15세기 이후 서방 기독교권에서 시작되어 지금까지 지속되는 근 500년의 근대화 과정은, 유럽 국가들이 어떤 진공 상태에서 일방적으로 돌출해낸 '예정된 문명'이 아니라 "이미 호전적인 경쟁자들로 가득 찬 경쟁세계에 진출하여" 대단히 우연적인 행운과 동시에 역사상 전례 없는 폭력을 바탕으로 다른 경쟁자들을 무리하게 제압해 나간 역사였다는 것이다.[41] 사뮤엘 헌팅톤 역시 세계 정치의 다극화와 다문명화를 예측했다. 그는 "근대화는 의미를 지닌 보편 문명을 낳지 못했고 비서구 사회를 서구화하는데도 실패했다. 서구의 상대적 영향력이 줄어들고 아시아 문명의 경제력, 군사력, 정치력이 확대되었다. 이슬람권의 인구가 폭발적으로 증가하여 이슬람 국가들과 그 인접 국가들의 세력균형이 위협받고 있다. 비서구 문명들은 전반적으로 자기 고유 문화의 가치를 적극적으로 내세우고 있다"고 했다.[42]

이제 세계사 교육은 새로운 시각과 구성의 세계사 기술을 필요로 하며 동시에 자신의 문화적 조건에 따라 이웃과 세계를 판단하는 관행의 극복을 요구한다. 그것은 소수 민족과 약소 국가의 역사와 문화에 대한 비중을 늘리고 근대 구미 강대국들의 침탈에 대한 대응의 역사를 강조하는 단순한 작업이 아니다. 그것은 헤게모니 국가 중심의 세계사 기술을 극복함과 동시에 자국 중심적 시각에 매몰되지 않는 것이어야 한다. '가치 중립적'인 세계관의 형성을 추구한다면, 세계사 교육과정 및 교육 내용은 단일적이지 않은 다양한 구성 원리를 전제로 해야 할 것이다. 특히 각 민족 집단 혹은 인종 집단 사이의 '갈등'과 각 집단의 정치, 경제, 사회적 불평등의 문제를 어떻게 다루느냐는 세계사 기술의 관점과 시각을 가늠하는 중요한 잣대가 될 것이다. 또한 다른 문화와의 만남은 인류사에 핵심적인 것이며, 한 국가 혹은 지역의 역사를 이해하기 위해서는 문화적 상호관계의 과정이 어떻게 작동하였는가를 이해하는 것이 필요하다. 여기서 문화적 상대주의는 피부색, 신념, 생활방식의 차이를 이어주는 것으로서 세계의 협동을 위한 도덕적 의무이다. 인류가 서구화로 인해 치른 값비싼 희생을 딛고 세계의 평화로운 협동을 이끌어내는 것은 인간의 도덕적 능력에 달려있다. 도덕적 반추가 없는 세계사는 무책임한 모험일 뿐이다.[43]

5. 맺음말

지금까지 '보편역사'로서의 세계사에 대한 비판적 인식에 기초하여, 소위 '세계의 다양한 역사에 대한 보편적인 지식과 가치 및 태도를 배양'한다는 세계사 교육의 신화를 점검하고 그 해체 및 대안적 세계사 교육의 가능성을 찾아보았다.

세계사는 단순히 '국가'라는 이론적 구성물을 단위로 하지 않는다. 그것은 '국가'보다 더 거대한 구성물인 '세계주의(globalism)'를 표방하며, 그 관점의 포괄성과 추상성으로 인해 인간경험의 총체에 대한 이론적인 분석을 요구한다. 하지만 이제 역사가들은 역사의 보편적 목적이나 원동력이 존재하지 않는다는 것을 인식하고, 문화들이 나타나서 존재하고 사라져 가는 공간으로 세계사를 바라본다. 이 "문화들의 연속(sequence of cultures)" 모델은 서구문명이 세계 많은 지역을 통합시킨 주된 동력이었다고 보지 않는다. 종래 '서구(the West)'에 초점을 맞추었던 세계사 서술은 비교의 범위와 관점의 단일화를 초래했고, 그 결과 서구는 비서구사회의 언어, 사상, 종교, 문화에 대해 아직도 무지하다. 세계사는 집단 상호간의 영향을 전제로 한다고 하지만 그것은 결코 동등한 교환을 의미하지 않으며, 사뮤엘 헌팅턴이 말하는 문명간의 투쟁은 요원해 보인다. 하지만 비서구 문명에 대한 이해 없이는 서구인들이 주장하는 '상호이해'는 가능하지 않다. 따라서 서구 문화를 지구전체에 전파하고 확장하는 것이 아니라 서구인들의 비서구사회에 대한 이해가 선행되어야 한다.

이제 세계사 교육은 지구촌 시대의 요청이다. 타자에 대한 이미지와 표상, 지배와 저항의 이념을 고찰하고 살피는 것은 서구와 비서구 사회 모두 철저하고 진정한 자기비판과 반성으로 나아가는 길이다. 그것은 단순히 서구문명사를 대체하고 문화적 차이를 실재로 인정하는 것이 아니라, 인간과 세계를 보는 전혀 다른 패러다임의 개발을 의미한다.

■ 주석

1 Ernst Breisach, "The Problem of World History", *Historiography: Ancient, Medieval, & Modern* (Chicago: Univ. of Chicago Pr., 1983), 318-325.

2 Michael Adas, "Bringing Ideas and Agency Back In: Representation and the Comparative Approach to World History", in Philip Pomper et al., *World History: Ideologies, Structures, and Identities* (Malden, Mass.: Blackwell Publishers Inc., 1998), 81-104.

3 료따르는 거대서사를 국가가 부과하고 재가한 소련과 동유럽 국가들의 공식적인 역사서술을 지칭했고, 지역서사(local narrative)는 그와 반대로 저항하다 투옥된 사람들, 학생, 농민, 다양한 일탈자들이 말한 개별 이야기들로 정의했다. 그러나 흔히 거대서사 혹은 거대 담론은 과학, 이성, 진보에 토대한 '보편역사'를 뜻하고, 지역서사는 그에 반한 개별역사를 총칭하여 쓰인다. Jean-Francois Lyotard, *The Postmodern Condition: A Report on Knowledge* (Minneapolis, 1984), xxiii-xxiv. 리처드 에반스, 이영석 옮김, 『역사학을 위한 변명』(소나무, 1999), 202-203에서 재인용.

4 프랑스와 도스, 김복래 옮김, 『조각난 역사: 아날학파의 신화에 대한 새로운 해부』(푸른역사, 2000), 44-50, 69.

5 Pomper, "Introduction: The Theory and Practice of World History", in Pomper et al., *World History*, 1-17.

6 Francis Fukuyama, "Reflections on the End of History, Five Years Later", in Pomper et al., *World History*, 27-43.

7 안병직 외, 『오늘의 역사학』(한겨레신문사, 1998), 180-181.

8 리처드 에번스, 이영석 옮김, 『역사학을 위한 변명』, 316-317.

9 Kerwin Lee Klein, "In Search of Narrative Mastery: Postmodernism and the People Without History", *History & Theory* 34(4), 1995, 275-298.

10 리처드 에번스, 이영석 옮김, 『역사학을 위한 변명』, 192.

11 르 르와 라뒤리는 『역사가의 토양』에서 "인간이 없는 역사"라는 기후변동의 연대기만을 작성했다. 거기서 인간은 중심적이지도 주변적이지도 않은 존재로, 기후사가 인간에게 미치는 결과라는 무의미한 질서에 속했다. 라뒤리는 하늘 아래 달라진 것은 아무 것도 없고 역사는 단지 반복될 뿐이라며 과거-현재-미래에 대한 모든 변증법적 유대를 포기했다. 프랑스와 도스, 김복래 옮김, 『조각난 역사』, 252-265, 315-329.

12 프랑스와 도스, 김복래 옮김, 『조각난 역사』, 335-344.

13 Miller & Stearns, "Applying Cognitive Learning Approaches in History Teaching: An Experiment in a World History Course", *History Teacher* 28(2), Feb. 1995, 183-204; William A. Green, "Periodizing World History", *History and Theory*, 34(2), 1995, 99-111; Walter LaFeber, "The World and the United States", *American Historical Review*, Oct. 1995, 1015-1033.

14 Green, "Periodizing World History", 99-111; Jerry H. Bentley, "Cross-Cultural Interaction and Periodization in World History", *American Historical Review*, June 1996, 749-770.

15 서구 역사가의 세계사 인식과 서구의 역사교육과정은 자국사 위주의 편협성을 드러낸다. 영국의 역사가 존 빈센트는 "우리는 아시아를 이해하지 못하며 그럴 필요도 없을 것이다"고 공언했다. Michael Geyer & Charles Bright, "World History in a Global Age", *American Historical Review*, Oct. 1995, 1034-1060.

16 Pomper, "World History and Its Critics", *History & Theory* 34(2), 1995, 1-7.

17 Geyer & Bright, "World History in a Global Age", 1034-1060.

18 차하순, 『역사의 본질과 인식』 (학연사, 1988), 99.

19 Theda Skocpol, *States and Social Revolutions: A Comparative Analysis of France, Russia, and China* (New York: Cambridge University Press, 1979).

20 Allan K. Smith, *Creating a World Economy: Merchant Capital, Colonialism, and World Trade, 1400-1825* (Bounder, CO, 1991).

21 Immanuel Wallerstein, *The Modern World-System* (New York: Academic Press, 1974).

22 기원전부터 시작된 문화 교류의 주역은 로마, 중국, 인도였으며 3세기 이후 로마와 漢의 세력이 쇠퇴한 후에도 종교적, 문화적 교류는 지속되었다. William H. McNeill, *The Rise of the West: A History of the Human Community* (Chicago: Univ. of Chicago Pr., 1963); Bruch Mazlish, "Crossing Boundaries: Ecumenical, World, and Global History", in Pomper et al., *World History*, 41-52.

23 Jerry H. Bentley, *Old World Encounters: Cross-Cultural Contacts and Exchanges in Pre-Modern Times* (New York and Oxford, 1993).

24 Bruch Mazlish, "Crossing Boundaries: Ecumenical, World, and Global History", in Pomper et al., *World History*, 41-52.

25 Janet Lippman Abu-Lughod, "The World-System Perspective in the Construction of Economic History", in Pomper et al., *World History*, 69-80.

26 William H. McNeill, "The Changing Shape of World History", in Pomper et al., *World History*, 21-40.

27 Bentley, *Shapes of World History in Twentieth-century Scholarship* (Washington, D.C.: American Historical Association, 1996).

28 16세기 이후 포르투칼에 이어 스페인, 네덜란드, 영국, 프랑스, 미국이 이 지역을 급속히 변화시켰으며 20세기초에는 태국을 제외하고 전 지역을 식민화했다. Craig A. Lockard, "Integrating Southeast Asia into the Framework of World History: The Period Before 1500", *History Teacher* 29(1), Nov. 1995, 7-35.

29 최근에는 단일 주제를 집중적으로 조명한 역사서들이 많이 출간되고 있다. 그 예로는 『세계 전쟁사』(존 키건, 유병진 옮김, 1996, 까치글방), 『역사를 바꾼 씨앗 5가지』

(헨리 홉 하우스, 1997, 세종서적), 『시간의 문화사』(G. J. 휘트로, 이종인 옮김, 1998, 영림카디널), 『시간의 종말』(움베르토 에코 외, 문지영 박재환 옮김, 1999, 끌리오), 『전염병과 인류의 역사』(윌리암 맥닐, 허 정 옮김, 1998, 한울), 『매너의 역사』(노버트 엘리아스, 유희수 옮김, 1996, 신서원), 『지식의 역사』(찰스 반도렌, 홍미경 옮김, 1999, 고려문화사), 『신의 역사』(카렌 암스트롱, 배국원, 유지황 옮김, 1999, 동연), 『설탕과 권력』(시드니 민츠, 김문호 옮김, 1998, 지호) 등이 있다.

30 Samuel A. Oppenheim, "World History in Theory and Practice: An Essay", *History Teacher* 29(3), May. 1996, 315-321.

31 역사가들은 전문 역사가가 되지 않을 학생들 그리고 앞으로 역사관련 과목을 더 이상 듣거나 역사책을 더 이상 읽지 않을 학생들에게 무엇을 가르쳐야 하는가를 진지하게 생각하지 않고, 자신의 세부적인 연구 주제를 강의하는 경우가 많다.

32 Bentley, "Cross-Cultural Interaction and Periodization in World History", 749-770.

33 랑케도 16세기 유럽의 흥기 이전에 유럽보다 우월한 힘과 문화를 지닌 국가체계가 다른 지역들에 존재했다고 했다. Ernst Schulin, "Universal History and National History, Mainly in the Lectures of Leopold Von Ranke", in G. Iggers & M Powell eds., *Leopold von Ranke and the Shaping of Historical Discipline* (Syracuse Univ. Press, 1990), 70-81.

34 Theodore H. Von Laue, "World History, Cultural Relativism, and the Global Future", in Pomper et al., *World History*, 217-234.

35 서구의 식민 정책 역시 다변적이었다. 예를 들어 스페인과 포르투칼이 식민 정책을 통해 종교적 열정의 동기 실현과 경제적 이윤 추구를 동시에 추구한 반면, 영국은 기독교 선교사들이 인도의 힌두교 전통과 갈등을 일으키고 인도인들의 지식과 의식을 깨우치는 것을 염려하였던 식민지배초기와 달리 나중에는 식민지 관리 양성의 필요에 의해 혈통과 피부색은 인도인이지만 지성, 도덕, 취향은 영국인으로 만들기 위한 교육을 실시했다.

36 Adas, "Bringing Ideas and Agency Back In", 81-104.

37 Benedict Anderson, *Imagined Communities: Reflections on the Origin and Spread of Nationalism* (London, 1991), xii; S. N. Eisenstadt, "World Histories and the Construction of Collective Identities", in Pomper et al., *World History*, 105-125.

38 Lewis D. Wurgaft, "Identity in World History: A Postmodern Perspective", in Pomper et al., *World History*, 179-196.

39 Francis Fukuyama, *The End of History and the Last Man* (New York: Free Press, 1992).

40 펠리프 페르난데스-아메스토, 『밀레니엄』(한국경제신문사, 1997), 12.

41 페르난데스-아메스토, 『밀레니엄』, 13.

42 사뮤엘 헌팅튼, 이희재 옮김, 『문명의 충돌』(김영사, 1997), 19.

43 Von Laue, "World History, Cultural Relativism, and the Global Future", 217-234.

10
세계사 교육에서의 '타자 읽기'

1. 머리말

> 세계사 앞에 선다는 것은 인간의 운명이라고 하는 궁극적인 물음 앞에 서는 것을 의미한다.… 역사는, 특히 세계사는 미래에 대한 욕망의 투영으로 받아들여야 한다.… 지구 전체를 투시하는 관점을 회피하는 것은 역사의 의미를 해독해야 하는 역사가의 중요한 책무를 방기하는 행위다. 위기의 시대에 세계사를 거부하는 것은 사회를 과거와 의미 있고 유익한 방식으로 조우시켜야 하는 역사가의 궁극적 책임을 저버리는 짓이다.… 세계사는 세계의 일체성을 추구하는 것이다.[1]

최근 세계사 교육이 글로벌리즘 혹은 '지구사적 관점'에서 논의되고 있다. 문화권간의 상호교류, 간지역적 접근, 다원주의 등이 '새로운' 세계사 교육의 지향점으로 강조된다. 유럽중심주의 혹은 서구중심주의는 당연한 공격 테제로 여겨지고, 지구상의 모든 문화권, 지역, 국가, 집단이 소외되지 않는 세계사교육이 실현 가능한 대상으로 다루어진다. 강선주, 정선영, 조지형은, 다문화적 관점에서 세계 여러 지역의 문화들 사이에 나타나는 차이점과 공통점을 인식하며 간문화적 상호작용과 교류에 초점을 맞추어 세계를 상호의존체제로 파악할 것을 주장한다. 원거리통상과 무역처럼 초국적인 역사현상을 연구단위로 '지구적 네트워크의 세계사'를 구축해야 한다는 것이다. 그리고 정치, 경

제, 문화적 네트워크는 쌍방적인 역동적 과정이며 통시성과 동시성을 지니고 있음을 강조한다.[2]

세계사교육에 대한 이러한 인식 변화는 역사를 진화적(evolutionary), 진보적(progressive), 물질적(materialistic) 변화로 보아 온 근대 역사관의 해체를 배경으로 한다. 근대역사학은 인류의 여러 문명들을 일관된 형식으로 통합할 수 있는 법칙과 규칙을 찾으려고 시도했고, 근대화론이나 기술결정론처럼 역사의 지속과 변화 그리고 인과관계를 단일한 사고 틀 안에서 설명했다. 그러한 세계사 기술에서 비교와 우열을 판단하는 기준은 서구였다. 근대 서구문명은 서유럽 국가들과 미국에 의해 구현된 근대화의 성공에 의해 평가받았다. 세계사의 연대기와 개념, 용어들 및 세계사의 중요한 사건들은 서구문명사에 기초하여 서구의 자료를 근거로 정해졌다. 역사적 사건의 중요도는 기술, 진보와 같은 서구 기준에 따라 평가되었고, 세계사는 서구의 필연적인 승리를 함축하는 것이었다.[3]

또한 세계사는 주로 국가-민족 단위로 서술되었다. 지역이나 문화권의 역사는 그에 속하는 제국, 국가, 민족들의 역사를 합쳐놓은 것이며, 특히 근대 서구 '국가'들의 역사는 그 우월적 지위를 담보하며 세계사 서술의 중심을 차지했다. 이러한 국가-민족 단위의 세계사 인식은 곧 자민족 중심 역사관의 반영이었다. 세계사 교육은 다른 인류 집단의 역사에 대한 관심과 개방적인 이해를 목표로 했지만, 세계 공동체와의 연대의식보다는 '민족의 기원'을 찾는 정체성 정치학(politics of identity)에 공헌하기도 했다. 결국 세계사 교육은 항상 자국사 교육의 하부 영역이었으며, 세계사의 내용 중에서도 자국사와 관련된 부분이 더 중시되었다.[4]

그러나 최근 '보편 역사' 혹은 '거대서사'의 해체를 추구하는 주장이 확산되면서, 서양 역사발전의 틀에 의해 구성된 세계사는 그 존립근거를 상실했다. 전문 역사학은 그 연구범위와 관점을 아시아, 아메리카, 아프리카의 역사로 확대했고, 서구 근대문명의 세계적 보편성이 부정되는 반면 지역권의 문화적 특수성이 주목받고 있다. 세계의 모든 사회가 근대화의 길을 따르면서 동질화되어 온 것이 아니라, 상호지역간의 적응과 변형에 의존하여 왔음이 강조된다. 그리고 지역에 따라 변화의 방향과 속도가 다르기 때문에, 보편적인 지역을 선택하기 위한 변화 이론을 사용할 필요가 없다. 시대구분과 일반화에 사용되는 역사이론은 역사의 지속과 변화의 동력에 대한 이해와 가치 뿐 아니라 정치적 고려도 반영하고 있기 때문이다.[5]

더 나아가 세계사 학자들은 민족-국가의 경계를 가로질러 작동하였던 세계사 전개과정에 주목한다. 세계사는 단순히 국가들의 개별 역사들을 모아놓은 것이 아니고 그 우열을 가리는 것도 아니기 때문이다. 따라서 세계 각 지역의 인류 집단과 그들의 상호 관계의 역사를 구축하기 위해, 문화적 경계를 넘어선 교류를 세계사교육의 조직원리로 강조한다. 마샬 호지슨(Marshall G. S. Hodgson) 등은 특히 아프로-유라시아 전체를 가로질러 인간의 기술과 문화적 자원의 공통 요소들이 축적되어 온 과정 즉 문명간의 상호의존을 강조하면서, 민족-국가 단위의 세계사 대신에 지역사 혹은 문화교섭사적 관점에서 대안의 세계사를 구축하고자 했다. 또한 코스모폴리탄적 세계관으로 자기 시대의 민족주의적 주류에 맞서며 초민족적 세계사 서술의 가능성을 모색했다.[6]

이 글의 문제의식은 과연 세계사 교육이 서구중심성과 자민족중심주의(ethnocentrism)를 극복할 수 있는가라는 질문에서 시작되었다. 서구 문명과 서구 국가들의 근대화를 기준으로 구축되어 온 세계사 구성은 극복될 수 있는가? 세계사를 모든 역사에 동등한 비중을 두는 백과 사전식으로 구성하지 않는다면, 그 비교와 해석의 대상이 국가이든 지역이든 문화권이든 관계없이 일련의 판단 기준이 적용되는 것이 아닌가? 따라서 그 기준이 서구가 아니라면 동양 혹은 아시아 혹은 중국이 그 자리를 대체하는 것은 아닌가? 그리고 세계사교육은 각 민족-국가 집단의 누적된 역사 총합으로부터 벗어나 지구적 관점을 배양할 수 있을 것인가? 전 지구적 범위(global coverage)를 다루면서 세계 공동체 구현을 지향하는 세계사 교육은 민족-국가 담론과 이데올로기의 영향을 극복할 수 있을 것인가? 본 논문은 이러한 질문들을 토대로 '다원주의 사회에서의 타자 이해'라는 세계사 교육목표의 실천 가능성을 검토했다.[7]

2. 서구 중심의 세계사 교육

19세기 마르크스를 비롯한 서유럽의 역사가들은 역사 발전의 동력은 아시아나 아프리카가 아니라 오로지 유럽에서만 발견될 수 있다고 믿었다. 과학과 기술, 경제, 이데올로기와 정치, 또는 공적 생활과 사적 생활의 제도와 관습 등과 같은 모든 것이 유럽에서 시작되었다고 보았다. 유럽은 근대 사회의 근원지로서 세계사의 중심에 자리 잡았다. '세계'라는 개념조차 유럽의 서반구 정복과 자본주의적 세계 경제 체제의 출현 이전에는 존재할 수 없었다. 유럽은 자신을 변화시키고 세계를 변환시킴으로써 단일하고 통일적인 유럽사를 구축했다. 서유럽의 민주주의와 경제적 자유주의는 19세기와 20세기 국가들의 모델이 되었다.[8]

따라서 서구의 등장은 단순히 세계적 규모의 한 역사적 문제가 아니라 위대한 역사적 사실로 평가받았고, 그것은 곧 인종과 문명의 우열을 평가하는 것으로 이어졌다. 아시아와 아프리카의 역사는 그 설 자리를 찾을 수 없었다.

"역사는 일련의 주요 문명국가들에 제한되며 그것은 백인종 혹은 코카시안이라는 거대한 인간집단을 말한다. 따라서 역사는 고도로 발달한 인류집단에 관심을 갖는다. 왜냐하면 코카시안이 유일하고 참다운 역사적 인종이기 때문이다." – 미국 『일반사(general history)』교과서, 1874 –

"인종과 문명에는 서열이 있으며, 우리는 우월한 인종과 문명에 속해 있다는 것, 그리고 우월성이 권리도 주지만 거기에 따른 엄격한 의무도 준다는 사실을 원칙과 출발점으로 받아들이는 것이 필요하다. 토착민들의 정복을 합리화해 주는 것은 곧 우리의 우월성 – 단순히 기계적이고 경제적이며 군사적인 우월성 뿐만 아니라 도덕적 우월성 – 에 대한 확신이다. 우리들의 위엄은 바로 그 특성에 달렸으며, 그것은 곧 다른 인간들을 지도하는 우리의 권리를 강조한다. 물질적인 힘이란 그러한 목적을 이루기 위한 수단일 뿐이다." – 프랑스 역사가 쥘 아르망(Jules Harmand), 1910 –[9]

"지구의 오지에 사는 야만족의 아프리카는 역사를 가지고 있지 않다." – 영국 역사가 트레버 – 로퍼, 1965 –

"우리는 아시아를 이해하지 못하며 그럴 필요도 없을 것이다." – 영국 역사가 존 빈센트, 1990 –[10]

그리고 근대 서구문명의 지배를 당연시한 역사가들은 그 기원을 추적하기 시작했다. 유럽의 성공시대는 대체로 1500년경에 시작된 것으로, 그리고 유럽의 흥기 원인은 자본주의와 같은 경제적 요인, 합리성 등의 문화적 요인, 그리고 타 문명과의 접촉과 같은 외부적 요인 등이 제시되었다. 세계체제론을 제기한 월러스틴(Immanuel Wallerstein)

은, 1500년경에 유럽이 해양발견과 자본주의의 흥기로 세계체제의 중심이 되었으며, 이후 근대 세계사의 동력은 유럽 자본주의였다고 주장했다.[11] 문명들 간의 상호작용과 접촉을 역사 변화의 동력으로 강조하였던 세계사학자 맥닐(William H. McNeill) 역시 1500년 이후 유럽이 세계 주도세력으로 흥기하였음에 동의한다.[12] 그는 1000년에서 1500년 사이에 중국이 발달된 상업망과 무역기술을 바탕으로 유라시아의 지배권을 획득했지만, 곧 유럽이 서아시아와 중국으로부터 들여온 기술과 아이디어를 적용하여 유럽의 시대를 열었다고 했다.[13]

홉스봄(Eric Hobsbawm)도 15세기 이후로 세계를 변형시켰던 세력이 지리적으로 유럽이라는 사실은 명백하다고 했다. 그는 자본주의, 과학과 기술의 혁명, 계몽사상의 합리주의를 유럽의 독특성으로 지적했다.[14] 브로델(Fernand Braudel)은 15세기 말 이후 유럽의 등장배경을 도시의 팽창과 물질문명의 발전, 그리고 '대서양의 발견'에서 찾았다. 그는 특히 도시를 자본주의와 근대성의 보루로 보았고, 도시의 부르주아들이 자유에 기반하여 독창적인 문명을 건설하고 새로운 기술을 보급했다고 했다. 더 나아가 도시는 국민시장을 만들고 근대국가를 세움으로써 세계 역사의 한 전환점을 이루었다는 것이다.[15] 또한 브로델은 서유럽의 우월성이 새로운 것을 추구하는 심성에서 확보되었다는 점도 강조했다. 즉 15세기 당시 식민지를 갖고 있던 부유한 사회인 중국과 이슬람에 비해 '프롤레타리아'에 불과했던 유럽이 가진 장점이란, 세계에 대한 호기심을 갖고 있었다는 점, 그리고 '아시아 대륙의 곶' 정도에 불과한 좁은 곳에 갇혀 있었기 때문에 자기의 밖으로 나가야 할 필요가 있었다는 점이라고 했다.[16]

이들의 시각은 헤겔의 '동양문명 정체론' 이후 계속된 유럽문명 우위론의 전통에서 크게 벗어나 있지 않다. 화이트헤드(A. N. Whitehead)

도 아시아문명을 인간의 호기심을 질식시키는 정적인 것이라고 정의한 바 있다. 그는 인도문명이나 중국문명과 같은 위대한 아시아문명들이 있었지만 어떠한 경우에도 고대 그리스인들의 수준에는 미치지 못했다고 하면서 서구문명의 뿌리로서 고대 그리스문명의 우수함을 강조했다. 그에 의하면, 아시아 문명은 추상적인 종교적 사변이나 철학적 사변에는 매우 효율적이었을지 모르지만, 인류사의 가장 큰 원동력이었던 자연과학이나 수학적 사유에서는 고대 그리스 문명을 따라오지 못했다는 것이다.[17]

서구 등장의 기원을 유럽문화의 전통에서 찾는 시각은 아직도 견고하다. 최근에 헌팅턴(Samuel Huntington)은 서구문명이 기독교, 다원주의, 개인주의, 법치라는 독특한 특성을 통해 근대성을 창안하고 전 세계로 확장했으며 다른 사회들의 선망의 대상이 되었다고 주장했다.[18] 랜디스(David S. Landes)도 막스 웨버의 통찰을 인용하며 유럽의 성공이 문화의 우월성에 근거한 것임을 다시 강조했다. "우리가 경제발전의 역사로부터 얻는 교훈이 있다면, 그것은 문화가 모든 차이를 만든다는 것이다." 서유럽의 프로테스탄트 사회들이 내적으로 "새로운 형태의 인간 즉 합리적이고, 질서정연한, 근면한, 그리고 생산적인 인간"을 만들어냈고, 그들이 새로운 생산양식 즉 새로운 경제를 창조했다는 것이다. 랜디스는 종교와 정치를 포함한 유럽문화의 독특성, 특히 기술적 혁신에 대한 개방성과 같은 유럽의 예외주의가 경제 성장의 우월함을 초래했다고 주장한다. 심지어 "중세 유럽은 역사상 가장 창조적인 사회들이었다"고 했다. 즉 서구의 성공은 내적으로 발생했다는 것이다. 이후 유럽문명은 세계 진보를 향해 나간 중심세력이었고 세계는 유럽을 모방하기 위해 노력했다. 이처럼 랜디스는 계몽, 산업자본주의, 민족-국가라는 정답을 발견한 서유럽을 기준으로 과거를

재단했다.[19]

이러한 서구중심적 입장에서 바라 본 세계사교육은, 서구문명이 인류에 미친 영향과 문화적 공헌을 중심으로 구성된다. 서구의 발전경로를 기준으로 다른 문명들의 특성을 평가하고, 서유럽의 '예외적인' 가치, 제도, 사상은 인류 유산의 '본질적이고 지속적인 핵심'으로 자리잡는다. 서구 문명은 지난 500년 동안 자유 이념을 만들고 산업혁명을 만들고 근대성을 발명하는 등 세계의 진보적 변화의 주동자로 역할하였기 때문이다.[20] 세계사는 곧 '서구문명사'에 다름 아니었다. 그리고 이러한 서구중심의 세계사교육은 서구 국가들뿐만 아니라 세계 대부분 국가의 세계사교육과정에 영향을 미쳤다.[21]

한국에서의 세계사 교육도 예외는 아니다. 구한말 등장한 새로운 세계사 구성의 틀은, 중국 중심의 화이론적 세계관에서 벗어나는 것에서 시작되었다. 최초의 근대 세계사 교재들은 세계 각국의 역사를 '부국강병'과 '민주주의'를 기준으로 야만, 미개, 문명으로 나누었다. 유럽, 미국, 일본은 문명국으로 중국, 조선을 포함하여 인도, 터키 및 아시아 다수는 半개화 국가로 분류했다. 교재 집필자들이 인식한 당시 국제상황은 사회진화의 법칙 즉 약육강식의 원리가 관철되는 현실이었다. 따라서 강자가 약자를 멸하는 것은 당연한 것이고 제국주의 지배는 오히려 문명화의 기회라고 간주했다. 프랑스가 태국을 식민지화하는 것과 영국이 인도를 식민지화하는 과정을 자연스러우며 당연한 일인 것으로 기술했다. 즉 서구 문명권의 동양 식민지배를 현실로 인정하는 강자의 논리에 서 있었다. 특히 일본이 명치유신을 전후로 구미 열강의 사례를 배워 국세가 크게 신장했다고 파악하고, 황인종 중에서 오직 일본인들만이 앞서 나간다고 기술했다.[22]

당시 국가 상실의 위기에 놓인 조선의 상황에서, 기술과 문명이 앞서 있던 서유럽의 역사발전 경로는 보편적인 타당성을 확보하는데 어려움이 없었다. 해방 이후 세계사 교재는 유럽사 중심의 구성 체제를 유지하면서도 서구 제국주의의 침략을 비판적으로 서술하고 식민지 지역의 저항운동을 부각시키는 한편, 역사의 중심 세력으로서 일반 민중과 대중에 대한 인식을 새롭게 하고 있다. 하지만 세계사 교육의 서구중심주의는 여전히 건재하다. 세계사 구성의 패러다임과 설명 구도의 주요 개념은 서구 문명을 기준으로 하고 있다. 서구의 시민혁명과 산업혁명은 근대 인류사의 가장 중요한 기획으로 평가받고 있고, 따라서 아시아 및 아메리카와 아프리카의 역사는 제대로 다루어지지 않는다. 교과서의 '보편적 근대'는 곧 '서구적 근대'를 의미하기 때문이다.[23]

그러나 세계사 설명구도로서의 서유럽의 문명화 모델과 근대의 개념은 최근 역사가들의 지속적인 비판을 받아왔다. 먼저 근대성(modernity)은 더 이상 역사를 판단하는 '보편적' 기준으로서의 지위를 갖고 있지 못하다. 근대는 다양한 지역과 집단에서 다른 의미를 가지며, 근대화는 유럽에서조차 대단히 불균등하고 상이한 속도로 이루어졌기 때문이다. 일부 지역에서는 근대화 과정이 곧 상실의 역사이기도 했다. 즉 각 사회집단은 자신의 고유한 역사와 경험을 갖는다. 따라서 전통은 낡은 것이고 계몽된 근대는 모든 사물을 가늠하는 척도라고 단정짓는 '전통/근대'의 구분은 잘못된 것이다. 오히려 근대화는 전통의 토대 위에서 달성되며 전통은 근대와 더불어 변화한다.[24]

근대화가 지닌 이러한 이중적 가치를 지적함과 동시에 세계사학자들은 세계체제가 유럽자본주의의 확산 및 근대 민족-국가의 팽창과 연계된 최근의 구성물이라는 주장을 거부한다. 그들은 세계체제의 기원을 훨씬 더 소급할 것과 그리고 그 주체가 유럽이 아니었음을 주장한다.[25] 이미 15세기 이전에 세계체제를 형성한 광범한 유라시안 무역 네트워크가 존재했다는 것이다. 동아시아에서 동지중해에 이르는 유라시아에는 1000년부터 1500년 사이에 지역을 넘나드는 거대한 유목제국들이 존재했다. 이들은 해상과 육로를 통한 거대한 규모의 탄력적 상업망을 구축했다. 항해기술과 상업조직의 개선으로 해상수송의 효용성이 증대되면서, 일본 해안지대, 중국, 동남 아시아, 인도, 서남 아시아, 지중해, 유럽, 사하라 이남의 아프리카가 더욱 직접적으로 연결되었다.[26] 이 시기에 아시아의 경제적, 기술적 혁신과 무역의 활력이 두드러진 반면 서유럽의 경제는 후진적이고 고립되어 있었다. 14세기 후반 이슬람 학자 이븐 할둔은 기독교 유럽에 거의 흥미를 보이지 않았고, "북쪽의 야만인들에겐 배울 것이 없다"고 확신했다.[27]

프랑크(A. G. Frank)는 15세기 이후에도 1800년까지 아시아가 세계경제를 지배했다고 주장한다. 아부-루고드(Janet Abu-Lughod)가 말한 '13세기의 세계체제'의 골간이 여러 세기에 걸쳐 유지되었고, 특히 동아시아 조공체제는 세계 은 무역의 중심으로서 세계체제의 일부였다는 것이다. 아시아, 특히 중국과 인도, 나아가 동남아시아와 서아시아는 1800년 이전까지만 해도 유럽보다 더 활동적이었고 또 세계경제에서 차지하는 비중이 훨씬 컸다. 1750년 당시 세계인구의 66%에 약간 미치지 못했던 아시아 인구는 세계총생산의 80%를 생산했다. 아시아는 기술력뿐만 아니라 수준 높은 경제제도와 금융제도도 갖추고 있었고, 과학과 기술, 제도적 기반이 아시아 경쟁력의 토대였다.[28]

> "아시아는 유럽에 비해 경제적으로 훨씬 앞서 있었고 또 풍요로웠다. 동인도의 벵골지역이나 중국 동부의 일부지역에서는 아득히 먼 옛날부터 농업과 제조업의 혁신이 이루어진 것으로 보인다.… 어느 모로 보나 세계에서 가장 부강했던 세 나라(중국, 이집트, 인도)의 명성은 주로 농업과 제조업의 우위를

통해 얻은 것이었다.… 1776년 현재 중국은 유럽 어느 지역보다도 부강한 나라다." -아담 스미스, 1776-[29]

따라서 1500년을 유럽의 흥기와 세계지배의 전환점으로 보는 시각은 교정되어야 한다. 초두리(K. N. Chaudhuri)의 주장처럼 상업활동으로서의 자본주의는 인도양에서 그 이전에 이미 보편화 되어있었고, 유럽이 세계경제의 중심이 된 시기는 빨라야 1800년경이었다. 그 이전까지 근대유럽은 세계경제에서 중요한 위치에 있었던 것도, 세계의 다른 지역들보다 선진적인 곳도 아니었다. 경제의 선진지역은 명·청시대의 중국, 인도의 무굴 제국, 페르시아의 사파비 왕조, 터키의 오스만 제국이었는데, 이 지역들은 모두 유럽보다 강한 경제력, 정치력, 군사력을 지니고 있었다. 16세기의 포르투갈이, 17세기의 네덜란드가, 18세기의 영국이 세계무역을 좌지우지했다는 것은 어불성설이다.[30] 유럽이 세계경제의 패권을 거머쥔 것은 지난 2세기에 불과하여 긴 역사에서 보자면 단막극에 불과한 것이다.[31]

또한 19세기 유럽의 등장과 자본주의 흥기의 역사는 유럽 내부적인 요인만으로는 설명할 수 없다. 유럽의 성공은 유럽의 내적 동력 혹은 합리성, 제도, 기업가 정신, 기술 등 예외적인 유럽의 문화나 가치 때문이 아니다. 브로델이 지적한 것처럼, 자본주의의 합리적 수단이라는 환어음, 은행업, 증권거래, 시장, 이서, 할인 등은 서양의 합리주의 세계 밖에서도 얼마든지 발견할 수 있다. '17세기의 과학혁명'이라는 것은 존재하지 않았고, 산업혁명은 식민지가 없었더라면 불가능했다. 유럽의 경제성장은 유럽 스스로 달성한 것이 아니라, 아메리카의 재화를 가지고 아시아의 생산, 시장, 무역에 끼어들어 이익을 챙긴 것이기 때문이다. 유럽은 스스로를 확대하여 자신의 '유럽세계-경제/체제'안으로 여타 지역을 '포섭'한 것이 아니라, 이미 존재하고 있던 세계경제와 세계체제에 뒤늦게 합류했거나 아니면 그 체제와의 느슨했던 연결고리를 강화한 것이다. 유럽인은 세계경제체제를 '창조'하지 않았고, 유럽은 이미 발전을 거듭해 온 경제, 생산, 무역, 상업, 금융제도에 편승하여 아시아라는 거인의 어깨에 오른 것이다.[32]

프랑크는 "유럽중심주의는 벌거벗은 임금님이었다"고 하면서, "중국은 시대에 역행하여 무위도식하면서 … 밀봉된 관에 갇혀 있는 미이라"라고 한, 그리고 아시아적 생산양식이 인도, 페르시아, 이집트 등지를 지배했다는 마르크스의 주장은 '붉게 칠한 오리엔탈리즘'일 뿐이라고 했다. 유럽의 성공을 설명하는데 사용하는 봉건제에서 자본제로의 변화, 자본제적 생산양식, 자본주의 세계체제의 역동성 등은 다른 지역의 장기적인 역사 변화와 지속을 분석하는데 한계를 가진 유럽적 범주(개념들)에 지나지 않는다. 예를 들어 18세기 유럽과 유사한 경제상황, 즉 점증하는 생산력과 인구팽창을 경험했던 중국이 생산과 자원배분 문제에 직면하여 다른 정치경제를 발전시킨 것을 어떻게 설명할 것인가?[33]

"세계사에 대해 솔직해지자(1995)"라는 논문에서 버거슨(Albert Bergesen)은 "세계경제/세계체제는 유럽에서 시작되지 않았다"고 단언한다.[34] '서양의 발흥'은 시기적으로 늦게 나타났고 기간도 짧다. 그리고 '서양의 발흥'론은 아시아에 대한 유럽의 정치적, 경제적 침입을 지나치게 과장했다. 따라서 세계를 보는 시각이 지금과는 판이하게 달라져야 한다고 역설했다.

3. 민족-국가의 역사와 세계사

유럽중심적 역사해석을 비판하는 학자들은 세계사 교육을 비서구 지역에 대한 무지, 편견, 인종중심주의에 싸우는 수단으로 본다. 유럽의 주도적 '민족'들이 핵심 역할을 담당하는 '보편사' 혹은 '세계사' 개념은 허구라는 것이다. 또한 역사적 변화를 특징짓는 주요 변화와 사건들은 보통 특정 민족이나 국가의 역사와 결부되어 있었지만, '국가-민족'은 인류의 과거를 이해하는데 부적절한 체계이며 세계의 어느 '지역'이라도 탐구해야 한다고 주장한다.[35] 한편 스타브리아노스(Leften Stavrianos), 커틴(Philip Curtin) 등 세계사학자들은 국수주의적 자국사에 대한 처방으로서 세계사에 관심을 가졌다.[36] 자국 문화만의 우수함을 강조하는 자국사 교육 이념은 세계 다른 지역의 역사와 문화에 대한 개방적 이해를 추구하는 세계사 교육목표와 배치되기 때문이다.

민족-국가 단위의 세계사 서술은 한국의 최초 세계사 교재에서도 채택되었다. 당시 교재들은 각 대륙별로 현존하는 민족 혹은 국가를 문명 창출의 주체로 보고 각국의 역사를 서술했다. 근대 국민국가의 형성과 발전을 인류의 보편적 진로로 간주하고, 명치유신, 독일 통일, 이탈리아 통일을 근대 국민국가 형성의 과제를 완수해낸 역사로 파악했다. 따라서 인민주권의 이념에 의해 서구에서 근대 국민국가들이 광범하게 생겨난 19세기는 자유와 평등이 확대된 진보의 시대로 정의되었다.[37] 최근의 세계사 교재들은 지역별로 단원을 구성하지만 여전히 주요 국가와 민족을 그 구체적인 서술의 대상으로 삼고 있다.

이처럼 지역이나 문화권이라는 분류의 허울아래 구성된 '각국사의 총합으로서의 세계사'는 세계 공동체 이념이나 세계시민의식과 같은 세계사교육의 목표와는 애초부터 동떨어져 있다. 심지어 세계사 교육은 "민족주체성을 제대로 함양시키기 위한 하나의 조건"으로 역설되기도 했다.[38] 이것은 인류문화 발달의 다양한 양상을 탐구하고 더 나아가 세계인의 상호공생을 추구한다는 세계사 교육목표의 허구성을 드러낸다. 세계사교육은 '민족주체의식'의 함양을 주된 목표로 하는 자국사교육의 하부영역에 다름 아닌 것이다. 결국 세계사교육이 넘어야 할 또 다른 거대한 장애는 바로 자민족, 자국사 중심의 역사의식이다. 세계사교육은 근본적으로 자국민의 정체성과 우수성을 강조하는 자국사 교육이념에 문제를 제기하고 있는 것이다.

사실 역사교육을 학교라는 교육제도의 공간에서 역사를 공적으로 활용하는 것이라고 할 때, 국민역사(내셔널 히스토리) 교육은 언제나 하나의 공적 기획이었으며 역사와 문화적 기억, 그리고 정치의 경계 지점에 놓여 있었다. 19세기 중반 서구에서 국민역사 서술이 지배적인 전통이 되면서, 그것은 민족의 정체성, 자민족의 우월성, 그리고 민족의 특수한 역사적 사명을 강조했다. 이후 국가-민족의 역사는 단순히 역사학 텍스트의 생산을 넘어 국경일, 축제 그리고 영화, 텔레비전과 같은 시각적 재현들을 통해 민족의 과거를 재현해 냈다. 20세기는 그 어느 때보다 민족 정체성(national identity)이 강조된 '국사의 시대'였다.[39]

그런데 동질적인 언어와 문화를 공유하는 '국민'이라는 것은 이미지로서 마음에 그려진 '상상의 공동체'이다. 국민을 구성하는 사람들은, 그 대다수의 동포를 아는 것도, 만나는 일도 없으며 다만 공동의 이미지를 공유할 뿐이다. 공동체란 본래 대면적 혹은 개인적인 접촉을 기반으로 생활양식을 공유하는 집합체이지만, 사회적 상호작용을 전혀 갖지 않는 익명의 개인들 사이에 동질적인 시간과 공간을 공유한다는 '상상의' 끈 즉 소속감이 만들어진 것이다. '민족'은 단순히 상징체계의 표현이나 정치적 수단으로서의 이익집단이 아니라, 근대사회에 사는 군중에게 이름과 아이덴티티를 부여해 주는 것이었다. 국가는 국가와 민족의 정체성에 대한 강력한 상상물, 이미지들을 대중에 영합하여 만들어냈고, 교육, 미디어, 스포츠 행사 등을 통해 민중을 국민으로 통합했다. 그리고 그러한 국민의식은 전체 구성원에게 공통의 법적 권리와 의무를 부여하는 지배 이데올로기가 되었다.[40]

그렇다면 이러한 국민정체성은 다른 집단에 대한 이해 및 연대의식과 어떻게 갈등하는가? 그것은 자기만의 '고유'한 '문화' 혹은 '아이덴티티'를 만드는 과정이 곧 '타자'의 존재를 정의하고 그것과의 차별화를 내포한다는 점에 있다. 근대는 독자적 '문화'를 가져야만 비로소 주체적 '국가'를 확립할 수 있다고 정의했다. 그 때문에 각 민족 집단은 타자에게서 '차이'를 발견하고 스스로를 정의하는데 나섰던 것이다. 접촉의 장소에서는 언제나 '번역'이 이루어지며 사람들은 그 번역을 통해 '타자'의 존재를 인식하고 '자기'를 확인한다. 그런데 타자와의 '접촉'은 경계를 깨는 일인 것처럼 보였지만 실은 새로운 경계를 긋는 일이었다. 그것은 차별화에 대한 욕망을 낳고, 그 욕망이 '경계'를 만든 셈이다. 그 욕망은 곧 자기구축의 욕망이며 그것은 대부분의 경우 단순한 자기확인을 넘어서 타자를 전유하고자 하는 지배의 욕망이기도 하다. 타자와의 접촉의 장소에서 사람들은 표상을 통해 타자를 지배하려 했다. 사람들은 어떻게든 '자기'를 확인해야 했고, 자신의 지배를 정당화시켜 줄 모습을 가진 '타자'를 확인해야 했다.[41]

따라서 국민개념은 인종개념과 멀리 떨어져 있지 않다. 국민국가는 '타자들'을 생산하면서 흔히 인종차이를 강조했다. 절대적인 인종적 차이를 구축하는 것은 동질적인 국민 정체성 개념을 위한 용이한 기반이기 때문이다.[42] '민족주의' 혹은 '국민주의' 시대의 종언이 예언되었지만 국민국가의 주권이 쇠퇴하지 않고 강성해진 것처럼, 인종주의도 쇠퇴한 것이 아니라 광범위하게 그리고 강렬하게 진전했다. 다만 생물학적 차이를 사회적이고 문화적인 기표로 대체하였을 뿐이다. 하지만 이익과 정서의 끈을 결합하는 점에 있어서 민족은 인종, 계급보다 더 유효한 개념이었다.

한편 민족적 정체성은 대외적으로 다른 민족 또는 국민을 타자화하고 배제할 뿐만 아니라, 내부적으로는 단일화된 민족 '정신'에 맞지 않는 것 즉 내부의 타자도 은폐하고 배제한다. 민족 정체성은 그 속에 있는 성이나 계층의 대립을 감추고, 젠더나 계급, 신분, 세대 등의 다중적 정체성을 획일화하거나 억압한다.[43] 단일한 민족 정체성을 정점으로 정체성의 위계질서를 구축하는 것이다. 그럼으로써 제한된 국경 안의 주권을 가진 존재로 상상되는 국민 속에 현실로는 불평등과 착취가 있다고 해도, 국민은 언제나 수평적인 깊은 동지애로 마음에 그려진다.

이처럼 '민족' 혹은 '국민'이라는 집합명사가 만들어 낸 집단적 자아 정체성은 그 내용이 인공적이고 자의적이며 본질적인 것도 실체적인 것도 아니다. 다만 그 정체성을 필요로 하는 권력 주체 혹은 국가에 의해 재생산될 뿐이다. 국가는 단순한 '상상의 공동체' 혹은 표상이나 가상이 아니며, 타자를 배제하려는 정치적 이기주의를 속성으로 갖는다. 그리고 그러한 '이기적' 정체성에 대한 상상과 기억은 민족 담론과 '역사' 서술의 근간이 된다.[44] 즉 정체성을 강조하는 정치 특히 민족국가 형성에 필수적인 것은 곧 자민족중심의 역사해석이다. 그리고 그것은 교과서에 담겨져, 역사정보를 나누어주는 가장 중요한 통로인 공교육 현장에서 전승된다.

민족주의적 역사해석은 불가피하게 시대착오, 생략, 맥락에 맞지 않는 설명, 그리고 거짓말로 이루어진다. 그것은 역사를 신화로 바꾸거나 과거를 '발명' 혹은 '재창조'함으로써 역사를 이데올로기적으로 악용한다.[45] 민족은 역사적 기원과 문화를 공유하는 집단으로 이해되어 왔지만, 그러한 역사와 문화의 전통은 창조된 것이다. 원초적 끈이라고 생각되는 민족의 특징의 대부분은 고정적인 것이 아니라, 역사의 제 단계에서 선택된 상징들이다. 그것은 타자와 다르다는 의식을 갖게 하는 원천이 되고, 민족의 아이덴티티를 유지, 강화한다. 민족이란 허구적인 상상의 산물이 아니며, 근대 이전에 존재하던 공동체에 대한 기억을 근대 국민국가체제의 제도화된 담론과 결합하여 만들어 낸 타협의 산물이다. 국민을 구성한다고 하는 것은 곧 특수한 문화적 인조물인 것이다.[46] 특히 고대 역사는 국민 창출의 이야기가 되어 공동체의 동일성을 확인하는데 적극 사용된다.[47] 근대국민국가들이 현재를 과거에 투영하여 과거를 배타적으로 점유하려는 투쟁은 '만들어진 고대' 즉 '만들어진 전통'을 산출한다. 다른 민족에 대한 자기 민족의 우월성을 고대사 속에서 찾으려는 노력은 고대 속에 현재의 욕망을 투영시킨 것이다.[48]

> 주체에 구애하는 것은 자아의식의 각성 때문이며 독자성의 발휘가 주안이 된다.… 자의식의 자각, 자의식을 확충하기 위해서는 끊임없이 전통을 추구해야 하며, 이 전통을 추구하기 위해서는 끊임없이 그 특색을 찾아야 한다.…[49]

따라서 게르나는 "내셔널리즘은 국민의 자의식의 각성이 아니다. 내셔널리즘은(지움) 원래 존재하지 않는 곳에 국민을 발명하는 것이다"고 했다. 그는 내셔널리즘의 '발명'을 '상상'과 '창조'가 아니라 '날조'와 '기만'에 견주었다. 그리고 민족, 국가의 이름으로 과거 2세기에 걸쳐 수천, 수백만의 사람들이 서로 죽이고, 혹은 오히려 스스로 죽음을 향해 나아갔다는 것이다. 톰 네안은 "내셔널리즘은 개인에 있어서 '신경증'과 마찬가지로 근대발전사의 불가피한 병이고, 널리 세계에 만연한 무력감의 딜레마에 둥지를 튼 거의 불치의 병"이라고 했다.[50]

그렇다면 비서구 지역의 민족 정체성, 민족주의는 예외일 수 있는가? 원래 자기 '민족' 혹은 자기 '문화'의 강조는 대립항의 존재를 전제로 한다. 비서구 지역에서의 민족의식은 힘의 우위를 가진 압도적인 타자가 자신들의 삶의 형식으로 비서구 민족을 개조시키려는 지점에서 탄생했다. 19세기 후반부터 일본은 구미 열강의 국민사를 모델로 삼아 고대부터 계기적으로 연속하는 자기 완결적인 '일본사'를 만들어냈다. '일본'은 '서양'과의 관계에서 '서양'이라는 대립항의 존재를 전제로 고안되고 실체화된 것이다. 일본은 고대 일본문화에서 서양과의 동일성을 찾는 한편 중국이나 한국과의 차이를 논함으로써 자국의 정체성, 국민적 주체를 만들어 왔다. 다른 동아시아 국가들도 제각기 자기 완결적인 '민족사'를 만들어냈다. 한국의 자기정체성은 타자에 의해 주어진 자신의 모습을 내면화하거나 혹은 그에 반발하는 과정이었다. 따라서 '중국', '일본', '한국'이란 그 자체로서 선험적으로 존재하는 것이 아니라 근대의 국민 공동체가 대타적으로 또는 대자적으로 자기를 구상한 도식 그 자체이다.[51]

하지만 서구를 제외한 '나머지'의 민족주의도 타자성을 생산하고 '과거'와 '전통'을 창조한다는 점은 다르지 않다. 신생국의 경우 내부적 단결을 꾀하고자 과거 서구가 경험했던 것과 유사한 민족화(nationalization) 작업을 진행시켰다. 제2차 세계대전 이후에 건설되었거나 재구성된 수많은 나라들에서 역사가들의 가장 중요한 공적 역할은, '위험에 처한 민족을 위해' 그리고 집단적 정체성이라는 이데올로기를 위해 역사가의 직무를 수행하는 것이었다. 유럽의 지배 엘리트들이 자신들의 권력을 과거 속에 투영할 필요를 느꼈으며 그렇게 함으로써 전통과 과거만이 줄 수 있는 합법성과 역사성을 자신들의 권력에 부여하고자 했던 것처럼, 식민지 지역에서는 식민지 시대 이전을 신성시하고 과거의 자신들의 모습이었으리라고 추측되는 이미지를 만들어 내는 작업을 했다. 그러한 전략은 독립운동의 일환으로 많은 식민지에서 사용되었다.[52]

그 과정에서 국민 집단의 분열과 단결의 정도는 과장되고, 때에 따라서는 계획된 신화까지 만들기도 한다. 이전의 '보편사'에서 제외되었거나 식민주의에 의해 유럽인들에 의해 쓰여졌던 비유럽인들의 역사를 복원하면서, 민족은 서구와 같은 외국의 지배에 대항하는 일차적인 방어 메커니즘으로 인식되고 예찬되었다. 한국은 역사적으로 확인하기 어려운 혈통을 기준으로 '단일민족'인 '한민족'의 역사적 전개과정을 '국사'로 정의하고, 민족의 업적과 함께 외세에 맞서 온 저항민족주의를 강조했다. 근현대사에서는 자국의 생존권이나 국익 추구의 권리가 최우선으로 옹호되었다.[53]

그런데 앤더슨(Benedict Anderson)은 민족주의가 제국의 지배논리와 식민지의 저항논리에 동시에 접목된다는 점을 지적한다. 식민지의 저항 논리는 제국의 지배 논리를 모방하고 표절한 것으로, 제국주의의 관주도 민족주의와 식민지의 저항 민족주의가 동일한 모듈에 접목된다는 것이다. 제국주의자들의 언어는 전근대로부터 근대로의 이행기에 종종 식민지 민족운동의 동력으로 작동했다. 최근 일련의 연구들은 식민지 시기 조선의 민족주의 역사학을 비롯해 민족주의적 패러다임이 제국의 논리를 식민지적 상황에 이식한 적대적 문화변용의 산물임을 밝히고 있다.[54] 이러한 통찰은 민족주의를 절대선과 동일시하거나 혹은 좋은 민족주의 대 나쁜 민족주의라는 민족주의에 대한 규범적

이해를 뿌리째 흔들어 놓는다. 제국과 식민, 중심과 주변, 서양과 동양, 오리엔탈리즘과 옥시덴탈리즘 등의 뿌리 깊은 이분법적 사고 틀을 해체시킨다.

이상에서 살펴보았듯이, 민족-국가의 역사는 민족정체성을 강조하는 정치적 이데올로기의 산물이었다. 그것은 '자기'를 확인할 뿐 아니라 '경계'와 '타자들'을 만들어냄으로써 세계 공동체 구축과는 동떨어진 경로로 발전해 왔다. 하지만 세계사 교육은 자민족, 자국가 중심의 시각을 극복하지 않고서는 전 지구적 관점을 배양할 수 없다. 다른 집단을 자국과의 관계라는 측면에서만 그 중요성을 생각하는 것은 또 하나의 역사왜곡이다.[55] 세계 여러 집단의 독특성과 지역 경험의 다양성을 부각하고 그 다양한 문화적, 인종적 존재를 인정할 때, 세계사교육은 국가, 민족 간의 분파적인 편견과 불신을 털어 내고 상호이해를 증진시키는 대리인으로서의 가치를 인정받기 때문이다.[56]

4. 타자이해의 가능성

그렇다면 과연 세계사교육에서 서구중심주의는 극복될 수 있는가? 민족사적 접근에 따른 자민족중심주의(ethnocentrism)에서 벗어난 타자이해의 가능성은 존재하는가? 로티(Richard Rorty)는 세계의 과거사에 대한 다층성과 복합성의 재발견이 그 어느 때 보다 중요하다고 강조한다. 세계의 과거들이 모두 동시에 현재하고 충돌하고 상호 작용하면서 현재사를 만들고 있기 때문이라는 것이다. 그는, "다원화된 사회, 문화는 다원화된 진리를 가질 수밖에 없다. 다양한 문화 사이의 차이를 설명하기 위해 합리성과 같은 기준을 제시하는 것은 자기기만일 뿐이다"고 했다. 또한 "진리의 준거틀은 자기가 속해 있는 문화이며 결국 자문화중심주의를 띨 수밖에 없다. 하지만 문화적 다양성과 동시에 개방성을 인정한다면, 자문화중심주의는 배타주의를 의미하지는 않는다"고 했다.[57]

이처럼 서유럽을 축으로 한 세계 역사의 수렴적 발전 혹은 통일성(unity)에 대한 대안은 다문화주의로 대변된다. 모든 문화적 정체성은 원리상 평등하다는 다원주의는 "인간 역사의 문제들은 각각의 시공간적 차원에서 다루어져야 한다"고 본다. 세계사가 서구 외의 다른 문명들과 인종집단들을 충분히 대변해야 한다는 것이다. 따라서 역사 없는 사람들은 존재하지 않으며, 유럽과 비유럽은 분리될 수 없다. 문명간의 엄밀한 분리도 불가능하다. 분리를 전제한다면 한 문화 안의 다양성, 차이, 복합성이 희생되고 말기 때문이다. 이러한 다원주의적 관점에서는 문명의 개념을 민족-국가가 아니라 지역적 문화단위로 정하고, 관점의 공평함과 균형을 추구한다. 전근대 시기를 서구 흥기의 대기실로 서술하지 않고 그 자체로서 흥미 있는 시기로 회복시킨다. 무엇보다 문명들의 상대적 중요성을 도덕적으로 판단할 위험을 가장 경계한다. 각자의 역사는 동시에 타자의 역사이기 때문이다.

그러나 '문화의 다양성' 담론은 저항의 언어로 유용해 보이지만 '문화의 차이'를 강조함으로써 '경계'를 만들어내는 또 다른 패권주의적 정치성을 띠고 있다. 원래 '동양' 혹은 '동아시아'의 동질성은 서구인들이 만든 허구적인 것인데, 이제 동양인들 스스로가 우월함으로 장식된 신비성을 만들어내고 있다. 자연과 인간의 합일, 상생의 힘으로서의 상극, 유기체적 우주관 등이 그 담론의 내용이다. 하지만 문화적으로 동질적인 '하나'의 '유럽'이 존재한 적이 없는 것처럼 단일한 '동양'은 존재하지 않는다.[58] 그럼에도 불구하고 서구가 동양을 그들의 상황과 필요에 맞게 수용하려 했던 것처럼, 동아시아는 허구적인 동양의 '정신'과 '이미지'를 만들어내고 있다. 중국은 '한자문명권'이라는 개념을 통해 동아시아의 패권을 다시 잡으려는 관념적 보호막이자 제국주의적 경향의 징후를 드러낸다. 세계 역사에서 이슬람의 역할을 강조한 하지슨, 그리고 중국의 역할을 부각시킨 맥닐을 비롯한 다수 세계사학자들은, 소위 '비서구' 내에서 또 다시 새로운 중심 세력을 만들어내고 있다. '동양' 혹은 '동아시아'라는 개념은 '유럽'이라는 개념과 마찬가지로 지리적이라기보다 정치적이고 이데올로기적이며, 서구의 대안이 아니라 그 아류로 등장한 것이다.[59] '보편사적 세계사'를 서구패권의 역사이며 강대국의 세계지배논리로 치부했던 프랑크의 주장 역시 유럽중심주의를 아시아중심주의 내지는 중국중심주의로 바꾼 것에 지나지 않는다는 비판에서 자유롭지 못하다.

또한 다원주의가 방어하는 국지성의 생산, 즉 국지적인 것으로 이해되는 정체성과 차이를 창조하는 것은, 새로운 세계지배체제를 직시하고 대비하는 전략에 장애가 될 수 있다. 최근 다국적 혹은 초국적 자본으로 세계 시장을 지향하는 자본의 논리는 국민국가 단위를 뛰어넘는다. 전 지구적 규모의 경제적, 문화적 교환을 효과적으로 규제하며 세계를 통치하는 주권권력 즉 '제국'이 등장한 것이다. 이 제국은, 그 권력이 영토에 한정되지 않으며 경계가 없고 무제한적인 지배를 행사한다.[60] 따라서 그에 대한 비판적인 대항을 위해서는 '경계'를 넘어서는 만남 즉 세계시민으로서의 연대의식을 배양하는 것이 필요하다. 그것은 '트랜스내셔널' 즉 국가와 자본을 넘는 것이고 이제까지의 '전통적 공동체'를 초월하지 않으면 안 된다. 그를 위해서는, 개별적인 단일 아이덴티티를 생산하고 강화하기보다는 오히려 아이덴티티란 다양한 것이며 따라서 아이덴티티의 '부재'를 인식하는 일이 필요하다.

자기 민족의 정체성에 대한 인식도, 세계 다른 집단의 이해를 가로막지 않기 위해서는 민족, 국민, 국민국가, 계급이 아닌 인간의 존재, 그 모든 것을 포괄하는 보편적 인간 존재 조건에 대한 사유로 바뀌어야 한다. 그런데 정체성에 대한 관심은 각자 자신의 이익을 앞세우는 여러 집단의 이해관계와 현안에 뒤엉켜 있고, 무엇보다 민족은 여전히 계급, 인종, 성보다 강력한 역사 인식의 도구로 작동하고 있다. 근대 민족과 민족주의의 역사가 입증해주는 것처럼 그 위험성에도 불구하고, 역사는 민족주의적, 인종주의적 또는 근본주의적 이데올로기의 재료가 되어 왔다. 자신들의 이해가 국민 정체성과 국가의 운명에 전적으로 연결되어 있다고 믿는 사람들에게는, '우리 나라', '우리의 주장', '우리의 감정을 만족시키는' 것이 '좋은 역사'이다. 따라서 자신의 사회를 이해시키기 위해서가 아니라, 자신의 사회를 받아들여 자부심을 가지게 함으로써 좋은 시민이 되게 하기 위해 역사를 가르친다. 자기를 정당화하는 신화를 곧 역사로 만드는 것이다.[61]

일부 한국사학자들은 민족적 전통, 민족적 이익, 민족적 사명과 같은 '건전한' 내셔널리즘을 자국 중심의 편협한 내셔널리즘과 구분하여 옹호한다. 서의식은 한국사에서 제대로 된 민족 중심의 역사이해가 성취된 바 없다고 주장하면서, 우리에게 있어서 '민족'은 고대, 중세를 거쳐 유구히 전승되어 온 '국가'의 내면적 부활의 형태라고 했다. 민족을 중심으로 제 역사를 이해하려는 민족주의 사학은 '우리가 자존을 지키며 살아남을 수 있도록 하는 사상이고 실천'이라고 했다. 그는 "국가·민족의 역할은 아직 종료되지 않았다"고 주장한다. 그리고 민족 중심의 사관과 역사서술은 우리가 완성하고 이루어내야 할 과제라고 했다.[62] 양정현도 '개방적 민족주의'를 옹호하면서, "오늘날 '민족'은 실체이고 '국민국가'는 현실이며, 자국사 교육은 당위"라고 공언한다. 세계화 시대 다국적 자본과 강대국의 공격적, 탐욕적, 자민족 중심주의의 실체가 엄존한 상황에서, 다양한 얼굴을 갖는 민족주의의 부정적 측면만을 비판의 대상으로 삼는다면 결과적으로 자칫 가치의 무정부 상태를 초래할 위험을 안게 된다고 했다.[63]

도면회 역시 "중심부 국가들 스스로 자국의 정치, 경제적 이해관계를 양보하고 자국민들에게 애국주의를 버리라고 강요하지 않는 한", 민족주의적 담론을 폐기하고 역사서술을 할 수 있겠는가 라는 문제를 제기한다. 중심부의 정치적 억압이 오히려 강화되고 있는 상황에서, 국가 · 민족 · 계급 등 거대담론 중심의 역사가 한국사학계에서 강력한 역사서술의 주류로 살아남으리라는 것이다. 특히 한국의 근현대사를 외래자본과 권력의 영향 하에서 이루어진 역사로 보는 일본과 미국의 한국사 연구 성과에 대해, "한국 민족의 독자적 발전의 역사를 참혹하게 무시하는 효과를 지니고 있다"고 경계했다.[64]

이러한 논의는 역사, 국가, 민족, 세계 그리고 교육에 대한 정의와 담론에 뿌리깊이 내재되어 있는 정치적, 이데올로기적 함의를 보여준다. 이들은 세계 거의 모든 나라의 역사가 기본적으로 민족사학이며 유럽에서조차 각 국의 역사학은 민족주의적 성격을 가질 수밖에 없었는데,[65] 과연 민족중심의 역사관을 탈피한 대안적 역사상이 유효한지 의문을 제기한다.[66] 더 근본적으로는 개별 국가 · 민족의 범주를 넘어서는 하나의 '유기적 세계'를 상정할 수 있는가에 회의적이다. 따라서 학교 역사교육이 이러한 현실론을 충실히 반영하는 '국가' 권력 기제로 작동하는 한, 자민족중심주의 그리고 자국사를 중시하는 전통은 '자기'와 '타자들'을 동시에 해체하려는 세계사 교육에 지속적인 안티테제로 작용할 것이다.

끝으로 다문화주의를 세계사교육에 적용하고 실천하는데 있어서도 그것은 서구중심성을 극복하는데 한계를 드러냈다. 다문화주의적 입장에서는 세계사를 다양한 문명의 역사로 정의하고 유럽 외의 다른 지역의 특성들을 부각시켰지만, 그 지역들은 '독특한' 업적을 갖고 있으면서도 인류역사에서 '중요한' 발전이 일어난 장소가 되지 못하고 '오래 전에' 거대한 문화를 건설했던 지역으로만 다루어졌다. 국가가 아닌 지역이나 문화권을 그 구성단위로 표방한 세계사 교재들도 서구 유산을 강조하는 시각의 기본 가정들에 도전하지는 않았고, 그 구성의 기본 원리와 개념은 서구 기준을 따랐다. 단지 그 비교와 해석의 단위가 바뀌었을 뿐 최소한 지난 2세기동안의 유럽의 세계지배에서 소급한 세계사 구도를 극복하지는 못했다.

그런 점에서 최근 세계사학자들이 주목하고 있는 '상호관련된 세계사' 像은 인류문명의 동력을 각 지역이나 집단의 내재적 요인보다 상호교류의 영향에서 찾고 더 나아가 '1500년의 유럽 흥기'라는 세계사 구분의 기존 틀을 흔들었다는 점에서 의의를 지닌다. 전 지구의 넓은 지역을 가로질러 전개된 인간의 상호작용을 밝힘으로써, "인류사에서 문명들 간의 접촉은 간헐적이었거나 거의 존재하지 않았다"는 헌팅톤 등의 시각을 불식시키는데 기여했다.[67] 인류 문명 집단들이 근대 이전의 오랜 시기동안 상호 교통하고 상호 의존하는 전 지구적 체제를 구성했고, 그러한 세계체제에서 유럽은 결코 지배적이거나 예외적인 존재는 아니었음을 밝히고 있다.

하지만 이들이 제시한 지역간 교류사(interregional history)는 대안적 패러다임의 근거 및 그 세부항목의 부족이라는 문제를 안고 있다. 교류의 다양한 양상을 부각시키는데는 성공적이었으나 근대 이전의 세계를 '횡으로' 통합된 거시사로 구축하는 대안적 분석개념이나 포괄적 이론의 제시가 미흡하다. 800년에서 1500년 사이의 전 지구적 체제를 강조한 벤틀리(Jerry H. Bentley), '13세기의 세계체제'를 주장한 아부-루고드, 1400년에서 1800년까지를 아시아 중심의 글로벌 경제 시기로 본 프랑크 등의 주장은 (아프로)아시아 경제나 문화적 교환체제가 얼마나 뚜렷한 독자적 구조와 작동원리를 갖고 있었는가에 대한 설명이 부족하다. 게다가 교류 그 자체에 초점을 맞춤으로써 교류에 가담한 지역과 집단의 역사에 대한 구체적인 실증연구의 뒷받침을 받지 못하고 있다.

그리고 교류는 '관계'를 의미하며 '관계'는 일면적, 수평적으로만 이루어지는 것은 아니므로, 관계의 다면적, 복합적 측면에 대한 이해가 필요하다. 그런데 소위 '상호관련성'이란 개념은 집단들 간의 교섭사를 드러내는데 유효한 개념일지 모르지만 때로는 극명하게 전개되었던 정복과 복종, 억압과 저항의 관계사를 모호한 우호적 역사로 대치할 위험을 안고 있다. 서로 도움을 주고받는, 그래서 모든 인종, 문화집단의 공존이 이루어진 세계사상을 그린다면, '모두에게 좋은', '아무도 자극하지 않는' 세계사가 될 지는 모르지만 그 순진함과 反역사성을 드러내는 것이다. 이것은 진정한 '타자 이해'가 아니라 '온정적 타자화'에 다름 아니다. '상호의존'은 미리 주어진 세계사 분석틀이 아니라 각 공동체 집단 간의 상호작용이 해당 집단과 전 인류의 문화와 경험에 미친 영향을 밝히는 '하나'의 가설적 개념으로 유효하다.

5. 맺음말

세계사 교육은 서구중심성과 자민족중심주의의 극복을 지향해 왔다. 하지만 세계인의 상호이해와 공존을 추구하는 세계사 교육은 아직 신화에 가까우며 현실은 그에 부합하지 못하고 있다. 역사교육은 종종 정치적이며 이데올로기적인 행위로서, 항상 '주변'보다는 '중심'이 그리고 '타자'보다는 '자기 집단'이 우선 고려의 대상이 되어왔다. 그만큼 보편적 공감을 얻는 새로운 세계사 패러다임을 구성하는 것은 쉽지 않다. 인간 행위의 범위가 더 넓어질수록 그것들 사이에 체계적 관계를 확립시킬 것을 요구하는 기대도 커지고 종합은 더 어려워진다. 다문화주의의 확산에도 불구하고, 보편 세계인의 공생과 공동체 이념을 추구하는 세계사 교육의 실천은 요원해 보인다. 다문화주의는 복합적이고 다층적인 정체성의 구축을 추구하지만, "유럽은 역사적 지식 그 자체에 대한 말없는 기표(referent)로 작용"하고 있다.

세계사교육이 '민족' 정체성이 아닌 '인간' 정체성의 이해를 추구한다는 것은 더욱 지난한 일이다. 그것은 장기간에 걸친 여러 문명과 사회들을 다루는 세계사 속에서 '민족' 그리고 '국가'의 이름으로 '설명'의 원리에 갇힌 인간의 해방을 의미한다. 광범한 시간과 공간에서 벌어진 역사를 일관된 기준으로 '비교'하고 '설명'하려는 시도는 인간 삶의 역동적인 드라마를 틀에 짜여진 설명문으로 전락시키곤 한다. 역사적 인물들은 한 국가나 지역에서 일어나기로 되어 있는 것을 성취하는 역할을 하도록 규정된 폐쇄적인 역사에 갇히고 만다. 세계사 교과서에서 그들은 미지의 미래를 향해 용기와 상상력을 가지고 살아간 인간 존재들로 보이지 않고, 그들 문화 혹은 문명의 특정한 측면을 보이기 위해 무대에 오르는 인간으로 그려진다. 예를 들어 포르투칼인들의 아프리카 서해안 항해는 "아시아로 가는 길을 발견하고 무역을 열기 위한 유럽인의 최초의 시도"라고 교과서는 기록한다. 하지만 그들은 스스로를 '유럽인'으로 의식하지도 않았고, 또한 좀더 단기적인 목표와 이익을 추구한 것이었지 그것이 궁극적으로 초래할 상황에 대해서는 전혀 알지 못했다.

그러므로 세계사 속에서의 인간의 발견은 '설명'과 '해석'보다는 다층적인 이야기의 복원을 통해 가능할 것이다. 그런데 개별 인간 혹은 집단은 관계로 이루어져 있는 것이지, 결코 그 관계들의 바깥이나 너머에 위치해 있는 것이 아니다. 따라서 이해관계에 연루되지 않으면서 세계에 대해 판단하고 해석할 수 있는 인식론적 특권은 아무에게도 없다. 집단이나 국가들 사이의 불평등한 권력, '우리'와 '타자' 사이의 현실적 관계들을 관조할 수 있는 어떤 외부의 우월한 위치도 존재하지 않는다. 다만 애국심과 민족주의, 편협성과 지역주의를 극복하고 몇 개의 역사들을 함께 보는 비교사가 곧 세계사이다. 비교사의 목표는 자기 조국을 초월하는 전망을 얻고, 자기 문화와 역사가 제공하는 방어적인 편린 대신 전체를 조망하는 것이다.

> 자신의 고향을 아름답다고 생각하는 사람은 아직도 초보자이다. 모든 땅을 자신의 고향으로 보는 사람은 이미 강한 사람이다. 그러나 전 세계를 하나의 타향으로 생각하는 사람은 완벽하다. 초보자는 이 세계의 한 곳에만 애정을 고정시켰고, 강한 사람은 모든 장소들에 애정을 확장했고, 완전한 인간은 자신의 고향을 소멸시켰다.[68]

역사가는 이러한 태도를 통해서만 인간 경험과 그 경험의 쓰여진 기록을 모든 다양성과 특수성 속에서 파악할 수 있다. 그러나 '강한' 또는 '완벽한' 사람은 애착을 거부하는 것이 아니라, 애착을 통해 독립과 초연함을 얻는다. 두려움과 편견 때문이 아니라면 사람들을 분리하고 변별성을 계속 강조할 아무런 이유가 없다. '우리'라는 관념은 '우리'를 보호도 하지만 동시에 감금하기도 하기 때문이다.

■ 주석

1 안드레 군더 프랑크(이희재 옮김), 『리오리엔트』, 이산, 2003, p.408에서 재인용.

2 강선주, 「세계화시대의 세계사 교육: 상호관련성을 중심원리로 한 내용구성」 『역사교육』 82, 2002, pp.41-68; 정선영, 「지구적 시각에 기초한 세계사 교육에의 접근방안」 『역사교육』 85, 2003, pp.1-25; 조지형, 「새로운 세계사와 지구사」 『역사학보』 173, 2002, p.343.

3 Edward L. Farmer, "Western Civilization, Modernity, and World History: Some Perspectives From East Asia", paper presented at the World 2000 Conference on Teaching World History and World Geography, Feb. 11-12, 2000, Austin, Texas, USA.

4 Peter N. Stearns, "Student Identities and World History Teaching", *History Teacher* 33(2), Feb. 2000, pp.185-191.

5 Jerry H. Bentley, "Cross-Cultural Interaction and Periodization in World History", *American Historical Review*, June 1996, pp.749-770.

6 Philip D. Curtin, *Cross-Cultural Trade in World History* (Cambridge: Cambridge Univ. Press, 1984); Marshall G. S. Hodgson(ed. Edmund Burke III), *Rethinking World History: Essays on Europe, Islam, and World History* (Cambridge: Cambridge Univ. Press, 1993), pp.254-255, p.307; Edmund Burke, III, "Marshall G. S. Hodgson and the Hemispheric Interregional Approach to World History", *Journal of World History* 6(2), Fall 1995, pp.237-50.

7 이 글은 윤세철교수정년기념역사학논총 『역사교육의 방향과 국사교육』(도서출판 솔, 2001)에 실린 졸고 「세계사교육의 방향과 가능성」에 대한 후속 논문에 해당한다.

8 에릭 홉스봄(강성호 옮김), 『역사론』, 민음사, 2003, pp.360-361.

9 에드워드 사이드(김성곤, 정정화 옮김), 『문화와 제국주의』, 도서출판 창, 1993, p.67에서 재인용.

10 Hugh Trevor-Roper, *The Rise of Christian Europe* (London, 1965), p.9. 리처드 에반스(이영석 옮김), 『역사학을 위한 변론』, 소나무, 1999, p.236에서 재인용.

11 Immanuel Wallerstein, *The Modern World-System* (New York: Academic Press, 1974).

12 William H. McNeill, "The Rise of the West after Twenty-Five Years", *Journal of World History* 1(1), Spring 1990, pp.1-21.

13 McNeill, "World History and the Rise and Fall of the West", *Journal of World History* 9(2), Fall 1998, pp.215-235.

14 홉스봄, 『역사론』, p.360, p.408.

15 페르낭 브로델(주경철 옮김), 『물질문명과 자본주의 I-2: 일상생활의 구조 下』, 까치글방, 1997, p.767, p.771, p.813.

16 브로델, 『물질문명과 자본주의』, p.593.

17 A. N. 화이트헤드(김용옥 역안), 『이성의 기능』, 통나무, 1998, p.169, p.291, p.344. 이 책은 화이트헤드가 1929년에 했던 강연의 원고를 번역한 것이다. 김용옥은 화이트헤드가 세계문명사를 유럽중심주의적 편견 속에서 바라본 오류를 지적하면서, 그것은 시대적 제약이 초래한 무지의 자연스러운 소치라고 보았다. 동양의 근대는 결코 19세기말에 출발한 것이 아니라, 이미 13세기의 신유학의 발흥이래 지속되어온 것이라고 했다. 신유학의 발흥은 동양의 합리적 우주론의 소산이며, 그것은 종교적인 외래 인도문명에 대하여 합리적인 본래 중국문명을 회복하려는 일종의 르네상스 운동이었다는 것이다.

18 Samuel P. Huntington, *The Clash of Civilizations and the Remaking of World Order* (New York, 1996).

19 랜디스는 유럽인들이 도착하기 전에 인도양에서 무역이 번성하고 있었다는 주장을 일축한다. 18세기에 인도는 기술적 후진성 때문에 무력했으며, 반면 서유럽은 "산업혁명을 향한 노정을 시작하여 이후 계속 아시아를 추월했다"고 했다. David S. Landes, *The Wealth and Poverty of Nations: Why Some Are So Rich and Some So Poor* (New York: Norton, 1998), p.45, p.96, pp.165-169, p.177, p.516. 한편 벅은 랜디스가 비유럽세계를 전제주의, 가난, 암흑의 수렁으로 묘사한 것을 비난했다. David D. Buck, "Was It Pluck or Luck That Made the West Grow Rich?", *Journal of World History* 10(2), Fall 1999, pp.419-420.

20 Ross E. Dunn, "Constructing World History in the Classroom", in Peter N. Stears, Peter Seixas and Sam Wineburg(ed.), *Knowing, Teaching, & Learning History: National and International Perspectives* (New York: New York Univ. Press, 2000), pp.121-140.

21 특히 미국에서 세계사를 담는 적절한 용기로서의 '서구문명'이라는 아이디어는 처음부터 교육적 구성물(teaching construct)이었다. '서구문명사'라는 제목으로 가르쳐진 세계사는 '우리 문명'과 그 후손들의 이야기였고, 미국의 정치적, 문화적 기원을 발견하려는 시도였다. 그것은 미국 사회를 단결시키고, 미국을 위대하게 만든 가치와 제도에 대한 충성심을 일깨우기 위한 것이었다. 미국의 역사적 뿌리인 유럽문화유산을 계승하는 것이 곧 세계사교육의 목표였다. Mark Wallace, "Integrating United States and World History in the High School Curriculum: The Trials and Tribulations of a Good Idea", *History Teacher* 33(4), Aug. 2000, pp.483-494.

22 양정현, 『근대 개혁기 역사교육의 전개와 역사 교재의 구성』, 서울대학교 박사학위논문, 2001, pp.109-149.

23 지수걸, 「'민족'과 '근대'의 이중주」 『기억과 역사의 투쟁』(2002년 당대비평 특별호), 삼인, p.75.

24 리하르트 반 뒬멘(최용찬 옮김), 『역사인류학이란 무엇인가: 역사학의 또 다른 미래 – 역사인류학의 역사 · 방법론 · 과제』, 푸른역사, 2001, p.74, p.76.

25 Andre Gunder Frank & Barry K. Gills, *The World System: Five Hundred Years or Five Thousand?* (New York: Routledge, 1993).

26 벤틀리는 당나라와 송나라의 시장경제가 번성했고, 중국 농민들은 합리적이며 적응력이 뛰어난, 이윤을 추구하는 소기업인들이었다고 평가했다. Bentley, "Hemispheric Integration, 500-1500 C.E.", *Journal of World History* 9(2), Fall 1998, pp.237-254.

27 홉스봄, 『역사론』, pp.358-361.

28 Janet Abu-Lughod, *Before European Hegemony: The World System A.D. 1250-1350* (New York: Oxford Univ. Press, 1989); 프랑크, 『리오리엔트』, p.230, p.288.

29 프랑크, 『리오리엔트』, p.437에서 재인용.

30 K. N. Chaudhuri, *Asia Before Europe: Economy and Civilization of the Indian Ocean from the Rise of Islam to 1750* (Cambridge: Cambridge Univ. Press, 1990); 프랑크, 『리오리엔트』, p.60.

31 이민호, 「세계사를 어떻게 읽을 것인가 - 유럽중심주의 사관의 극복을 위하여」 『역사비평』 59, 2002, p.199.

32 Frank, *ReOrient: Global Economy in the Asian Age* (Berkeley: Univ. of California Press, 1998), p.xxiii-xxv, p.4, p.52.

33 프랑크는, 노동비용이 저렴했던 중국의 경우 노동절약적인 기계를 개발하는 기술혁신보다 노동력을 추가 투입하는 쪽이 더 경제적이고 합리적이었던 반면, 유럽은 식민지로의 인구 유출로 고임금/고비용 생산구조였기 때문에 기술혁신과 기계발명의 절박한 이유가 있었다고 보았다. 프랑크, 『리오리엔트』, p.470, p.474, p.497. 웡은 중국이 안정된 농업경제와 효율적인 관료지배체제에도 불구하고 산업혁명을 일으키는데 실패했던 이유는, 국민이 정치적으로 국가 행위에 영향을 끼칠 수 있는 공적 영역이 부족하였기 때문이라고 설명했다. R. Bin Wong, *China Transformed: Historical Change and the Limits of the European Experience* (Ithaca: Cornell Univ. Press, 1997), p.181.

34 Albert Bergesen, "Let's be Frank about World History", in Stephen Sanderson (ed.), *Civilizations and World Systems: Studying World-Historical Change* (Walnut Creek, Calif.: Altamira, 1995), pp.195-205.

35 스테판 버거, 「과거의 재현: 유럽의 내셔널 히스토리」 『기억과 역사의 투쟁』, pp.166-199.

36 Dunn, "Constructing World History in the Classroom", pp.121-140.

37 양정현, 『근대 개혁기 역사교육의 전개와 역사 교재의 구성』, 서울대학교 박사학위논문, 2001, pp.109-149.

38 차하순, 민두기, 이인호 등의 이러한 주장은 다음 논문을 참조할 것. 강선주, 「세계사교육의 '위기'와 '문제': 역사적 조망」, 『사회과교육』 42권 1호, 2003, p.64.

39 스테판 버거, 「과거의 재현」, pp.172-199.

40 Benedict Anderson, *Imagined Community: Reflections on the Origin and Spread of Nationalism* (London, 1991).

41 영국 역사서술은, 독일을 더 이상 호전적인 군국주의의 이미지로 그려내지는 않지

만, 독일을 선진적이고 효율적이며 잘 조직된 유럽 경제의 일원으로 강조한 것은 최근의 일이다. 박유하, 「상상된 미 의식과 민족적 정체성: 야나기 무네요시와 근대 한국의 자기구성」『기억과 역사의 투쟁』, p.367.

42 Frederic Jameson. *Postmodernism, Or, The Cultural Logic of Late Capitalism* (Durham: Duke Univ. Press, 1991), p.ix.

43 임지현, 「식민주의적 죄의식을 넘어서」『기억과 역사의 투쟁』, pp.12-13.

44 박유하, 「상상된 미 의식과 민족적 정체성」, p.368; 스테판 버거, 「과거의 재현」, p.168.

45 홉스봄, 『역사론』, pp.23-27.

46 Prasenjit Duara, *Rescuing History from the Nation* (Univ. of Chicago Press, 1995).

47 "사람은 항상 현대를 통해서만 고대를 이해해 왔다.… 사람은 자기 체험으로 고대를 설명하고, 그리고 이렇게 해서 얻어진 고대에 의해 자기 체험을 평가하고 짐작해 왔다(니체, 『우리 문헌학자들』에서)". 이성시(박경희 옮김), 『만들어진 고대: 근대국민국가의 동아시아 이야기』, 삼인, 2001, p.19. 현대의 관점이 고대 사건들을 재구성하는 사례는 버날의 『검은 아테네』에서도 드러난다. 버날은 이집트가 그리스와 서구문명에 공헌했으며, 이집트 문명은 곧 아프리카 흑인의 유산이라고 주장했다. 그의 '아프리카 중심주의'는, 그리스 문명 그리고 이후 지중해세계에서 흑인들이 중요한 영향을 미쳤다고 강조한다. Maghan Keith, "The Politics of Criticism: Not Out of Africa and 'Black Athena' Revisited", *Journal of World History* 11(2), Fall 2000, pp.337-345; Martin Bernal, *Black Athena;* Mary Lefkowitz, *Not Out of Africa: How Afrocentrism Became an Excuse to Teach Myth as History* (1996); Mary Lefkowitz & Gry MacLean Roger (eds.), *"Black Athena" Revisited* (1996).

48 한 예로, 중국은 현재의 지리적 영역을 기준으로 민족사를 서술하여 발해사를 중국사의 중요한 부분으로 기술한 반면, 한국은 발해를 남북국 시대의 북국으로 명명한다. 하지만 '민족'을 정의할 때 '현재' 국경을 외국과 구별되는 민족사의 틀로 잡는다면 그 국경이 역사적인 것이 아닐 경우가 많다. 대부분 아프리카 나라들의 국경은 차별화된 역사를 가진 역사적 민족단위로 규정할 수 없다. 이성시, 『만들어진 고대』, pp.25-27.

49 고유섭, 「한국고대미술의 특색과 그 전승문제」『고유섭전집』 3, 통문관.

50 Anderson, *Imagined Community*, p.xii.

51 이성시, 『만들어진 고대』, pp.7-12, p.187; 이성시, 「한일역사교과서의 고대사 서술을 둘러싸고」『기억과 역사의 투쟁』, p.139.

52 사이드, 『문화와 제국주의』, p.66; 홉스봄, 『역사론』, p.438.

53 윤세철, 「자국사, 그 당위와 실제」『역사교육』 69, 1999, pp.1-37; 이원순, 「한국과 일본: 공생을 위한 역사교육」『한국과 일본: 21세기를 위한 역사교육』, 강원대학교 개교50주년기념 국제학술심포지움, 강원대인문과학연구소/한일관계사연구회, 1997, pp.9-15.

54 서양에 대해 일본적 정체성을 내세우기 위해 만들어진 일본사, 일본문학, 일본미술의 논리가, 일본에 대해 조선적 정체성을 내세우기 위해 만들어진 조선사, 조선문학, 조선미술에도 그대로 관통하고 있다는 것이다. 요시노(吉野耕作), 『문화내셔널리즘의 사회학』, 나고야대학 출판부, 1997.

55 윤세철, 「자국사, 그 당위와 실제」, pp.1-37.

56 Robert Phillips, Paul Goalen, Alan McCully, Sydney Wood, "Four Histories, One Nation? History Teaching, Nationhood and a British Identity", *Compare: A Journal of Comparative Education* 29(2), June 1999, pp.153-170.

57 Gary Thoma, "What's the Use of Theory?", *Harvard Educational Review* 67(1), Spring 1997, pp.75-104.

58 기독교는 유럽사의 뿌리 깊은 부분이지만, '민족'이나 '사회주의'가 유럽 대륙을 통일시키는 힘이 아니었던 것처럼, 기독교도 유럽을 통일시키는 힘은 아니었다. 김광억, 「동아시아 담론의 실체－그 분석과 해석」, 정재서 편, 『동아시아 연구: 글쓰기에서 담론까지』, 살림, 1999, pp.162-176.

59 정재서, 「동아시아 문화, 그 보편가치화의 문제」, 정재서 편, 『동아시아 연구』, pp.177-191.

60 안토니오 네그리, 마이클 하트(윤수종 옮김), 『제국』, 이학문선, 2001, pp.15-21, pp.164-269.

61 홉스봄, 『역사론』, p.70, pp.432-433.

62 서의식, 「포스트모던 시대의 한국사인식과 국사교육」 『역사교육』 80, 2001, pp.1-30.

63 양정현, 「포스트모던 역사이론의 '민족' 논의와 역사교육」 『역사교육』 83, 2002, pp.35-62.

64 도면회, 「서평: 포스트모더니즘, 폭풍인가 '찻잔 속의 폭풍'인가」 『역사학보』 176, 2002, pp.416-417.

65 최갑수, 「유럽중심주의의 극복과 대안적 역사상이 모색」, 『역사비평』 52, 2000 가을, p.109.

66 Dunn, "Constructing World History in the Classroom", pp.130-32.

67 Huntington, *Clash of Civilizations*, p.21, p.48.

68 12세기 섹소니 출신의 성직자 성 빅토르 위고의 말이다. 사이드, 『문화와 제국주의』, p.564에서 인용.

11
글로벌 시대의 역사 인식과 세계사

1. 머리말

새로운 세계의 모습을 상징하는 의미로 '전지구화(globalization)' 혹은 '세계화'라는 용어가 사용되고 있다. 전지구화란, 상호의존성에 따른 세계의 급격한 시공 압축(time-space compression) 현상, 그리고 세계가 하나라는 의식의 강화를 의미한다. 자본주의 체계 및 민족국가 체계의 발전이 이룬 근대사회에서 세계 여러 지역과 국가 간의 네트워크가 강화된 체계를 말한다.[1] 무엇보다 전지구화는 자본주의의 전 지구적 승리와 관련된다. '시장과 민주주의'는 근대화의 핵심이자 동시에 전지구화의 핵심이다. 이제 자본주의의 서사는 더 이상 유럽역사의 서사가 아니다. 하지만 중심부와 주변부가 혼재된 상황에서도 권력의 중심들은 여전히 존재한다. 초국적 자본, 초국적 세계기구, 중심부 국민국가들의 전 지구적 권력은 건재하다.[2]

또한 근대 주권 세계가 자아와 타자, 흑과 백, 안과 밖, 지배자와 피지배자를 규정하는 일련의 이분법적 대립물에 의해 분할된 세계였다면, 근래에 들어 타자성의 부과는 '다름(otherness)'의 극단으로까지 가지 않는다. 차이들이 통제할 수 없는 갈등에 이르는 것이 아니라 오히려 지역 정체(local identity)로 가정된다. 다문화주의 혹은 다원주의라는 우산 아래 전통적인 인종적 차이들과 문화적 차이들을 포괄하고 찬양한다. 현존하는 혹은 잠재적인 차이를 인정하고 그 차이를 '관리'한다. 어떠한 정체성도 '외부'로 배제되지 않는다. 차이의 수용과 포섭의 결과로 차이를 '복종'시키는 것이다.[3]

이러한 문화적 권력의 익명성과 유연성은 문화 지배의 부재를 의미하는 것은 아니다. 오히려 더 심화되고 확대되고 있다. 인간의 다양성이나 복합성을 은폐하거나 배제하는 지배 양식은 청산되지 않고 있다.[4] 더구나 계급, 성, 인종을 단위로 하는 문화적 정체성들을 동요시키며 역사적 범주의 헤게모니를 해체하려는 문화주의적 운동들은, 역사적·문화적 공간들 사이에서 작동하고 있는 정치경제적 권력관계와 그 공간들의 실재적 위계 관계를 은폐한다. '도가니(melting pot)'로서의 신화적 사회상을 '뒤섞인 샐러드(salad bowl)'로 대체한 과거 다문화주의도 마찬가지이다. 결국 구미의 세계지배의 산물이자 그 가치들이 주입된 권력 구조들에 도전하지 않으면서 연대와 화해를 강조하는 담론은 허망한 것이다.[5]

그런데 최근의 세계화 담론이 세계에 대한 공동체적 인식을 강조하면서, 한편에서는 세계사에 대해 새로운 관심이 증대하고 있다. 즉 초국가화 시대에 세계사를 설명하는 패러다임도 변해야 한다는 것이다. 무엇보다 서구중심주의를 넘어선 역사인식과 세계의식의 연계를 중시하는 '글로벌'(global) 역사 혹은 전 지구적 역사가 요청되고 있다. 글로벌 역사가 추구하는 '세계성'은 세계에 대한 앎을 추구하고 세계와 삶을 함께하는 정신을 말한다. 즉 그것은 서구가 누리는 지적 권위와 지배적 위치를 탈중심화하여 변방을 '응시'하고 그들의 '목소리'를 경청할 것을 요청한다. 모든 지역과 사람들의 역사는 유럽인의 '발견'에 의해서만 '역사' 속에 '끼여 들어오는' 것이 아니라, 스스로 파악한

과거의 연속 속에서 제시되기 때문이다.[6]

물론 서구 근대성의 생산, 유포 그리고 지배가 역사적 궤도를 변화시켰고 전 지구적 근대성 형성의 계기로 작용한 것은 분명하다. 하지만 서구의 계몽주의가 비유럽지역의 근대성에 미친 유산은 이중적인 것으로, 해방과 동시에 억압이었다. 그럼에도 불구하고 과거 서구의 세계사 기획은 공시적 모델로 설명할 수 없는 다양한 현상, 역사, 문화, 민족 등을 자신의 개념 틀로 흡수하는 동질화와 통합 작업이었다. 그에 대한 저항으로 마르크스주의와 민족주의 시각에 기초한 역사 다시쓰기가 이루어졌으나, 서구의 근대성 담론 복제라는 한계를 드러냈다. 마르크스주의 역사학과 민족주의 역사학은 발전, 근대화, 자본주의를 중심으로 근대로의 이행 문제를 다뤘고, 세계사의 배치가 마르크스주의적이든 혹은 민족주의적이든 '진보'의 관념과 연관된 목적론적 비전에 휘말려 들어 있기 때문이다.[7]

어쨌든 이제 서구 유산들은 세계 거의 모든 지역에서 오랫동안 내면화됨에 따라 '유럽의 타자들'의 정신구조에 이르기까지 도처에 존재한다. 우리가 유럽중심주의와 결부시키는 것들의 대부분은 이제 전 세계적으로 내재화되어서 '유럽과 그 타자들'에 대해 말하는 것 자체가 모순어법으로 보인다. 유럽중심적 지형 그리기의 유산 없이 어떻게 세계를 기술할 수 있겠는가?[8] 그러므로 유럽중심주의에 대한 비판은 이미 전 지구적 유산의 일부인 가치들과 구조들에 도전할 것을 요구한다. 특히 서구 근대성의 역학, 즉 독특한 생산과 소비, 억압과 착취, 그리고 이데올로기를 갖는 자본주의의 역할과 그 권력의 구조들에 깊이 새겨진 서구의 세계지배에 주목하지 않을 수 없다. 자본주의적 근대성은 더 이상 서구적이지만은 않으며, 그 힘은 오히려 더 강력하고 예측 불가능하게 되었기 때문이다.

이 글은 전지구화 시대, 글로벌 시대의 역사인식을 살펴보고 새로운 세계사 서술의 가능성을 탐색하고자 한다. 먼저 지난 한 세대 동안의 역사인식을 역사의 지위와 역할, 효용과 기능에 일어난 변화를 중심으로 살펴볼 것이다. 즉 역사와 기억, 정체성과 민족사, 그리고 역사교과서의 사례를 통해 역사의 전유(專有)와 충돌이 전개된 양상을 고찰할 것이다. 이는 최근의 역사학계와 역사교육의 현장에서 일어나고 있는 역사의 과잉과 남용에 대한 비판이며, 그것은 협애한 민족사의 시각을 넘어선 그리고 동시에 서구중심주의를 극복한 세계사의 필요성을 각인시킬 것이다. 이를 바탕으로 기존 세계사 서술의 가설들을 비판적으로 검토하여 새로운 세계사 패러다임의 토대를 제공하고자 한다.

2. 역사의 전유와 충돌

1) 역사와 기억

역사는 기본적으로 논란을 야기하는 학문이며, 논쟁을 지배하는 것은 과거가 아니라 역사가이다. 역사의 특수성은 사실의 풍부함과 이질성에 있는데, 역사가는 무한한 자료들을 분류하고 선택하여 논리를 제시해야 하기 때문이다. 우리가 일반적으로 '역사'라고 부르는 '역사에 대한 담론'은 단순화되고 극화되어 의미가 부여된 이야기이다. 즉 역사는 끊임없이 다시 씌어지는 드라마이다. 이 드라마 속에서 사건들은 진실하지만, 허구적인 세계와 구체적인 세계 사이에 끼어드는 상상력의 법칙에 따라 배치된다.[9] 그런데 사건들을 선택하고, 이것들을 이야기로 정리하고 어떤 해석의 틀에 집어넣는 일은 복잡한 문화적·이데올로기적 지표에 달려 있다. 즉 역사는 문학적 연출과 동시에 이데올로기적 본질에 대한 추론을 전제한다. 역사는 과거에 대한 현재의 담론이자, 감성과 이데올로기에 연결된 담론이다.[10]

지난 이십여 년 간 소위 탈근대적 혹은 포스트모던 역사 인식은 역사(History)라는 이름으로 과거를 이해했던 방식의 권위에 도전했다. 그것은 근대성의 목적론에 도전하면서, 서구 역사담론의 헤게모니와 이데올로기를 해체하려 했다. 그리고 민족을 역사의 목적을 이루기 위한 매개체로 삼아온 역사는 신뢰를 상실했다. 도처에서 복수의 역사들이 등장하고, 근대 역사기술 체제에서 억압되고 제외되고 주변화된 사람들의 역사가 복원되고 있다. 비록 민족의 역사들이 여전히 국가의 도움을 받아서 우월권을 주장하긴 하지만, 그 어떤 역사도 경쟁하는 다른 역사에 대해 헤게모니적 우월권을 주장할 수 없게 되었다. 전지구화를 단순하게 독해하는 학자들은 민족이 죽었다고 주장하지만, 민족은 죽지 않았다. 다만 민족은 많은 역사들 중 하나일 뿐이다.[11]

이제 과거는 실로 우후죽순처럼 생겨나고 서로 다른 역사들이 과거를 둘러싸고 치열하게 자신의 권리를 주장하고 있다. 거의 모든 국민에게 있어 몇 가지 역사가 서로 겹치며 대결하고 있다. 역사가 '공적 기억'이며 '학문적 권위의 세례를 받은 과거의 재현'이라면, 이제 '사적 기억'이 역사에 대항하여 역사의 경쟁자로 등장했다. 과거가 지녔던 헤게모니가 쇠퇴하면서, '개별적인 역사들을 요구하는 사적인 기억들'이 증가했다. 이에 대해 역사가 무의미한 이야기들의 뒤범벅이 되는 지독한 특수주의로 귀결되었다는 비판이 나올 정도이다. 그런데 기억의 역사는 상투적인 인식 방식이 명확하게 드러나는 영역이다. 사람들은 시간이 흐르면서 사건의 세부 사실을 잊는다. 그리하여 사건은 대개 무의식적으로 재구성되어 문화권 내에서 통용되는 일반적인 도식을 닮게 되며, 그 도식은 기억을 왜곡시키는 대가로 그것을 지속시켜 준다. 그러므로 "과연 우리가 말하고 있는 것은 누구의 기억인가?"라는 질문이 필수적이다.[12]

마르크 페로(Marc Ferro)는 집단적인 기억과 공적인 역사가 서로 충돌하고 있는데, 역사가 학문적 사명과는 무관하게 상처를 치유하는 기능을 수행하면서 일종의 포교를 하고 있다고 개탄했다. 그는 역사의 내용이 '권력의 이익에 적합하도록' 다시 만들어지면서, 역사가 편리하게 삭제된 형태로 주어진다고 지적한다. "조상들의 생활과 행동을 말할 때 그들의 장점이나 무훈은 공표될 수 있지만 그들의 실패나 과오는 은폐된다. 전쟁은 언제나 승리한 것이고, 왕들은 항상 모범적이다." 요컨대 "과학주의와 방법론은 기껏해야 이데올로기를 감추는 '팬츠' 역할을 하고 있는데 불과하다."는 것이다. 그는 "역사가들은 위험한 사람들이다. 모든 것을 뒤엎을 수 있다."는 것을 상기시키면서, 단 하나의 역사적 진실 따위는 공상적인 동시에 어리석은 것이 되고 있다고 지적한다.[13]

최근 들어 과거에 대처하는 것은 새로운 문화 현상이자 정치 필수품으로 등장했다. 과거에 대한 책임감과 죄의식은 현 시대를 기억의 시대, 반성의 시대로 바꾸어 놓았고, 회개라는 '보편적 시민종교'를 탄생시켰다. 호주인들은 '참회의 날(sorry day)'을 제정하여 원주민들에 대한 자신들의 과거 정책을 기억하고 사죄한다. 미국 대통령은 아프리카를 방문할 때 노예제에 대해 사과한다. 기억을 통해 치유하는 것이 건강한 정치문화이자 도덕적 의무의 하나로 인식된다. 특히 식민지를 지배한 경험을 가진 나라들에서는 '기억상실에서 기억과잉(hypermnesia)'으로의 변화가 일어나고 있다. 과거의 잘못에 대해 숙고하는 것, 불협화음의 기억들을 무시하지 않고 직면하는 것이 일종의 집단적 윤리

규범이 되었다. 망각과 부인은 점점 수용되지 않고 있다. 교육은 이러한 과거사 정리 작업의 가장 중요한 도구이며, 사료편찬, 기념비 건립, 기념일 지정도 중요한 역할을 한다. 최근에는 사법적 장치의 사용도 늘면서, 재판은 정의를 실현하는 도구일 뿐만 아니라 집단적 기억을 생성하는 강력한 도구가 되고 있다.[14]

그러나 그것이 이익이나 은폐를 위한 것이든 혹은 정의나 치유를 위한 것이든 역사와 기억의 과잉은 위험하다. 일찍이 니체는 과도한 역사와 역사의식이 그 자체로 병이 된다고 지적하면서, 오히려 비역사적인 삶을 제안한 바 있다. 즉 기억을 바탕으로 하는 역사적 지식은 망각 속에서 번창하기 마련인 생을 위협하기 때문에, 역사에서 벗어날 수 있는 즉 망각할 수 있는 힘과 역사를 뛰어넘어 영원한 것을 조망할 수 있는 시야를 가져야 한다는 것이다.[15] 니체의 역사 비판은 단순히 역사 교육의 이데올로기적 편향성에 대한 지적에 그치지 않고 생에 대한 고찰을 내포한 것이었다. 역사는 삶에 기여하는 범위에서 허용되어야 하며 삶의 건강을 해치는 역사의 과잉은 제한되어야 한다는 것이다.[16]

기억의 번성이나 역사의 파편화가 지닌 정치적 함의도 간과할 수 없다. 찰스 메이어(Charles Meyer)는 '기억의 범람은 역사적 확신의 표시가 아니라 변혁적 정치로부터의 후퇴를 나타낸다.'고 웅변한다. 그 예로 혁명에 대해 호의적인 발언은 '과거 문제들에 사로잡힌 목소리들'로 여겨지고, '소외와 착취, 종속을 극복하는 것'은 지나간 시대의 것들로 여겨진다는 것이다. 그는, "역사가 길러내는 기억은 현재와 미래에 복무하기 위해 과거를 구해내려 한다. 집단적 기억이 인간의 예속이 아닌 해방을 위해 복무할 수 있도록 행동하자."는 르 고프(Jacques Le Goff)의 말을 상기시킨다. 실제로 모든 기억이 똑같이 취급되는 것도 아니고 모든 기억이 발언권을 가지는 것도 아닌 기억의 재배치가, 정치적 우파의 전 지구적인 승리와 어느 정도 결부되어 있는지 따져 볼 시점이다.[17] 민족은 '상상된' 것이고, 전통들은 '창안된' 것이고, 주체성이란 불안정한 것이고, 문화적 정체성은 신화라는 사실은 오늘날 신념의 문제가 되었다.

2) 정체성과 민족사

> 새로운 시대는 '지역적'이면서 동시에 '세계적'인 차원으로 나아간 듯 보인다. 그리고 민족성의 문제는, 모든 사람은 어떤 공간에서 유래하며 (비록 그것이 '상상의 공동체'에 불과한 것일지라도) 우리 모두 동일시와 소속감이라는 감각이 필요하다는 사실을 환기시킨다. 정체성과 동일시의 그러한 계기(물론 그것을 영원하고 고정적이며 본질적인 무언가로 간주해서는 안 된다.)를 간과하는 정치학은 새로운 시대를 이끌어나갈 수 없을 것이다.[18]

전지구화는 국민국가 체제의 위기가 될 수 있지만 동시에 '재국민화'의 기회를 제공했다. 세계화의 출현은 역설적이게도 '퇴보적 근대화'의 핵심 특질인 국가적 정체성으로의 방어적인 회귀 즉 민족주의·국가주의를 부추겼다. 한때 광범위한 한 집단에 속해 있던 지역들 내부에서 인종 갈등이 발흥하고, 많은 나라들이 배타적인 민족주의로 회귀했다. 세계화의 도전에 따른 집단 정체성의 위기가 오히려 민족적 정체성의 의미나 그것을 뒷받침하는 이데올로기로서 민족주의를 강화했기 때문이다.[19] 즉 세계화는 국가의 권위를 해소하거나 주권과 민족성의 정의를 변화시킬지 모르지만 동시에 정체성의 중요성을 강화시켰다.

자기 정체성과 이타성이라는 대립되면서도 보완적인 원리들을 중심으로 한 담론인 역사의 영역에서도 민족사의 부흥이 이루어지고 있다. 역사의 담론은 우리와 타자들, 선과 악, 정의와 불의 등의 대립으로 이루어진 무궁한 게임을 토대로 구조화된다. 각 사회집단은 자신과 타인의 표상이나 이미지를 생산하고 전유함으로써 자기 자신과 타인의 정체성을 규정한다. 그런데 타자에 대한 인식은 간접적이며, 사람들은 다른 사람들의 행동과 표현으로부터 그들의 의도와 목적에 관한 지식을 추리한다. 우리가 지각하는 것은 타자의 이미지이고, 이 이미지는 현실과 허구의 성격을 동시에 띠고 있다. 구체적 세계로부터 상상력의 세계로 옮겨가면서 타자는 단순화와 확장의 작용을 겪으며, 극단적인 경우에는 풍자와 상징에 이르게 된다. 타자의 평범성은 구별을 만드는데 아무 소용이 없기 때문에 거부된다.[20]

그러나 '자아'(즉 '우리'로 정의되는 것)는 실제로는 존재하지 않는다. 단일의 정체성, 즉 동질의 '자아'를 형성하기 위한 유일한 방법은 외적인 '타자'를 만들어내는 것이다. 다시 말하면 동질의 '자아'가 없었기 때문에 그것과 차별화할 수 있는 '자아'를 정의하는 편이 더 쉬웠다. '자아'는 종종 옳고 긍정적인 모든 것을 상징한 반면, '타자'는 그것에 해악을 끼치거나 바람직하지 않은 부정적인 것을 함축했다.[21]

근대 유럽을 창설한 원리인 민족주의는 백인 문명 내부에 이타성의 체계를 극화시키는데 기여했다. 각자는 자기 민족을 이상화하고, 이웃 민족의 모습을 희화거리로 만들기 위해 최선을 다했다. 19세기 유럽 문학을 줄기차게 따라다니는 신기한 인물은 외국인이다. 그의 명백한 이타성은 이야기하는 사람의 정체성을 견고하게 만들었고, 그리하여 민족적 실체들 사이의 간격을 부각시켰다. 민족과 국가의 신화가 역사적·정치적 상상력의 세계를 점령하면서, 민족주의는 역사 기술과 역사의식을 강력하고 지속적으로 지배하게 되었다. 미슐레에게 프랑스는 예정된 운명에 의해 민족들의 선두에 서 있었다. 같은 시대에 이탈리아 애국자 빈센초 조베르티는 『이탈리아 민족의 도덕적 · 시민적 우월성에 대하여』(1843년)라는 책을 출간했다. 그는 여기서 유럽이 세계의 중심이고, 이탈리아는 유럽의 중심이라고 강변했다.[22] 정체성 형성은 유럽을 제국주의로 이끈 주요한 요소였으며, 제국적 담론의 바탕에 깔린 것은 인종적 정체성의 발생이었다.[23]

> 현대의 사유는 타자 안에서 자기를 구하는 것이다. 유럽은 이국적인 것에서 자기를 구한다 – 아시아에서, 중동에서, 문자사용 이전의 종족 가운데에서, 신화 속의 아메리카 대륙에서 … 의식은 무의식에서 그 의미를 구한다.… '타자'는 '자기'의 가혹한 정화 과정으로 경험된다. 그러나 이와 동시에 '자기'는 모든 낯선 경험 영역을 식민지로 삼는 데 분망하다.… 현대의 감수성은 겉보기에는 양립하지 않는 듯하나 실제로는 연관된 두 개의 충동, 말하자면 이국적인 것, 낯선 것, 타자에 항복하려는 욕구와 주로 과학을 통해서 이국적인 것을 길들이려는 욕구 사이에서 오락가락하고 있다.[24]

오늘날 잃었거나 억압되었던 정체성의 회복은 중대한 관심사이다. 역사에서 배제되거나 낙후하다고 낙인찍힌 사람들 즉 '역사 없는 민족들'은 과거 다시 쓰기를 통해 역사를 복원하려 한다. 서구역사기술의 왜곡으로부터 토착적 과거를 구제함으로써 토착적인 정체성을 회복하겠다는 것이다. 그것은 문화민족주의, 종족주의, 토착주의가 문화정치의 기표로서 전 지구적으로 등장한 것과 궤를 같이 한다. 그들은 식민주의와 문화적 방향 상실을 견뎌낸 토착적 주체성을 역설한다. '원시주의'로 그려졌던 토착적 삶에 '참여' 민주주의, 다신론, 집단생산 등의 특성들을 회복시킨다. 모든 과거와의 연계 상실로서 근대성을 경험한 제3세계는 종종 자신들의 전통이 발전을 지연시킨 원인이었다고 지목하지만, 동시에 전통과 역사를 신화와 문화적 가공물의 저장소로 이용한다. 신화와 의례가 사람들로 하여금 만들어진 '공식 기억'을 믿도록 하는데 의도적으로 사용되고, 그러한 집단적 기억행위는 국민 정체성을 형성하기 위한 '전략'으로 기능한다.[25]

태평양 연안의 민족들은 아예 식민화에 대한 기억을 지움으로써 자신들의 희생을 잊으려 한다. 인도는 과거에서 남성성이나 민족의식을 발견하려 하거나, 힌두주의를 서구의 문화적 침탈에 대한 해독제로 옹호하고 '힌두교의 황금시대'를 '근대 서구의 고대 버전'으로 만들고자 했다. 인도의 역사서술에서 민족은 단일한 자아와 의지를 갖고 있고 자율성과 독립성을 지닌 하나의 통일적인 역사 주체 또는 하나의 불가분한 총체로서 표상된다. 마오쩌뚱은 "우리 민족처럼 수천 년의 역사를 가진 위대한 민족은 자체의 발전법칙들, 자체의 민족적 특성들 그리고 자체의 귀중한 것들을 갖고 있다.… 오늘날 중국은 역사적 중국에서 발전한 것이다."라고 강변한 바 있다.[26]

> 세계의 각 민족이 역사 속에서 자신의 주체성을 찾기 시작했다. 세계사의 담장 밖에 놓여진 민족도 자신의 매몰된 역사를 찾아 내 자신의 역사를 만들어 낸다. 지금 아프리카에서는 유럽의 연대학과는 다른 고유의 시대구분이 만들어지고 있다. 각 집단이나 국민의 총괄적인 비전은 타자의 표상과 자기 자신의 표상의 기원이다.[27]

물론 민족은 하나의 역사적 동력으로 작용해왔으며 계속해서 그럴 것이다. '민족의식'이라는 것이 과거를 재구성하여 근대에 만들어진 의식이라 하더라도, 민족주의가 비서구 사회에서 담당해 온 계몽적 역할의 측면을 간과할 수 없다. 따라서 지배/피지배 민족을 구분 없이 동질적 집단으로 본질화하여 민족주의를 비판하는 오류는 잘못이며, 상이한 종류의 민족주의를 구별할 필요가 있다. 무엇보다 근대 역사서술의 근본 범주였던 민족과 계급을 포기한 역사서술이 최악의 경우

보수적 행보를 위해 전유되는 것에 대한 비판은 유의미하다. 소위 포스트모던 역사인식이 역사에서 계급문제들에 대한 망각과 함께 민족과 혁명을 지우거나 최소한 불신케 하는데 공헌했다는 점, 그리고 혁명적 과거에 대한 태도가 '사회변혁과 해방의 힘으로서의 혁명'에서 '퇴보, 억압, 테러의 생산자로서의 혁명'으로 전환한 것은 분명 혁명이 '잊혀지는' 방식의 함의를 묻게 한다.[28]

그럼에도 불구하고 토착적 과거들을 다시 쓰는 것이 과거를 민족주의적으로 전유하는 것이 될 수 있으며 식민주의와 오리엔탈리즘의 전제들을 반복할 수 있다는 경고는 유효하다. 과거에 대한 민족주의적 가치 부여는 진실의 왜곡에 근접해 있기 때문이다. 민족감정이 역사적 정당화를 불러일으키는 것이지 그 반대가 아니다. 영토와 전사자들에 대한 봉헌으로서의 가장 국수주의적인 역사서술조차 별 대가를 치르지 않고서도 객관적인 양 할 수 있다.[29] 한 국가나 사회에 소속되어 있다는 의식이 과잉될 때 역사는 각 민족의 전통이자 자의식에 지나지 않게 되며, 특히 분노와 열등감을 없애기 위해 잃어버린 과거를 되살리고자 한다면 이는 과거에 대한 집착이자 자기방어가 되기 쉽다.[30] 그것은 때로 우월한 서구와의 동일시를 희구하며 서구의 피해자인 다른 동양을 '타자화'하는 역사해석을 초래한다. 아프리카, 아메리카 혹은 아시아의 다른 나라를 타자로 만드는 것은 서구의 논리를 답습하는 복제 오리엔탈리즘이다.[31]

또한 민족과 국가를 구분하지 않는 전승은 혈통사상에 빠져 있기 쉽다. 민족은 순수한 혈통이 아니라 삶의 가치의 공유에 근거한다. 그럼에도 불구하고 민족은 시조가 되는 영웅들, 건국자 등을 민족 통일을 신화적으로 대표하는 사람으로 간주한다. 하지만 고대의 다양성 혹은 통일성에 관한 모든 지식은 단편적이고 신화적이다. 더욱이 국가가 어떤 하나의 전체적인 민족성과 동질적으로 일치되기란 쉽지 않다. 일반적으로는 어떤 한 지배적인 구성성분과, 어떤 한 특수한 지역과, 어떤 한 특수한 부족과, 어떤 한 특수한 사회적 계층과 일치될 뿐이다.[32]

앤더슨(Benedict Anderson)은 국가처럼 상상된 공동체를 건설하는 '민족주의 문화'의 뿌리를 무의식적 또는 반(半)의식적 태도에서 찾았다. 그리고 집단적 상상력 또는 사람들이 함께 나누는 상(像)이 갖는 힘을 강조한다. 홉스봄(Eric Hobsbawm)은 『전통의 발명』에서 "종종 오래된 것처럼 보이거나 오래되었다고 주장하는 전통의 기원은 최근에 있으며 때로는 만들어졌다"고 지적한다. 전통의 창조는 '현재'의 필요를 위해 과거의 이미지를 만들어 낸 것이다. 19세기 말과 20세기 초 유럽에서 전통들이 만들어진 이유는, 엘리트들이 스스로를 대중과 연대시키기 위해 의례나 레토릭 그리고 상징물을 필요로 했기 때문이다. 그들은 초등교육 의무제로 자국의 역사와 국민적 전통을 아동들에게 주입시켰고, 국기, 국가, 국경일을 제정하고 공공기념물을 대량 생산했다. 그리고 자국의 역사를 세계사와 따로 가르치고 그것에 많은 부분을 할애하는 민족주의 교육을 실시했다.[33]

그러나 포스트모던 역사인식 등의 영향으로 '국가로부터 역사를 구출해내려는' 노력이 경주되면서 '민족'이란 구성주의의 사례쯤으로 간주되기도 한다. 민족은 프로이트의 말로 하자면 일종의 '사소한 차이의 나르시시즘'을 예증한다. 그 요체란 "비슷한 사람들 사이에서 소외나 적대감의 근거를 만드는 것은 바로 그들 사이의 사소한 차이"라는 것이다. 피에르 부르디외의 말로 하면 민족의식은 '구별 짓기'를 추구하는 것에 다름 아니다.[34] 프란츠 파농(Franz Fanon)의 다음과 같은 결의는 과거에서 존재이유를 찾고 역사를 전유하는 추세에 경종을

울려준다.

> "나는 결코 유색 인종의 과거에서 나의 존재 이유를 끌어오지는 말아야 한다. 나는 결코 부당하게 그 권위를 인정받고 있는 검둥이 문화를 부활시키는 데 나 자신을 바치지는 말아야 한다. 나는 결코 나 자신을 과거의 인간으로 만들지 않을 것이다. 나는 나의 현재와 미래를 희생시킨 채 과거를 찬양하지는 않을 것이다.… 내가 목표하는 바는… 진정한 갈등의 원인에 직면하여, 다시 말해 사회 구조에 대응하여 무언가의 행동을 취하는 위치에 자신을 세우는 것이다.… 검둥이는 착취와 궁핍과 기아에 대한 전쟁의 형태가 아니고서는 달리 그의 삶의 형태를 생각할 수 없기 때문이다." –파농, 『검은 피부, 하얀 가면』 중에서 –[35]

3) 역사교과서

역사교육은 일종의 '기억'의 장치이다. 따라서 역사학이 학교교육에 갇혀있을수록, 다양하고 흥미로운 기억을 희구하는 대중의 과거에 대한 관심은 더 커진다. 과거를 표현하고 재현하는 사업의 성장이 너무 두드러져 그것을 유산산업(heritage industry)이라고 부를 정도이다. 미국 역사가 크리스토퍼 래쉬(Christopher Lasch)는 방송 다큐멘터리, 역사 드라마, 박물관, 기념물, 기념관 등의 번성을 '나르시시즘 문화'라고 명명하며, 우리에게 '기억하려는 역사와 망각하고 싶은 역사'가 있다고 지적한다.[36] 사실 기억하기와 망각하기는 단지 같은 과정의 일부이다. 망각한다는 것은 결국 다르게 기억한다는 것이다. 그런데 기억이나 망각 모두 온전히 순수한 것은 아니고, 그것이 형성하는 역사인식 또한 순수하지 않다.

세계 여러 나라에서 출간된 역사 교과서들을 훑어보면 그것은 더욱 분명해진다. 과거를 통제하려면 역사에 무엇을 포함하고 생략할 것인가, 어떤 역사를 강조할 것인가, 곧 선택과 생략의 문제가 중요해진다.

'제도화된' 역사는 교육을 통해 교과서를 통해 군림하며, 민족적 정체성의 확립을 목표로 한다. 마르크 페로는 교과서라는 차원에서 역사 자체가 굴절되는 것을 비판하면서, 유럽뿐만 아니라 제3세계에 이르기까지 역사 교과서가 권력의 감시 하에 놓여 있음을 지적한다. 학교 교과서의 저자들은 역사를 '이데올로기화'한다는 것이다. 자민족 중심주의는 유럽뿐 아니라 모든 나라에서 다 등장한다. 정복자도 피정복자도 자신의 신념 혹은 조국의 이름으로 모두 자신을 세계 중심에 둔다.[37]

프랑스 교과서는 샤를마뉴의 이름을 자주 언급하면서, 게르만인의 신성로마제국이나 독일의 낭만주의 운동에 대해 거의 이야기 하지 않는다. 스페인은 아메리카 대륙에서 코르테스와 전도사들의 인내력과 희생정신을 찬양하고, 인디언의 절멸이나 노예 매매에 대해서는 언급을 회피한다.[38] 인도나 블랙 아프리카에서는 '진보'의 신화가 뒤엎어지고, 유럽인들이 오기 이전의 평온함이 찬미된다. 아프리카 교과서는 풍요로운 교역의 중심지였던 강성한 제국인 가나왕국의 번성과 발전을, 기근과 전염병에 시달리던 생산성 낮은 당시 유럽과 비교하여 서술한다. 인도는 캄보디아, 자바, 수마트라를 힘에 의해 정복했음에도, 그들 지역의 인도화는 언제나 사람들이 자발적으로 인도의 생활양식이나 풍속에 호감을 갖고 따른 결과였다고 설명한다. 또한 인도 역사에 있어서 이슬람교도의 시점은 어디에도 나타나지 않으며, 여러 민족 간의 분쟁도 은폐된다. 이슬람교도와 힌두 교도의 분쟁이나 카스트 제도 및 그것이 인도 역사에 미친 영향을 은폐한다.[39]

아랍의 역사는 '예언자' 전후의 두 시기로 나뉘고, 지리는 이슬람 제국이 '배꼽이며 세계의 중심'이라는 식으로 파악된다. 중국에도 중화사상에 의한 같은 견해가 있지만, 이슬람(아랍) 역사에서 이 사상은 더 노골적으로 표명된다. 이란은 최초의 위대한 제국을 만들어낸 자로서 뿐만 아니라 최초의 위대한 종교의 창시자로서 자신들의 위치를 확고히 한다. 터키는 아랍인을 지배하고 기독교세계를 위협하고 500년에 걸쳐 가장 광대한 제국인 오스만 제국을 만들어냈기 때문에 자존심이 대단하다. 터키의 역사는, 훈족을 예찬하고 아틸라에서 티무르까지의 유목민제국의 문명을 찬양하는 유일한 것이다. 훈족의 팽창은 많은 손해를 끼친 회오리바람으로 소개되지 않고, 유럽 · 아시아 사회의 형성에 참여한 것으로 나타난다. 이것은 최초의 터키 민족인 훈족에 대한 유럽 · 페르시아 · 중국의 전통적인 시각을 완전히 역전시키는 견해다.[40] 베트남의 교과서는 '베트남인이 식민지 지배와 전쟁으로 야기된 굴욕과 비극을 주체적인 노력으로 어떻게 극복했는가' 하는 민족해방투쟁의 역사를 주로 기술한다.[41]

한국사 교과서 역시 지나치게 민족주의 사관으로 일관되어 있다고 소위 '진보적'이라는 일본학자들까지 비판한다. 일본 고대문화는 한국의 삼국문화의 시혜를 입은 것으로 기술하고 중국에서 문화를 전달받은 사실에 대해서는 '자율적 수용론'을 취하고 있는데, 그것은 자국의 문화적 자립성을 강조하려는 의도라는 것이다. 일본의 교과서도 마찬가지다. 청일전쟁 후의 시모노세키조약에서 조선의 독립을 인정하라고 일본이 청에게 요구한 부분만 기술함으로써, 마치 일본이 조선의 독립을 도운 것 같은 인상을 준다. 하지만 일본은 조선을 식민지로 삼기 위해서 중국과 조선의 관계를 끊으려 한 것인데, 그러한 내용을 빼버린 결과이다.[42]

특히 지배와 식민의 역사를 공유한 국가들의 교과서 서술은 극적인 대조를 보여준다. 프랑스 교과서들은 '친밀한 타자'인 알제리를 식민통치했던 역사를 주변적 일화로 회피하는 반면, 알제리 역사교과서는 식민지 과거 특히 민족해방투쟁의 역사에 매우 큰 비중을 부여하고 정치적 정당성을 확보하기 위한 수단으로 사용한다. 심지어 학생들을 혁명과업으로 부추기고 죄의식과 감성에 호소하기도 한다. 역사를 교훈을 얻기 위한 원천, 의무를 발생시키는 원천으로 바라보는 이러한 방식은 역사에 대한 '기억의 의무'를 넘어 '기억의 남용'이라 할 만 하다. 이처럼 프랑스 교과서는 '기억의 상실과 부인'을, 알제리 교과서는 '역사를 위한 투쟁과 억압된 것의 회복'을 지향한다.[43] 영국의 교과서에서 20세기 전반의 인도는 잃어버린 고리이자 잊고 싶은 시간이지만, 인도의 교과서는 인도의 민족운동을 식민지배에서 인도 민중을 구출하고 독립시킨 해방투쟁으로 서술한다.[44]

물론 교과서는 교과서일 뿐이다. 교과서는 실제 현장에서 이루어지는 역사 교육 전체를 대변할 수는 없다. 하지만 이처럼 역사 교과서에 극명히 드러나는 역사의 전유와 충돌은 역사를 존재로서가 아니라 철저하게 인식활동으로 볼 것을 요청한다. 그리고 역사적 사실의 인과관계를 설명하는 것뿐만 아니라 역사에 의미를 부여하는 해석 행위에도 문제를 제기한다. 수전 손택(Susan Sontag)은 문학 작품을 비롯한 예술에 가해지는 해석을 규정적인 어휘를 휘두르는 '잔인한 호전행위'로 정의한 바 있는데, 역사가들의 임무도 "과거 속에 있는 것 이상의 내용을 더 이상 짜내지 않는 것, 내용을 쳐내서 조금이라도 실체를 보는 것"이 되어야 할 것 같다.[45]

> 해석은 지식인이 세계에 가하는 복수다. 해석한다는 것은 '의미'라는 그림자 세계를 세우기 위해 세계를 무력화시키고 고갈시키는 짓이다. 우리가 가진 것을 있는 그대로 경험할 수 없게 한다.[46]

3. 세계사 서술 비판

전지구화 시대, 글로벌 시대에 확실히 역사와 기억이 번성하고 있다. 세계화는 민족적 정체성의 의미를 오히려 강화시켰고 민족사와 민족주의를 부흥시켰다. 억압되었던 정체성을 회복하려는 노력은 과거를 민족주의적으로 전유하는 양상으로 전개되었다. 기억의 장치인 역사교육과 역사교과서는 굴절된 역사, '제도화된' 역사를 재생산함으로써 그에 기여한다. 민족정체성의 확립을 목표로 하는 역사교육과 유산산업의 현장에서 전지구적 역사, 글로벌 역사가 설 땅은 좁아 보인다. 그러나 각 민족과 국가가 자국사를 신화화하고 전통을 예찬하는 시점이야 말로 자기 정체성을 상대화하는 세계사의 위상을 새롭게 정립할 때이다. 인간과 문명의 다양성과 복합성을 은폐하거나 배제하지 않는 글로벌 역사가 절실히 요청되고 있다.

무엇보다 최근의 역사 연구는 과거 유럽중심의 시각에 중대한 도전을 하고 있다. 유럽의 독특한 역사 전개를 기준으로 하는 고대, 중세, 근대의 삼분법적 시대 구분은 폐기되었다. 유럽이 16세기에 세계체제를 형성하며 세계사의 주도세력으로 등장했다는 가설도 비판에 직면했다. 아부-루고드(Janet Abu-Lugod)는 세계체제가 이미 13세기에 존재했으며, 당시 유럽은 중동 및 중국에 비해 주변적 위치를 차지하고 있었음을 밝혔다.[47] 포메란츠(Kenneth Pomeranz)도 세계경제의 발전 과정에서 비유럽인들이 중요한 역할을 했다고 주장한다.[48] 그리스인의 합리성으로부터 르네상스를 거쳐 17세기의 과학혁명, 18세기의 시민혁명, 19세기의 산업혁명을 직선으로 설정해 온 유럽 중심의 세계사는 대단히 선택적인 역사적 상상의 산물로 간주된다. 슈말레(Wolfgang Schmale)는 그리스-로마 문화와 기독교적 뿌리는 단지 유럽을 구성하는 부분적인 요소에 지나지 않음을 지적한다. 북부유럽에 그리스-로마 문화가 유입된 것은 19세기에 이르러서였고, 예수 탄생 이후 천년이 흐른 뒤에야 비로소 유럽 대륙은 기독교화 되었음을 상기시킨다.[49] 반면에 서구 문명 형성에 미친 아시아와 아프리카의 영향이 부각되고, '아프로-아시아 시대'에 세계의 다리와 경제를 구축한 중국, 이슬람, 아프리카의 선구자들이 재평가되고 있다.

다음은 이러한 역사학계의 축적된 연구 성과를 토대로 세계사의 기존 가설들을 비판적으로 검토한 것이다.

1) 세계사의 중추로서의 아프로-유라시아 역사

마셜 호지슨(Marshall Hodgson)은 농경이 시작된 이래 산업혁명 때까지 계속 성장하면서 지역을 초월하여 연결되었던 '아프로-유라시아 역사복합체'를 오이쿠메네(oikoumene)라는 용어로 정의한바 있다.[50] 대서양에서 태평양까지 뻗어 있는 아프로-유라시아 지역은 유럽, 서아시아, 인도, 동아시아로 나뉘었으며, 이 지역들은 기원전 1000년경부터 서기 1800년까지 각각 3000년 이상 지속적인 문화 발전을 이루었다. 그 사이 거대 문명들이 다양하고 개방적인 조건 속에서 나타났지만 뚜렷한 경계선을 긋는 것은 아니었다. 그들 초민족 사회들은 두 대양 사이에서 지리적 경계가 없는 역사적 삶의 연속 스펙트럼 위에 존재하는 것이었기 때문이다. 아프로-유라시아 복합체는 지역 간 교류의 장이었고, 아프로-유라시아 역사는 진정한 세계사에 가까웠다.[51]

서유럽은 이 거대한 아프로-유라시아 역사복합체 안에서 계속 변방에 위치했고 후진적이었다. 호지슨은 십자군이 끝날 때쯤 처음으로 라틴인들이 아랍인들과 대체로 비슷한 수준이 되었다고 했지만, 아부

-루고드는 1250~1350년 사이의 세계체제에서도 유럽은 주변적 지위에 있었다고 보았다. 유럽은 다른 지역의 문화 중심지에 종속된 관계를 유지했고, 문화 수용의 흐름도 상당히 일방적이었다. 중국, 인도, 중동, 그리고 동지중해로부터 서구로의 문화 흐름이었고, 그 반대방향으로의 흐름은 거의 없었다. 세계사적 관점에서 봤을 때 서구의 19세기 대변동은 아프로-유라시아 전체에서 1000년 이상 진행되었던 문화적 변화과정들이 축적되어 일어난 것이다. 소위 '근대성'이라는 것도 유럽 내부의 경험단계들로 축소되는 단순히 '서구적'인 것이 아니며 각 지역문화의 지속성과 병행된 전 세계적 사건으로 보아야 한다.[52]

홉슨(John M. Hobson)은 특히 650년부터 1000년까지 세계적 응집력의 주도권을 쥐었던 아프리카에 주목한다. 당시 이슬람이 조밀한 상업 무역망을 구축하고 중국에서 지중해에 이르는 대륙횡단 무역로에서 활동할 때, 동남아프리카는 이미 무슬림 이전에 폴리네시아와 같은 극동까지 정기적인 무역을 행했다. 아프리카 내의 무역로도 이슬람교도가 도착하기 훨씬 이전에 형성되었다. 11세기 쿠시왕국의 수도는 '중앙아프리카의 버밍햄'으로 불렸고 최대규모의 철광을 보유하여 인도에 철을 수출했다. 이븐 바투타는 탄자니아의 킬와를 중요화물의 집산지로 묘사하고 '가장 아름답고 잘 지어진 도시 중 하나'라고 기록한 바 있다.[53]

그러므로 아프로-유라시아 세계사를 동양과 서양으로 나누고, 동과 서가 세계문명의 상호보완적인 반쪽인 듯이 말하는 것은 잘못이다. 동과 서를 대등하게 보는 것은 단순히 서구문화가 다른 모든 것의 총합과 동등하다는 것을 암시할 뿐만 아니라, 비유럽인들이 전혀 서로 같지 않다는 중요한 사실을 무시하는 것이다. 서구와 비서구를 이분법적으로 생각하는 것도 똑같이 불합리하다. 비서구를 '동방'이나 '동양'

으로 부르는 대신 인도, 서아시아, 아프리카, 중국 등으로 지칭하는 것이 바람직하다.[54]

2) 아시아의 중심역할

세계사적 관점에서 보면 문명의 역사는 아시아중심적일 수밖에 없다. 중국에서 서유럽에 이르는 아프로-유라시아의 땅 전체에 걸쳐 농경에 기반을 두고 도시를 발전시킨 사회들을 연결한 띠 모양의 지역 대부분이 아시아에 속했다. 동아시아, 동남아시아, 남아시아, 서아시아의 여러 지역은 지난 2천여 년 동안 아프리카와 유럽을 변방에 두고 문물의 교류와 접촉을 주도했다. 서유럽이 아프로-유라시아의 다른 주요문명들의 문화적 수준에 도달한 것은 극히 최근인 200여 년 전의 일이다.

호지슨은 특히 이슬람 사회를 가장 크게 성공한 공동체였다고 평가했다. 17세기에 이르기까지 이슬람권 사회는 아프로-유라시아 반구에서 가장 광대한 사회였고 따라서 다른 사회들에게 가장 영향력 있는 사회였다는 것이다. 그것은 이란-셈계 문화의 세계 시민적이고 평등주의적인 경향들을 제도화하고 그 문화적 압력을 효과적으로 표현했기 때문으로 본다.[55]

이슬람은 서유럽이 자신을 정의하는 척도가 되었던, 훨씬 더 부유하고 더 성공적인 타자였다. 서유럽의 중세와 구별되는 이슬람의 '중간시기'(the Middle Periods, 945년~16세기)는 이슬람 문명의 절정기였다.[56] 유럽인들에게 오리엔트는 경이와 부의 땅이었고, 그들은 자신들의 열등함을 의식하고 있었다. 이슬람은 중세 유럽에 문화적 우위를 지키며 영향을 끼쳤다. 이슬람 세계의 우위는 경작지 확대와 농업 생산 증가를 가져 온 농업혁명 및 상업의 우세에서 기인했다. 당대 최대

도시인 바그다드와 코르도바를 중심으로 부유한 도시망을 창출하고 '직물의 문명'(이베리아 반도의 양모 생산 증대, 지중해 세계에 목화 도입, 비단 확산)을 이룩했다. 이슬람은 인도에서 이베리아 반도에 이르는 광대한 지역으로 확산되었고 사람과 이념의 자유로운 소통을 이끌었다.[57]

특히 1400년~1800년의 아시아(중국, 인도, 동남아시아, 서아시아)는 유럽보다 세계 경제에서 우위에 있었을 뿐 아니라, 아시아 경제는 유럽경제보다 더 유연하고 생산성이 높았다. 인도양의 원격지 무역에서는 상업자본주의의 수단인 환어음, 이서, 할인, 증권거래, 은행 등의 무역법칙이 시행되고 있었다. 유럽은 중국의 비단과 도자기, 인도의 면제품, 동남아의 향료, 중동의 유리와 설탕 같은 고부가가치 수출상품이 없었고, 유럽의 조잡한 제조품은 아시아 시장에서 환영받지 못했으므로 만성적인 무역적자에 시달려야 했다. 아시아 여러 지역이 세계 경제에서 차지하는 비중은 유럽 전체를 합친 것보다 훨씬 컸다. 아시아는 적어도 1750년까지 인구, 생산, 무역, 소비의 모든 항목에서 유럽보다 성장세가 빨랐고 또 우위를 지켜나갔다. 그러므로 16세기의 포르투갈, 17세기의 네덜란드, 18세기의 영국이 세계무역을 지배했다는 것은 잘못된 가설이며, 어느 나라도 패권을 잡지 못했다. 당시의 최강군주는 루이 14세, 표트르 대제가 아니라 청조의 강희제(1662~1722), 오스만 제국의 메흐메드 4세(1648~1687), 무굴제국의 아우랑제브(1658~1707)였다.[58]

3) 유럽흥기 시점의 수정

유럽은 흔히 1500년을 기점으로 세계사의 주도 세력으로 등장했다고 기술된다.[59] 르네상스, 종교개혁, 신항로 개척과 함께 유럽이 근대를 열었다는 전통 가설은 월러스틴(Immanuel Wallerstein)의 세계체제론에 의해 더욱 강화되었다. 세계체제가 콜럼버스의 신대륙 발견과 함께 시작되었고, 그 후의 세계사는 유럽이 스스로를 확대하여 나머지 세계를 자신의 체제 안으로 포섭하는 과정이었다는 것이다. 신항로 개척은 서로 분리되어 있던 유럽·아시아·아메리카를 밀접한 관계로 연결시킴으로써 "진정한 의미의 세계사"가 시작되는 출발점이었고, 따라서 세계사상에서 하나의 획을 긋는 중요한 전환점이었다고 평가받는다.

> 근대(성)는 16세기 이래 유럽에서 시작되어 유럽의 탐험과 식민지화 과정에 따라 지구 전체로 영향력을 확장시켰다. 신세계 발견, 르네상스, 종교개혁은 (중세적인) 전근대 사회나 문화와 구별되는 근대성의 토대를 이루었다. 이러한 근대성은 그 후 서구중심주의나 서구 우월 사상의 근거가 되었고 서구 식민담론 출현의 모태가 되었다.[60]

그러나 1500년은 세계사의 시기를 구분하는 결정적 지점으로 보기 어렵다. 페어뱅크(J. K. Fairbank)에 의하면 세계 역사상 최초로 8~13세기에 동아시아에서 아프리카에 이르는 '대양 통상 시대'가 열려 있었다. 북아프리카에서 동남아에 이르는 세계시장은 이슬람제국의 흥기, 중국의 경제성장과 조선술 및 항해술의 발전에 의한 것이었다.[61] 또한 아부-루고드는 13세기 후반에 구세계(아시아, 유럽, 아프리카) 지역들 사이에 경제적 통합과 문화적 접촉으로 연결된 세계체제가 등장했다고 주장한다. 13세기의 세계경제는 단일한 패권 세력이 없었고 유럽은 하나의 주변세력이었다는 것이다.[62]

호지슨은 서구의 도약이 1600년과 1800년 사이에 일어났다고 보았다. 그는 서구 흥기가필연적인 것이 아니었으며 서구문명이 독창적인 것도 아니었다고 덧붙였다. 안드레 군더 프랑크(Andre G. Frank)는 유럽이 1800년에 이르러서야 비로소 세계에서 우위를 점할 수 있었다고 보았다. 신항로개척은 아시아와 아프리카에 걸쳐 이미 형성되어 있던 세계시장에 유럽인들이 뒤늦게 뛰어든 것에 불과하다는 것이다. 홉슨 역시 1800년 이전 유럽의 어느 국가도 세계경제의 주역이 아니었다고 주장한다. 18세기 중국 농업은 유럽의 농업보다 훨씬 앞서 있었고, 생산적인 농업을 기반으로 상업적이며 국제무역에 의존하는 경제를 구축했다고 평가했다.[63]

더구나 포르투갈인들이 15세기 말에 인도에 이르는 항로를 찾은 것은 결코 "발견"이라고 할 수 없다. 왜냐 하면 아랍의 항해 교범들은 오래 전부터 그 해역을 해도에 표시했으며, 아랍/페르시아 항해자들은 포르투갈인들에 앞서 아프리카 일주가 이루어졌음을 보여주는 해안선을 교범에 자세히 묘사했기 때문이다.[64] 바스코 다 가마보다 20~50년 앞서서 이슬람의 항해자 아마드 이븐 마지드가 희망봉을 돌아서 서아프리카 해안을 거슬러 올라가 지브롤터 해협을 통과하여 지중해로 진입했다는 기록도 있다. 아랍·페르시아 선원들, 인도인, 중국인들은 1420년경에 희망봉을 경유하여 대서양에 도착했다. 즉 콜럼버스와 바스코 다가마는 아프로-아시아인에게 '발견의 시대'의 선두를 빼앗긴 것이다. 유럽인에 의한 신항로 탐험과 신대륙 발견이라는 역사는 처음부터 과장되고 날조된 것이었다. 포르투갈인의 희망봉 주항과 다가마의 첫 캘리컷 방문은 유럽인에게만 새로운 사실이었다.[65]

신항로 개척을 유럽 패권의 시발점이자 세계사의 전환점으로 보는 시각은, 아메리카 대륙발견이 유럽의 경제발전에 미친 영향을 과대평가한 결과이기도 하다. 하지만 유럽인이 아메리카 대륙에서 가져온 은은 정작 유럽보다는 아시아 많은 지역의 생산을 자극하고 인구성장을 촉진했다. 유럽으로 반입된 아메리카 은의 40퍼센트는 다시 아시아로 유입되었는데, 새로운 화폐는 아시아 물가보다 유럽 물가를 급등시켰고 이는 아시아의 생산 증가세가 새로 유입된 화폐로 유발된 구매력 증대를 따라 잡을 수 있었음을 시사한다.[66]

4) 그리스문명의 혼혈성, 복합성

유럽 문명이 그리스·로마 문화와 기독교 문화의 총합이라는 인식과 함께 유럽 역사는 아주 독특하고 우월한 기원에서 연원하는 것으로 설명되어 왔다. 그 결과, 7세기 이후 15세기까지 고대 그리스문명의 적자였던 비잔틴제국과 이슬람문명권을 제치고 고대 전통과의 연결고리가 가장 약한 유럽이 그 권리를 독점적으로 주장하게 되었다.

그러나 그리스의 헬레니즘 세계는 오리엔트 즉 소아시아와 이집트 세계에 더 깊은 인연을 가졌다. 더구나 그리스 세계관은 기독교 세계관과 매우 이질적인 것이었다.[67] 조셉 폰타나(Joseph Fontana)는 유럽 '문명'의 기원을 기원전 8000~7000년 전 근동에서 출현한 정교한 문명들에서 찾았다. 그리고 그리스 문화를 동부지중해 문명으로 정의했다. '유럽문명 최초의 요람'이 된 미노아 시대 크레타 문화의 개화는 근동, 아나톨리아(소아시아), 발칸반도의 위대한 문화들이 집결하는 지중해의 한 거점에 위치했던 지리 때문에 가능했다는 것이다.[68] 마틴 버낼(Martin Bernal)은 고대 그리스에 대한 이집트와 페니키아 등 셈계 문화의 영향을 강조하고, 청동기 시대에 그리스가 이집트의 식민지였다고 주장한다.[69] 이처럼 고대 그리스인들은 독특하고 우월한 문명의 '발명자'가 아니라 '혼혈' 문화의 수혜자로 재정의 되고 있다. 그리스 문명은 원래 지중해문명의 일부로서 서아시아나 이집트 문명과 가까운 관계에 있었는데, 근대 유럽이 자기들의 조상으로 고대 그리스를 빼앗았다는 것이다.

고대 그리스사회를 민주적이고 이상적인 사회로 정의해 온 역사서술도 비판의 대상이다. 세계사 교과서는 "아테네의 자유로운 민주주의 정신"을 유럽 문화의 원류로 정의하고, 그리스인들이 민주정치를 확립하고 합리적이며 인간중심적인 문화를 발전시켰다고 높이 평가한다.[70] 그러나 아테네의 민주정치는 그리스 정치사에서 특별한 사례이므로, 아테네의 경우를 근거로 그리스의 '자유정신'을 설명할 수 없다. 더구나 아테네 중심도시 아티카에서 정치참여 권한을 가진 시민은 전체 인구의 10퍼센트에 불과했다. 일반 그리스인들에게 자유는 타인의 자유에 대한 존중과 전혀 무관했다. 정치에 적극 참여하는 자유시민들의 '폴리스'라는 이미지는 하나의 환상에 불과하다. 그것은 노예의 고통, 농민의 소외, 여성의 예속, 그리고 부유한 시민과 가난한 시민간의 차별을 은폐하는 것이며, 아테네의 '민주주의'는 전혀 평등을 지향하지 않았다.[71] 고대 그리스에서 통용되던 법의 지배라는 의미도 집정관의 감독권을 정당화하는 법적인 틀을 말하기 때문에, 개인에 대한 국가의 강제력을 제한한다는 의미의 근대 법의 지배와 다른 의미였다. 최근에는 부패하고 타락한 아테네인들의 모습, 제사에 사람을 희생으로 바치고 인육을 먹었던 크레타인들, 거칠고 야만스럽고 조잡스러운 그리스 종교와 신화의 모습들이 드러나고 있다.[72]

그러므로 그리스와 페르시아의 전쟁을 오리엔트의 전제정치에 대한 그리스의 자유와 민주정의 승리로 기술하는 것은 잘못이다. 사실 페르시아의 입장에서 이 전쟁은 주변부 외곽의 작은 전쟁에 지나지 않았다. 당시 페르시아는 소아시아 지역을 훨씬 더 중시했으며 그 지역의 지배와 통치에 전력의 대부분을 쏟고 있었다. 이제는 페르시아 전쟁을 '동·서민족의 대결'로 서술하는 경우는 드물지만, 페르시아 전쟁을 아시아와 유럽의 대결로 보는 것도 지극히 비역사적인 태도이다. 고대 그리스문명은 유럽의 문명이 아니었고 지중해문명의 일부였다. '페르시아 전쟁'이라는 명칭도 그리스 중심적인 것이며, '그리스-페르시아 전쟁' 혹은 '페르시아의 그리스 침입'이 적절한 명칭이다.[73]

그리스 문명의 이상화는 알렉산드로스의 마케도니아 제국을 '만민평등주의와 세계시민주의'를 실현한 제국으로 평가하는데 이른다. 알렉산드로스가 '야만인'인 아시아인을 포용한 최초의 그리스인이었기 때문에, 그리스인의 제국 건설의 의의를 후대 유럽인의 입장에서 과대평가한 것이다. 하지만 알렉산드로스는 계획적으로 동방을 그리스화할 계획을 갖고 있지 않았고, 세계정복과 개인의 신격화를 통해 오리엔트적 전제주의를 그리스적 전제주의로 대체하고자 했다. 알렉산드로스가 대규모 아시아인을 병력으로 충원한 것은 그리스 동맹군의 이탈에 따른 결과였으며, 행정 및 군대에서 아시아인을 활용한 것은 제국 내의 단결과 화합을 도모하기 위함이었다. 알렉산드로스 정복 이후 근동 세계가 완전히 그리스 문명에 속하게 되었다는 주장이나 헬레니즘 문명이 그리스와 근동 문화의 혼합이라는 주장도 잘못된 것이다. '그리스화'의 영향력은 근동 도시들의 상류층에만 해당되었고, 근동문화와 그리스 문화가 새로운 헬레니즘 문화로 융합된 점은 거의 없었다.[74]

5) '복수(複數)' 르네상스와 전(前)근대성

세계사의 근대는 유럽의 르네상스에서 시작되는 것으로 기술되어 왔다. 그리고 르네상스의 '근대성'을 부각시키기 위해 서로마 제국 멸망 이후 1000년간을 '중세 암흑시대'로 명명했다. 그러나 8세기 르네상스 및 12세기 르네상스와 함께 '장기 중세'의 개념에 유의할 필요가 있다. 샤를마뉴 대제의 그리스 고전 부활·보존·보급 노력은 유럽 문화의 전통을 세우는데 기여했다. 그리스 고전에 대한 체계적인 번역은 8~10세기에 시리아어를 사용한 네스토리우스파 기독교도들이 주역이었다. 또한 1085년 스페인의 알퐁소 6세가 톨레도를 함락한 이후 아랍에서 보존·발전된 그리스 학문이 유럽에 번역·소개되었고 중세 대학의 교과과정으로 자리 잡았다. 중세의 '르네상스'라는 말은 혁신의 의미가 아닌 '과거의 회복'이라는 의미였다.[75]

그러므로 르네상스는 중세와의 단절이 아닌 연속에 더 가깝다. 르네상스는 고대를 찬미한 '중세문화의 마지막 만개현상'으로 볼 수 있으며, 중세문화의 황금기인 르네상스는 8세기, 12세기, 14~16세기에 걸쳐 수차례 일어났다. 따라서 르네상스는 중세와 대립적 이기는커녕 중세의 가장 큰 특징으로 자리 잡는다. 그 문화의 특징은 합리주의와 신비주의, 믿음과 회의주의가 혼재된 다양성을 보여준다. 중세의 '음울함'과 르네상스의 '근대적 찬란함'을 대조시키는 이미지는 19세기에 만들어낸 것이다.[76]

르네상스로부터 소위 '근대'가 시작된 것도 아니다. 르네상스는 단지 유럽을 아프로-유라시아의 다른 문명들의 수준으로 올려놓았을 뿐이다.[77] 세계사 교과서는 부르크하르트(Jacob C. Burckhardt)의 주장을 따라 르네상스의 '근대성'을 개인의 발견, 세계와 인간의 발견, 세속적 가치로의 전환으로 정의한다. 그러나 부르크하르트는 개인과 개인주의 혹은 개인의 자의식에 대한 증거를 충분히 제시하지 못했다. '인간의 존엄'에 관한 표현이 르네상스 시대에 일반적으로 강조된 것은 아니다. 인문주의도 결코 세속적인 지향을 가진 것은 아니고 인문주의자들은 거의 모두 종교적인 가치에 의해 행동했다. 그들은 기독교적 원리를 부정하지 않았고 인간이 신의 특별한 사랑을 받고 있다고 생각했다. 종교적 요소의 세속화 경향과 세속적인 것의 종교화 경향은 함께 나타났으며, 비기독교적이거나 탈기독교적 풍조는 아니었다. 중세 스콜라 철학과 아리스토텔레스적 우주관도 상당 부분 17세기까지 유지되었다. 따라서 인문주의가 중세철학에 근본적인 변화를 가져왔다고는 할 수 없다. 가치의 세속화나 합리화도 제한적이었다. 출생과 가계는 여전히 중요했고 신분제도에 예속되어 있었다.[78]

6) 혁명들의 신화: 과학혁명, 시민혁명, 산업혁명

르네상스 이후 유럽의 근대는 17세기 과학혁명, 18세기 시민혁명, 19세기 산업혁명으로 이어졌다고 기술된다. 그리고 그러한 혁명들은 곧 유럽을 세계의 가장 선구적인 지역으로 자리 잡게 했다고 평가받았다. 그러나 유럽이 1500년부터 다른 지역보다 '기술적 우위'를 점했다는 것은 근거 없는 통설이며, 17세기의 '과학혁명'은 존재하지 않았다는 주장이 일찍이 제기된 바 있다. 중국, 인도, 이슬람의 과학기술 발전 및 응용(천문학, 우주론, 해부학, 면역학, 약학 발달)이 지속적으로 이루어진 반면, 유럽의 과학은 후진적이었다. 베이컨, 데카르트, 뉴턴에 의해 철학과 수학이 발전했지만 그들의 신 중심의 자연관과 기계적 우주인식, 아리스토텔레스주의는 비판의 대상이었다. 또한 17세기의 과학적 사고는 기술 일반에 직접 영향을 미친 바 없고 1세기 뒤에 시작되는 '산업혁명'과는 더욱 무관하다. 기계기술과 그 발명은 과학적 훈련을 전혀 받지 않은 개인에 의해 이루어진 경우가 많았다. '17세기 과학혁명론'은 18세기말까지 과학의 일부로 여겨졌던 마술, 점성술, 연금술의 역사를 무시한 것이기도 하다.[79]

또한 세계사 교과서에 청교도혁명이라고 명명된 것은 '내란'이며, '명예혁명'은 영국 역사가들이 1688년의 왕위교체를 미화하여 붙인 이름이다. 이를 시민혁명의 범주로 묶어 미국혁명, 프랑스혁명과 함께 분류하는 것은 잘못이다. 프랑스혁명에 대한 수정주의 해석은 '부르주아 혁명'의 개념조차 문제 삼고 있을 뿐 아니라 프랑스혁명과 자본주의는 별 상관이 없는 것으로 생각한다. 혁명에 대한 계몽사상의 역할도 부분적으로만 인정한다. 결국 프랑스혁명은 주로 왕정을 타파한 공화주의 정치혁명으로만 규정되고 있고, 그 자유주의적 성격 대신 테러리즘과 독재적 요소가 부각된다.[80] 흔히 부르주아 혁명의 전형이라고 말하는 프랑스혁명은 구 계급이 새로운 계급으로 안정적으로 변신하지 못한, 취약하기 그지없는 프랑스 정치 정세의 예외적 현상일 따름이었다는 것이다.[81]

'산업혁명'에 대한 통상적인 주장은 19세기 영국이 면직물 · 철강 · 석탄 산업에서 잇따라 일어난 산업혁명을 통해 비약적으로 산업화를 일궈냈으며, 급속하게 발전한 기계제 대공업이 자본주의를 형성시켰다는 것이다. 그러나 제조업의 동력은 전통적인 방식을 사용했고 철의 이용이 비약적으로 증가하지 않았다는 사실 등을 근거로 산업혁명이 비약적 단절이라는 주장에 의문이 제기되어 왔다.[82] 산업적 기술 혁신은 매우 느슨하게 점진적으로 일어난 공장제 생산체제로의 전환이었다는 것이다.[83] 월러스틴은 실제 산업혁명이라고 부를만한 기술상의 혁신은 1850년 이후에 일어났다는 점을 들어 영국에서 '유일한 산업혁명'이 발생했다는 주장을 부정한다.[84] 근래의 수정주의 연구에 따르면, 산업혁명은 기계와 공장제의 완벽한 승리로 끝나지 않았다. 경제 전반에 걸쳐서 전통적 부문과 근대적 부문이 공존하는 불균등 발전의 모습을 나타냈을 뿐이다. 지난 한 세대에 걸쳐 영국의 경제사가들은 산업혁명의 단절성을 부정하는 작업을 계속해 왔다. 그들의 연구에서 단절을 뜻하는 용어들, 이를테면 분수령, 전환점, 이륙과 같은 표현은

사실상 사라졌다. 산업혁명은 '잘못된 이름'이고 '신화'에 지나지 않는다는 것이다.[85]

그리고 유럽의 산업발전은 예외적인 과학, 기술, 제도 구축, 합리성과 기업가 정신(프로테스탄트윤리)때문이 아니었다. 유럽이 스스로를 확대하여 '유럽 세계-경제/체제' 안으로 여타 지역을 포섭한 것이 아니다. 유럽은 아메리카의 화폐를 가지고 아시아의 생산・시장・무역에 합류해 이익을 챙긴 것이다. 즉 이미 발전해 온 경제・생산・무역・상업・금융제도에 뒤늦게 편승하고 세계경제체제에 합류했다. 오스만제국, 인도, 중국에서 쇠락의 조짐이 가시화된 18세기 후반 이후에, 유럽은 아시아라는 거인의 어깨 위에 올라선 것이다. 유럽의 성공은 군사적 요인, 생산적 투자를 자극한 재산권 보장, 낮은 이자율 등이 배경이었다.[86] 홉슨은 중국이 영국 산업화의 모델이었으며, 중국의 사상이 유럽과 영국의 계몽운동을 자극했다고 주장한다. 영국은 자력으로 발흥한 것이 아니라 다른 지역의 발명을 흡수, 차용하는 것에 의존하여 후진성의 이점을 누린 '뒤늦은 산업국가'였다는 것이다.[87]

중국과 아시아는 후진적인 경제 제도와 과학기술 때문에 산업혁명에 뒤처진 것은 아니다. 중국에서는 대규모 인구로 인한 값싼 노동력 때문에 노동절약적 기술에 대한 투자는 비합리적이었다. 농업 이외 부문에서 기술혁신과 자본투자가 활성화되지 못한 것은 중국 농업 생산효율성이 그만큼 높았기 때문이다. 국가세수를 뒷받침하는 농업기반이 탄탄하여 국가가 상업을 지원할 필요가 적었다. 세계의 은화가 중국으로 흘러들어오고 있어서 해외 식민지를 개척할 필요도 없었다. 16~18세기 유럽의 다극 체제가 부국강병을 위한 내부의 격렬한 정치・군사 경쟁으로 무기와 포함을 발달시킨 반면, 당시 세계 3대 강국인 청, 무굴, 오스만 제국은 제국체제의 함정에 빠져있었다. 주변국에 대해 초월적인 지위를 갖고 경쟁을 허용하지 않았기 때문이다. 19세기 아시아 국가들의 산업화 실패는 일국사에 한정된 근대화론으로는 설명이 불가능하다.[88]

이상 기존의 세계사 서술에서 흔히 당연한 사실로 가정되어 온 것들을 검토하고 그에 대한 비판적 가설들을 소개했다. 이 가설들은 서구중심의 역사 해석을 극복하는데 초점을 맞추었으며, 아시아중심주의를 제창하거나 새로운 대안적 총체성, 대안적 보편사를 제안하는 것은 아니다. 다만 지난 100여년 이상 동안 견고하게 구축되고 재생산되어 온 세계사의 몇 가지 신화들을 비판하고자 했고, 그것은 궁극적으로 타자가 없는 다극적 세계사의 가능성을 지향하는 것이다. 물론 문명들의 등가성이나 서구 문명의 비서구적 기원을 주장하는 것만으로 서구 중심주의의 이데올로기가 극복될 수는 없을 것이다. 그러나 마치 보편적인 세계사라는 것이 가능하고 실재하는 것처럼 생각하는 것 자체가 서구 중심적 사고일 수 있다.

4. 맺음말

글로벌 시대의 역사인식이 우리로 하여금 자신의 '원초적 유대'를 포기하고 세계시민이 될 것을 요구하는 것이라면 그러한 관념은 현실적이지 못하다. 더 나아가 '원초적 유대'가 필연적으로 세계정신을 파괴할 것이라는 생각은 해롭기까지 하다. 우리는 이미 특정한 집단에 복속되어 모국어로 표현된 강렬한 감정과 이상으로 구축된 '원초적 유대'에 깊이 뿌리박고 있으며 그러한 전통과의 연계를 말소하는 것은 어려울 것이다. '원초적 유대'는 제거될 수 없는 실체일 뿐만 아니라 대단히 동태적인 구조이다. 자신의 출생지와 모국어는 스스로 선택할 수 있는 것이 아니다. 다만 민족의식, 인종차별, 성별 역할은 학습을 통해 얻어진 사회화의 산물들이며, 따라서 편견과 배타적 경향을 배제하면서 타자를 존중하고 차이를 통해 시야를 넓히는 포용과 교화의 체험이 필요하다.[89]

세계화의 도전에 따른 정체성의 위기는 글로벌 신국수주의(global nationalism)를 대두시켰다. 그러나 민족사에 대한 진정한 연구는 조국을 세계사적인 것과의 연관관계 속에서 고찰하는 것이다.[90] 교육이 주로 국가 정체성과 충성심을 함양하는 가치에 토대하고 있다면, 전통적인 국가주의적 관점에 의문을 제기할 수 있는 반성적 사유의 가능성은 줄어든다. 역사교육은 민족과 국가에 대한 충성을 증진시키는 것이 아니라 자기 자신의 역사에 대해 자기비판적인 이해를 증진하는 것이다. 역사교육은 비판적 사고의 도구인 것이다.[91] 이 때 학교 교실은 이데올로기가 생산되는 현장이 아니라 지배 이데올로기에 저항하는 현장이 된다.

기존 세계사 서술에 대한 비판 역시 그러한 역사교육을 위한 시도의 일환이다. 과거 유럽역사를 기준으로 재단된 세계사 서술은 이제 '신화'로 명명된다. 그것은 자신의 생성에 맞추어 타자를 재단하려 한 것이다. 새로운 세계사 패러다임은 '서양과 나머지'가 아닌 인류 문명들의 다양성의 병존과 상호 존중, 평등과 차이의 인정을 의미한다. 평등이 없다면 대화를 위한 공통 기초가 없는 것이고, 차이가 없다면 대화의 필요성이 사라지는 것이다. 최근 '탈중심화'와 함께 수많은 '부차적인 중심들'이 형성되고 있는 추세이지만, 이른바 '문화 패권'은 너무나 분명한 사실이다. 그러므로 서구 지식전통의 계보에 바탕을 둔

문화 패권에 대항할 정신자원의 체현과 축적, 그리고 서구가 전유해 온 역사 패러다임의 전환을 위한 문제의식이 그 어느 때보다 중요한 시점이다.[92]

■ 주석

1 롤런드 로버트슨, 브라이언 S. 터너 외 지음, 윤민재 편역, 『근대성, 탈근대성 그리고 세계화』, 사회문화연구소, 2000, pp.7-10, pp.48-69.

2 아리프 달릭 지음, 황동연 옮김, 『포스트모더니티의 역사들: 유산과 프로젝트로서의 과거』, 창비, 2005, pp.294-312.

3 안토니오 네그리, 마이클 하트 지음, 윤수종 옮김, 『제국』, 이학문선, 2001, p.261-269.

4 김상중 지음, 이경덕 · 임성모 옮김, 『오리엔탈리즘을 넘어서: 근대문화 비판』, 이산, 1997, pp.182-183.

5 아리프 딜릭, 『포스트모더니티의 역사들』, pp.115-149, pp.350-359.

6 마르크 페로 지음, 박광순 옮김, 『새로운 세계사』, 범우사, 1994, p.26.

7 마르크 페로, 『새로운 세계사』, p.516.

8 아리프 딜릭, 『포스트모더니티의 역사들』, pp.115-149.

9 뤼시앵 보이아 지음, 김웅권 옮김, 『상상력의 세계사』, 동문선, 2000, p.218.

10 뤼시앵 보이아, 『상상력의 세계사』, p.191-193.

11 아리프 달릭, 『포스트모더니티의 역사들』, p.7.

12 피터 버크 지음, 조한욱 옮김, 『문화사란 무엇인가』, 도서출판 길, 2005, p.115.

13 폴 발레리 역시 "역사는 화학과 마찬가지로 원하는 것은 무엇이든 만들어낸다."고 지적했다. 마르크 페로, 『새로운 세계사』, p.11, p.23, p.67-68, p.266.

14 Wolfgang Hoepken, "전후 역사교과서에 대한 비교연구-전제조건 및 사례", 한국학중앙연구원 한국문화교류센터 엮음, 『민족주의와 역사교과서: 역사 갈등을 보는 다양한 시각』, 에디터, 2006, pp.16-38.

15 정동호, "니체의 삶과 사상", 정동호 외 지음, 『오늘 우리는 왜 니체를 읽는가』, 책세상, 2006, pp.50-51.

16 강용수, "니체 문화철학의 수용과 영향사", 정동호 외 지음, 『오늘 우리는 왜 니체를 읽는가』, pp.474-475.

17 아리프 딜릭, 『포스트모더니티의 역사들』, pp.93-100에서 재인용.

18 제임스 프록터 지음, 손유경 옮김, 『지금: 스튜어트 홀』, 앨피, 2006, p.209.

19 글로벌 신국수주의(global nationalism)는 미디어의 배포와 확산 속도의 영향 때문이기도 하다. 프록터, 『지금: 스튜어트 홀』, p.205.

20 뤼시앵 보이아, 『상상력의 세계사』, p.138, p.215; 폴 벤느 지음, 이상길, 김현경 옮김, 『역사를 어떻게 쓰는가』, 새물결, 2004, pp.291-293.

21 존 M. 홉슨 지음, 정경옥 옮김, 『서구문명은 동양에서 시작되었다』, 에코 리브르, 2005, p.148.

22 역설적이게도 서구 역사가들은 민족성을 먼 과거로 투사하려는 제3세계의 시도는

폄하해 왔다. “이집트의 참된 장래는… 토착의 이집트인밖에 수용하지 않는 속 좁은 민족주의의 방향이 아니라… 도량이 넓은 세계시민주의의 방향에 있다.”는 것이다. Evelyn Baring, Lord Cromer, *Political and Literary Essays, 1908-1913* (New York: Books for Libraries Press, 1969), p.171. 사이드, 『오리엔탈리즘』, p.71에서 재인용; 뤼시앵 보이아, 『상상력의 세계사』, p.203.

23 홉슨, 『서구문명은 동양에서 시작되었다』, p.283.

24 수전 손택 지음, 이민아 옮김, 『해석에 반대한다』, 도서출판 이후, 2002, p.111.

25 아리프 딜릭, 『포스트모더니티의 역사들』, p.244, pp.260-267.

26 아리프 딜릭, 『포스트모더니티의 역사들』, p.164.

27 마르크 페로, 『새로운 세계사』, p.67-68.

28 아리프 딜릭, 『포스트모더니티의 역사들』, pp.23-35, pp.51-57, pp.211-221.

29 폴 벤느, 『역사를 어떻게 쓰는가』, pp.135-137.

30 에릭 홉스봄 지음, 박지향, 장문석 옮김, 『만들어진 전통』, 휴머니스트, 2004, pp.390-391.

31 이옥순, 『우리 안의 오리엔탈리즘』, pp.200-202.

32 야콥 부르크하르트 지음, 이상신 옮김, 『세계사적 성찰』, 신서원, 2002, pp.43-53.

33 하와이 민족주의의 상징으로 사용되는 ‘전통들’(하와이인의 해상생활 능력이나 ‘토지에 대한 사랑’ 등)은 창안된 전통으로 평가된다. 에릭 홉스봄, 『만들어진 전통』, pp.8-11; 아리프 딜릭, 『포스트모더니티의 역사들』, pp.384-414.

34 피터 버크, 『문화사란 무엇인가』, pp.142-145.

35 곽차섭 외 13인, 『서양의 고전을 읽는다 4-문학』, 휴머니스트, 2006, pp.134-135, p.142에서 재인용.

36 하비 케이 지음, 오인영 옮김, 『과거의 힘: 역사의식, 기억과 상상력』, 삼인, 2004, p.38.

37 마르크 페로, 『새로운 세계사』, p.14, p.517.

38 마르크 페로, 『새로운 세계사』, p.223, pp.230-232, p.260.

39 마르크 페로, 『새로운 세계사』, p.80-81, pp.90-91, p.114, pp.135-136.

40 마르크 페로, 『새로운 세계사』, p.146, p.192, pp.216-217.

41 이사와타 노부오, 고시다 다카시 편저(양억관 옮김), 『세계의 역사교과서: 전쟁과 식민지 지배를 테마로 본 11개국의 역사교과서』, 작가정신, 2005, p.107.

42 이사와타 노부오, 고시다 다카시 편저, 『세계의 역사교과서』, p.25, p.305.

43 프랑스에서는 역사가 상대적으로 ‘탈국가화’되고 있으며, 프랑스인들은 과거에 대한 불편함, 부채감을 털어내고 싶어 한다. 반면 알제리 역사교육은 강박적일 정도로 반복 등장하는 독립운동사, 저항운동사와 동의어가 되어버렸다. Alain Delissen & Nedjma Abdelfettahi, “회피와 집착-역사교과서에서 드러나는 차이와 반복: 프랑스

의 알제리 식민통치를 바라보는 두 개의 시선", 한국학중앙연구원 한국문화교류센터 엮음, 『민족주의와 역사교과서: 역사 갈등을 보는 다양한 시각』, pp.188-221.

44 이옥순, "역사교과서의 식민지 인도: 인도와 영국의 비교", 한국학중앙연구원 한국문화교류센터 엮음, 『민족주의와 역사교과서: 역사 갈등을 보는 다양한 시각』, pp.224-251.

45 수전 손택, 『해석에 반대한다』, pp.26-35.

46 수전 손택, 『해석에 반대한다』, p.25.

47 재닛 아부-루고드 지음, 박흥식, 이은정 옮김, 『유럽패권이전, 13세기 세계체제』, 까치, 2006.

48 케네스 포메란츠, 스티븐 토픽 지음, 『설탕, 커피, 그리고 폭력: 교역으로 읽는 세계사 산책』, 심산, 2003, p.17.

49 볼프강 슈말레 지음, 박용희 옮김, 『유럽의 재발견: 신화와 정체성으로 보는 유럽의 역사』, 을유문화사, 2006, p.18.

50 호지슨은 토인비를 따라서 그가 '오이쿠메네'라고 부른 여러 문명을 총체적으로 일컬었고, 윌리엄 맥닐은 이것을 '에쿠메네(ecumene)'라고 영어식으로 표현했다.

51 마셜 호지슨 지음, 에드먼드 버크3세 엮음, 이은정 옮김, 『마셜 호지슨의 세계사론: 유럽, 이슬람, 세계사 다시보기』, 사계절, 2006, p.37-53.

52 호지슨, 『마셜 호지슨의 세계사론』, pp.63-78.

53 홉슨, 『서구문명은 동양에서 시작되었다』, pp.53-78.

54 호지슨, 『마셜 호지슨의 세계사론』, p.83.

55 아부-루고드가 13세기 세계체제에서 발굴한 3개의 중요 무역로는, 북쪽 경로의 몽골제국과 중앙 루트의 중동 이슬람의 계속된 확장력, 그리고 남쪽 경로의 이집트 무역패권에 대한 유럽의 의존을 보여준다. 이후 이슬람의 무역 헤게모니는 이집트에서 오스만제국으로 주도권이 이전되어 지속되었다. 아부-루고드, 『유럽패권 이전: 13세기 세계체제』, pp.163-177; 호지슨, 『마셜 호지슨의 세계사론』, p.46, p.163, p.187, p.196.

56 호지슨, 『마셜 호지슨의 세계사론』, p.19.

57 조셉 폰타나 지음, 김원중 옮김, 『거울에 비친 유럽』, 새물결, 2000, pp.111-113, pp.120-122.

58 예를 들어 영국과 인도의 경제를 비교해보면, 1750년 전후 왕위계승 전쟁으로 무굴제국의 국세가 급격히 약화될 때까지 인도는 당시 세계 최고 품질의 면제품을 생산, 수출했고 영국의 주요 산물인 모직 옷감에 무관심했다. 은으로 결제되는 무역수지에서 영국은 늘 적자였으며, 막대한 은 유출로 동인도회사는 궁지에 처했다. 따라서 영국은 아시아 내부무역을 통해 대체 지불수단을 추구해야 했고, 그것이 바로 아편전쟁의 배경이다. 아편전쟁은 영국이 산업혁명 시기에도 공장제 상품으로 중국 시장 공략에 실패했음을 반증하는 것이다. 영국이 인도를 식민지화한 이유는 인도산 면제품을 유럽에 판매한 이윤으로 은화유출 막으려 했기 때문이며, 영국의 산업화

역시 비단, 차, 향료, 도자기, 면직물 수입에 따른 은 유출을 보충하기 위해 수입대체 상품을 추구한 결과였다. 퍼시벌 스피어 지음, 이옥순 옮김, 『인도 근대사』, 신구무화사, 1993, p.49, p.78. 유용태, "다원적 세계사와 아시아, 그리고 동아시아", 김한종 외 『역사교육과 역사인식』, 책과함께, 2005, p.344에서 재인용; 안드레 군더 프랑크 지음, 이희재 옮김, 『리오리엔트』, 이산, 2003, p.60, p.103, p.280.

59 "14세기에서 16세기 유럽의 역사는 이른바 르네상스, 종교개혁, 신항로의 개척이라는 급격한 변화로 점철되었다.… 신항로의 개척은 유럽 세계가 전 지구상으로 팽창하는 계기가 되었다." (김은숙 외, 『고등학교 세계사』, 교학사, 2003, p.212) "신항로 개척에 따라 세계는 유럽이 주도하는 세계사를 형성하기 시작했다." (오창훈 외, 『고등학교 세계사』, 지학사, 2003, p.211) "신항로개척을 계기로 비로소 하나의 세계사가 시작되었다." (오금성 외, 『고등학교 세계사』, 금성출판사, 2003, p.188)

60 정정호, "오리엔탈리즘, '포스트' 식민주의, '타자'의 문화윤리학", 김상률, 오길영 엮음, 『에드워드 사이드 다시 읽기: 오리엔탈리즘을 넘어 화해와 공존으로』, 책세상, 2006, pp.199-231.

61 존 페어뱅크 외 지음, 김한규 외 옮김, 『동양문화사』 상, 을유문화사, 1992, pp.172-173. 유용태, "다원적 세계사와 아시아, 그리고 동아시아", p.341에서 재인용.

62 아부-루고드에 의하면, 14세기 중반에 이 세계체제에 힘의 공백이 생기자 그 유산을 물려받아 16세기에 유럽 주도의 "근대 세계-체제"가 형성되었다. 16세기에 유럽은 "약탈을 동반한 교역"이라는 새로운 성격을 구 세계체제에 도입했고, 기존의 체제에 익숙한 비유럽 지역의 참여자들은 미처 그에 대비가 되어 있지 않았다. 브로델(1984)도 13세기의 상업혁명이 명백히 유럽적인 "세계-경제"의 도화선이 되었음을 인정했고, 에릭 울프(1982)도 유럽 중심적인 세계체제는 유럽이 우위를 점하지 않았던 기존 체제의 토대 위에 세워졌음을 강조한다. 아부-루고드는 유럽의 패권이 그 후 약 500년 동안 지속되었다는데 월러스틴과 생각을 같이 한다. 한편, 아부-루고드는 세계체제가 14세기 중엽에 쇠퇴하게 된 원인으로 몽골이 구축한 제국의 분열 및 쇠퇴와 전 지역에 걸쳐 영향을 미친 흑사병의 발발을 든다. 아부-루고드, 『유럽 패권 이전: 13세기 세계체제』, pp.23-25, pp.498-499.

63 홉슨, 『서구문명은 동양에서 시작되었다』. pp.79-115.

64 아부-루고드, 『유럽패권 이전: 13세기 세계체제』, p.41.

65 이태주, 『문명과 야만을 넘어서 문화읽기』, 프로네시스, 2006, p.35; 홉슨, 『서구문명은 동양에서 시작되었다』. pp.181-211.

66 프랑크, 『리오리엔트』, p.278.

67 이성형, 『콜럼버스가 서쪽으로 간 까닭은?』, 까치, 2003, p.25; 강철구, 『역사와 이데올로기: 서양역사학의 유럽중심주의에 대한 비판적 검토』, 용의 숲, 2004, p.32, p.65.

68 조셉 폰타나, 『거울에 비친 유럽』, pp.19-32.

69 마틴 버낼 지음, 오흥식 옮김, 『블랙 아테나: 서양 고전 문명의 아프리카·아시아적 뿌리, 제1권 날조된 고대 그리스, 1785-1985』, 소나무, 2006.

70 "그리스 인들은 폴리스의 민주 정치와 자유로운 시민 생활 속에서 합리적이고 인간 중심적인 문화를 발전시켰다." (오금성 외, 『고등학교 세계사』, p.59) "그리스인들은 자유로운 공동체 생활을 했고, 오리엔트와는 달리 전제 군주의 지배를 받지 않았기 때문에 인간과 자연을 합리적으로 생각할 수 있었다." (오창훈 외, 『고등학교 세계사』, p.55)

71 아테네보다 훨씬 이전인 기원전 2,000년대 수메르 도시국가의 통치자들은 국가의 중대사, 특히 전쟁과 평화에 관계된 문제에 대해서 중요한 시민들이 참여하는 엄숙한 회합을 가졌다. 그것은 연장자들의 회합인 '상원'과, 전투에 임할 수 있는 남자시민들의 회합인 '하원'으로, 오늘날 '양원제 의회'의 모습과 흡사하다. 수메르의 도시국가 라가시의 시민들은 시민 권리의 중요성을 인식하고 있었고, 그들의 생활방식에서 빼놓을 수 없는 소중한 유산인 경제적 · 개인적 '자유'(아마르기)에 위협이 되는 어떠한 정부의 행동에도 민감하게 대처했다. 새뮤얼 노아 크레이머 지음, 박성식 옮김, 『역사는 수메르에서 시작되었다』, 가람 기획, 2005, pp.58-64.

72 강철구, 『역사와 이데올로기』, pp.105-106, p.189.

73 김봉철, "고대 그리스 문명의 '유럽성'에 대한 고찰", 『서양사론』 90, 2006. 9, pp.12-18.

74 윤진, 『헬레니즘』, 살림, 2003, p.42, pp.87-88.

75 중세문화의 혼혈성에도 주목해야 한다. 유럽 중세는 로마문화, 게르만문화, 기독교문화의 총합으로만 한정할 수 없으며, 바이킹과 켈트인들과의 교류, 이슬람과 아시아의 과학과 기술전래의 영향을 포함해야 한다. 폰타나, 『거울에 비친 유럽』, p.85, p.93.

76 요한 호이징가 지음, 최홍숙 옮김, 『중세의 가을』. 문학과 지성사, 2004.

77 호지슨, 『마셜 호지슨의 세계사론』, p.24.

78 강철구, 『역사와 이데올로기』, p.265, p.285.

79 마술사들은 '지식과 과학에서 시대를 앞서간 사람들'이었으며, 뉴턴은 연금술과 예언에 지대한 관심을 가졌던 '최후의 마술사'였다. 자연마술은 '자연과 하늘의 모든 것'에 관한 연구였고 마술사들은 그 연구에 경험론과 관찰을 도입했다. 점성술은 사건들에 대한 '유물론적' 설명을 시도했다. 폰타나, 『거울에 비친 유럽』, pp.198-200; 프랑크, 『리오리엔트』, pp.306-319.

80 프랑수아 도스 지음, 김복래 옮김, 『조각난 역사: 아날학파의 신화에 대한 새로운 해부』, 푸른 역사, 1998, pp.335-352; 김응종, 『서양의 역사에는 초야권이 없다: 서양사에 관한 12가지 편견과 사실』, 푸른역사, 2005, pp.52-64; 강철구, 『역사와 이데올로기』, p.71.

81 Wallerstein, *The Modern World-System, III: The Second Great Expansion of the Capitalist World-Economy, 1730-1840's* (San Diego: Academic Press, 1989); 김인중, 이동기 옮김, 『근대세계체제 III: 자본주의 세계경제의 거대한 팽창의 두 번째 시대 1730-1840년대』, 까치, 1999.

82 Eric Jones, *Growth Recurring: Economic Change in World History* (New York: Clarendon Press, 1988), Ch.1.

83 홉스봄은 맨체스터를 제외한 대부분의 지역에서 기계화된 공장생산은 19세기 말에 처음 나타났을 뿐이라고 평가한다. 산업혁명을 주도했다는 방직 매뉴팩처는 나폴레옹 전쟁 뒤까지도 전혀 기계화되지 않았고, 기술 수준도 매우 단순했으며, 공장노동자는 소수였을 뿐이다. 즉 半자동화나 자동화라고 할 수 있는 것은 정작 20세기 중반에야 나타났다는 것이다. Hobsbawm, *Industry and Empire* (Harmondsworth, England: Penguin, 1969), 전철환, 장수산 옮김, 『산업과 제국: 산업시대 영국 경제와 사회』, 한벗, 1984, pp.31-94.

84 Wallerstein, *Modern World-System, III*, 김인중, 이동기 옮김, 『근대세계체제 III』, pp.43-56.

85 이영석, 『사회사의 유혹 II: 다시, 역사학의 길을 찾다』, 푸른역사, 2006, p.70, pp.73-74.

86 프랑크, 『리오리엔트』, p.43, p.59, p.344.

87 호지슨도 유럽이 "중국 송대의 산업혁명이 낳은... 무의식적인 상속자"였음을 강조했다. Marshall G. S. Hodgson, *The Venture of Islam, III* (Chicago: Chicago University Press, 1974), p.197. 호지슨은 근대성을 도시문명 사회로 점점 더 확산된 기술적 전문화와 관련된 것으로 보았다. 따라서 근대의 특징이 된 것은 산업혁명이 아니라 새로운 문화적 태도라는 것이다. 호지슨, 『마셜 호지슨의 세계사론』, p.25; 홉슨, 『서구문명은 동양에서 시작되었다』, pp.247-282.

88 유용태, "다원적 세계사와 아시아, 그리고 동아시아", pp.354-355.

89 뚜웨이밍 지음, 김태성 옮김, 『문명들의 대화: 동아시아 문명은 세계에 어떤 비전을 제시할 수 있는가』, 휴머니스트, 2006, pp.101-115.

90 야콥 부르크하르트, 『세계사적 성찰』, p.24.

91 Wolfgang Hoepken, "전후 역사교과서에 대한 비교연구-전제조건 및 사례", 한국학중앙연구원 한국문화교류센터 엮음, 『민족주의와 역사교과서』, pp.16-38.

92 뚜웨이밍, 『문명들의 대화』, pp.187-198, p.275.

찾아보기

ㄴ

ㄷ

ㅅ

ㅇ

ㅈ

ㅎ

■ 저자소개

이 영 효

서울대학교 역사교육과를 졸업하고, 미국 오스틴 텍사스대학교에서 문학석사학위와 철학박사학위를 취득했다. 현재 전남대학교 역사교육과 교수로 재직 중이다. 지은 책으로는 〈역사교육의 이론〉, 〈역사교육의 내용과 방법〉, 〈역사교육과 역사인식〉, 〈역사교육의 이해〉, 〈포스트모더니즘과 역사학〉 (이상 공저) 등이 있다.

역사 교육 탐구

인쇄 | 2012년 11월 20일
발행 | 2012년 11월 30일

저자 | 이영효
발행인 | 송경안
발행처 | 전남대학교출판부

등록 | 1981. 5. 21. 제53호
주소 | 500-757 광주광역시 북구 용봉로 77
전화 | (062) 530-0571~2, **마케팅부** 530-0573
팩스 | (062) 530-0579
홈페이지 | http://www.cnup.co.kr

값 17,000원

ISBN 978-89-97620-64-7 (93910)

이 도서의 국립중앙도서관 출판시도서목록(CIP)은 e-CIP홈페이지(http://www.nl.go.kr/ecip)와 국가자료공동목록시스템(http://www.nl.go.kr/kolisnet)에서 이용하실 수 있습니다.
(CIP제어번호 : CIP2012005340)